人物叢書

新装版

# 経覚《きょうがく》

酒井紀美

日本歴史学会編集

吉川弘文館

経 覚 肖 像（興福寺蔵，飛鳥園提供）

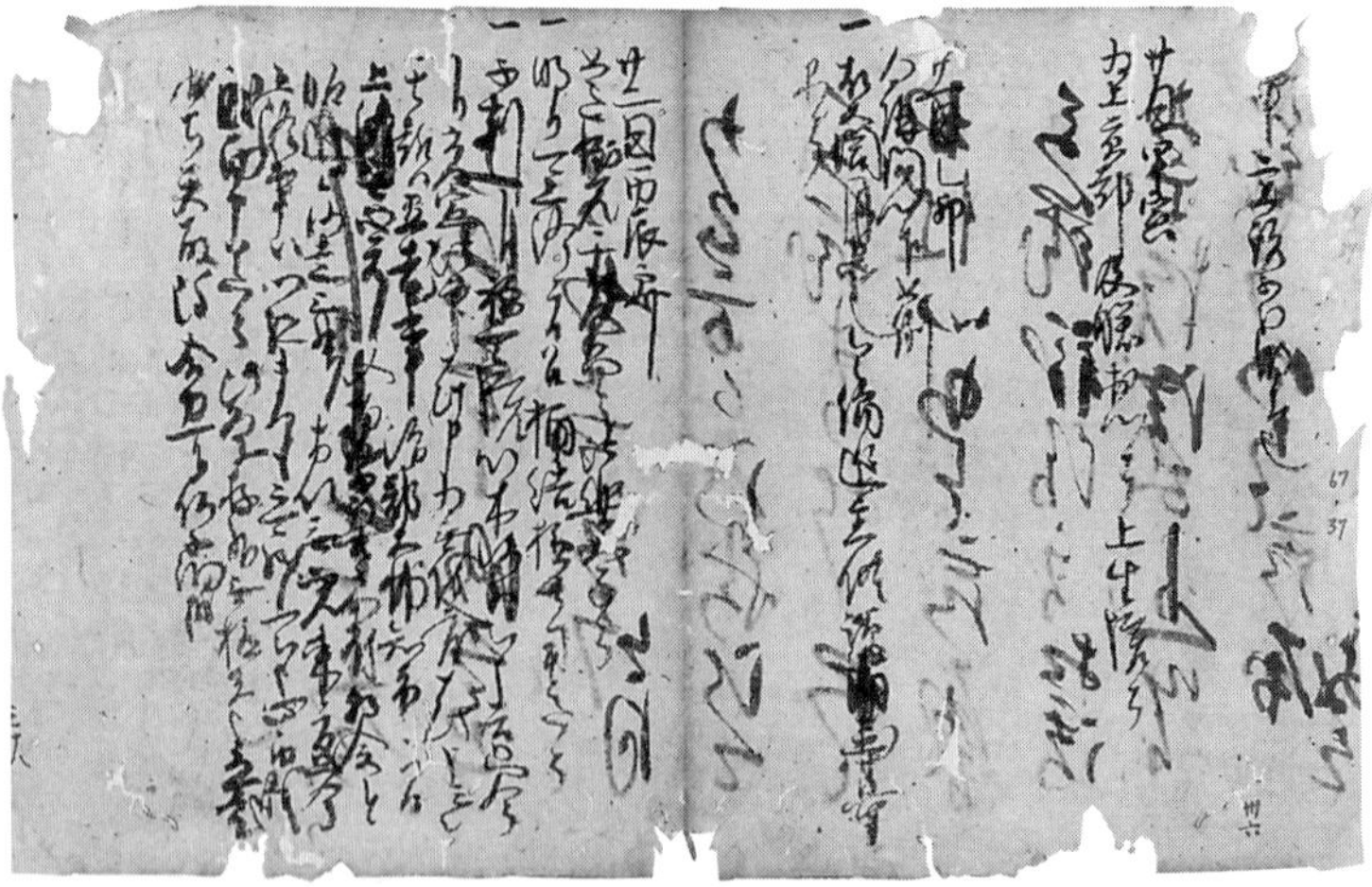

『経覚私要鈔』応仁元年六月二十二日条（国立公文書館蔵）

釈文（後ろ六行分、本文二二一～三頁参照）

（前略）其趣ハ、愚老事、治部大輔知音之間、
上洛無心元候、又楠葉新右衛門尉朝倉令
昵近候、仍走舞候、旁以無覚束之間、只今
上洛事ハ、門跡までも不可然候、可被申止之由、載
紙面申送了、此条存外無極者也、愚老
非弓矢取、雖合力可有何子細哉、

# はしがき

経覚《きょうがく》は室町時代の僧侶である。室町幕府の三代将軍足利義満《あしかがよしみつ》がおおいに権勢をふるっていた応永《おうにん》二年（一三九五）の十一月六日に生まれ、応仁の乱のさなか、文明《ぶんめい》五年（一四七三）八月二十七日に死んだ。七十九歳であった。

経覚は前関白九条経教《くじょうつねのり》の末の息子として誕生し、父は経覚が六歳の時に死去した。十三歳で奈良興福寺の大乗院《だいじょういん》に入室し、出家以後は経覚と名乗るようになる。それまでの幼名については不明である。大乗院門跡《もんぜき》には、代々九条家から入ることが慣例となっており、当時は兄の孝円《こうえん》が門跡だった。この孝円が若くして死亡したので、経覚は十六歳で大乗院門跡の後を嗣いだ。中世の大和では守護が設置されず、事実上は興福寺が一国の支配権を握り、一乗院《いちじょういん》と大乗院の門跡がその権限を分掌しながら一国支配を行っていた。それゆえ、興福寺大乗院の門跡になるということは、通常の門跡寺院における門跡とは違った力を持つことを意味する。経覚は、その生涯のうちで、興福寺の最高職である別当（寺務）の地位に四度にわたって就任した。

醍醐寺三宝院《さんぼういん》門跡の満済《まんさい》は、室町幕府の三代義満・四代義持《よしもち》・六代義教《よしのり》の代々の将軍に仕えて大きな政治的手腕を発揮した。経覚は若い頃から、この満済の知遇を得て、その政治姿勢を身近で感じ、彼を尊敬し、さまざまなことを学びながら自らの大和国支配に力を注いだ。そのなかで、六代将軍足利義教とは多くの場面で密接に関わりあうことがあった。足利義教といえば、まわりの人びとに「薄氷を踏む」ような思いを抱かせる過酷な政治を行い、「将軍犬死」と評される最期（嘉吉《かきつ》の乱）をむかえた将軍である。義教は大和の国人たちが筒井《つつい》方と越智《おち》方の二大勢力に分かれて争っているなかに介入、筒井方へ肩入れし、大勢の幕府軍を大和に派遣して反筒井勢を鎮圧する動きに出た（大和永享《えいきょう》の乱）。経覚は次々に無理な要求を課してくる義教との関係維持に苦慮し、満済の死後、永享十年（一四三八）には、ついにその不興を買って大乗院から追放され、大和の西端に位置する立野《たつの》（生駒郡三郷町立野）へと落ちていかねばならなくなった。経覚、四十四歳、波乱の後半生の幕開けである。

この経験は、経覚に大きな転機をもたらした。対立する大和の武士たち双方を調停する立場で物事の解決を計ろうとするこれまでのような姿勢を捨てて、むしろその対立の渦中に自らが参加し、そのどちらかの側に自分の立ち位置を定めて、事を決着させようとする方向で動くようになる。将軍義教のやり方に翻弄されながらも、社会全体がすでにこれまでとは違う方向に走り出していることを経覚は強く感じ取ったのかもしれない。嘉吉元年（一四四一）に義教が暗殺された後、大勢の武士を率いて大乗院に乱入した経覚は、一条家から大乗院に入っていた幼い尋尊《じんそん》を支えるかたちで、再び大乗院門跡の地位に復帰をとげた。尋尊にとっては、これが経覚との複雑な関係の始まりとなる。

ところで、経覚は日記『経覚私要鈔《きょうがくしようしょう》』を残している。これは「後五大院殿記《のちのごだいいんでんき》」「安位寺殿御自記《あんいじどのごじき》」とも呼ばれ、現在は内閣文庫の所蔵となっている。後五大院は経覚の諡号《しごう》（死後の贈り名）であり、安位寺は彼が二度目に没落していった葛城郡の寺院の名である。現在までに、部類記をも含めて、経覚の日記の残存分のすべてが『史料纂集　経覚私要鈔第一～第十』として刊行されており、そこには、応永《おうえい》二十二年（一四一五）十月から、最後は死の前年の文明四年（一四七二）九月までの記事が見られる。

このように経覚の日記は、彼が二十一歳の時、応永二十二年十・十一・十二月の記事が今に残されている最初である。十・十一・十二月とも朔日には「朔日、事常の如し」と記され、この時点から日記を書き始めたのではないことがわかる。それでは、経覚はいつから日記を書き始めたのだろうか。応永二十四年七月朔日からの「秋部」の日記には自筆の

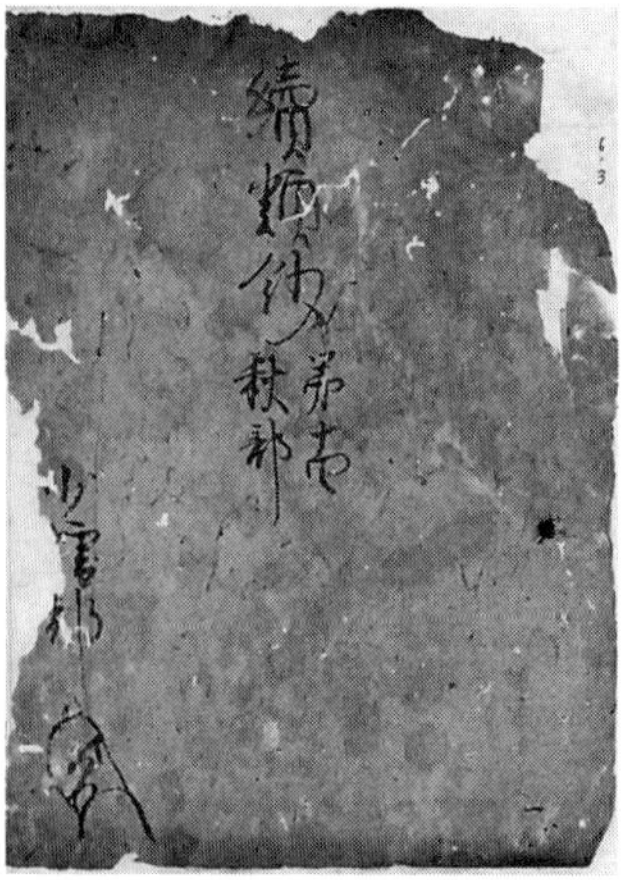

『経覚私要鈔』第十四秋部自筆表紙
（国立公文書館蔵）

続類鈔　第十四
秋部

少僧都（花押）

表紙があり、右図のように記されている。そこで仮に、毎年、春夏秋冬と一冊ずつ書き記して応永二十四年「秋部」で第十四に達したのだと考えれば、逆算すると応永二十一年夏部が第一になり、経覚はこの二十歳の夏に日記を書き始めたと見ることができる。ただ、東京大学文学部所蔵の経覚自筆「日記目録断簡」から、最初は巻子《かんす》に日記を記していたが後に冊子に変更したと推測される（細川武稔「東京大学文学部所蔵興福寺大乗院関係史料について」）ので、日記を書き始めた時期について確定はできない。

経覚の日記の残存状況を年次順に表示（二八〜九頁参照）してみると、前半部分の日記がほとんど残存していないのに対して、文安《ぶんあん》以後の時期の分は、ほぼ連続して残っている。この偏った残存状況については、経覚が書き残した文安二年（一四四五）から同六年に至る抄記の最初に、

愚記の事、文安以前分は、禅定院《ぜんじょういん》に於いて焼失の時、失《う》せ散じ了《おわ》んぬ、文安二年分よりこれ在り、

文安二年九月十四日卯刻（午前六時頃）、菊薗山《きおんざん》城自焼《じやき》せしめ没落《ぼつらく》し畢《おわ》んぬ、古市胤仙《ふるいちいんせん》申す子細有るに依る也、六方衆も同前、先《ま》ず古市に於いて朝飯以下これを服用し、山《さん》内《ない》に向かう、今夜萓原《ちしやわら》の庵室に宿し了んぬ、同十五日、萓原を立ち長谷寺に向かう、則ち一宿し了んぬ、寺より一献《いっこん》以下を沙汰し進《まい》らせ了んぬ、十六日、安位寺に着し畢んぬ、

（『史料纂集　経覚私要鈔』第二、東京大学史料編纂所架蔵写真帳によって刊本の読みを改めた箇所がある）

と記されており、自身の日記の文安以前分は、文安二年九月十四日に菊薗山城を「自焼」し、禅定院から「没落」した際に散失してしまったのだという。「自焼」とは、敗北した側が自らの城に火を放って崩壊させ、敵方が後にそのまま城郭として転用できないようにすることであり、「没落」とは、自らの拠点を離れて辺境の地へと落ちていくことである。

武士の人生ならば「自焼没落」は何度か経験するかもしれないが、経覚のような高位の僧侶の身での「自焼没落」は珍しい。それは、彼の生きた時代が戦乱の時期だったというだけではなく、経覚自身の姿勢から生じた結果であった。

　将軍義教が暗殺された嘉吉の乱後、大乗院門跡の地位に復帰した経覚は、筒井方対越智・古市方という二つの勢力に分かれて対立抗争する大和国内の武士たちの争いに、自らも積極的に加わって、反筒井の立場を鮮明にする。そして、その中で、大乗院門跡の居所である禅定院の裏山に築いた菊薗山城（一二七頁「奈良周辺図」参照、地図には「鬼薗山」とあり）に自らも立て籠もって戦い、ついには筒井方に攻められて敗北を喫する。文安二年九月十四日の未明、経覚は菊薗山城に火を放ち、古市から東山内の苣原（天理市苣原町）、そして長谷寺へと、大和中央の平野部（国中《くんなか》）を避け、その周縁部をぐるりとまわるようにして、葛城山の安位寺に落ちていった。ここに経覚は、五十一歳にして二度目の没落を経験するのである。その時の混乱で、二十歳の頃から書き継いできた日記も散失した。これが彼の日記の前半部分がほとんど残されていない理由であった。経覚の日記の特異な残存状況は、けっして平穏ではなかったその人生の歩みを象徴している。

　こうした事情もあって、経覚の前半生について知りたいと思っても、彼自身の日記からそれを追いかけることには無理がある。同時代の他の人が書いた日記を手がかりにするよりほかにすべがない。ただ幸いなことに、彼の次に大乗院門跡となった尋尊が、後年、経覚の伝記「後五大院殿御伝」や「大乗院日記目録」（いずれも内閣文庫所蔵）をまとめており、それによって経覚の動きがわかる。また、経覚は醍醐寺三宝院の満済と親交が深く、『満《まん》済准后日記《さいじゅうごうにっき》』（続群書類従）には何度も「大乗院」が登場するし、その紙背《しはい》（『大日本古文書醍醐寺文書別集（満済准后日記紙背文書）之一・二・三』）にも経覚の書状が残されている。さらに、伏見宮貞成《ふしみのみやさだふさ》の日記『看聞《かんもん》日記』（続群書類従・図書寮叢刊）や万里小路時房《までのこうじときふさ》の日記『建内記《けんないき》』（大日本古記録）にも「大乗院僧正」の記事が散見される。加えて、九条家の文書（『図書寮叢刊九条家文書』一〜七）から、経覚や周辺の人びとに関するいくつかの重要な情報を得ることができる。そこで、これらの史料も手がかりにしながら、経覚の生涯を追いかけてみることにしよう。

# 目次

## 口絵



## 挿図

挿　表

# 第一　父の「遺誡」と九条家での幼い日々

## 一　経覚の誕生と九条家の相続関係

経覚《きょうがく》は、応永《おうえい》二年（一三九五）十一月六日、摂関家のひとつである九条《くじょう》家の若君として誕生した。父の九条経教《つねのり》にとっては、最も末に生まれてきた息子であった。

経覚の誕生時、彼を取り巻く家族関係がどのようなものであったのかについては、応永三年十二月二十五日に父が書き残した「自筆御遺誡《ゆいかい》」（『図書寮叢刊　九条家文書一』一八）によって、その詳細を知ることができる（海老澤美基氏のご教示による）。「遺誡」とは、後に残る家族に遺しておく訓戒のことであり、家領の相続などについても記されている。

父の「遺誡」

父経教の「遺誡」は、まず、「私の命が終わった後に、相続すべき家領・家記・文書などの事」と書き始められ、

兄忠基と教嗣

一、前関白〔九条忠基〕が惣領せよ、ただし実子が無いので、内府〔九条教嗣〕を猶子《ゆうし》と為《な》して相続させ、出仕以下の事をすべて扶持するようにせよ。

一、内府〔九条教嗣〕は、今ある通りに、播州曽我部郷・備中駅里庄内神田・小山・太郎丸、其の外、野間郷半分・美濃下有智御厨《みくりや》を管領せよ。

一、不断光院の房衆は、安田庄内使田・多紀庄年貢中五百疋、

一、慈心寺の房衆は、田原庄月宛九十疋、越後国白河庄年貢千疋、田原庄内功田名、

一、姫君母は一条局は、吉田長老の弟子と為すべき由契約を済ませているが、二宮月宛等を相続させるようにせよ。

一、若君十二歳の孫子は、田原庄月宛ならびに宇那江村二千疋を、立身するまでのあいだ、その取り分として給付されるように、あい計らえ。

四歳の若君

一、四歳の若君母儀は別当局は、濃州衣斐庄月宛百疋、田原庄内貞久名、輪田庄年貢千疋を、同じく立身するまでのあいだ、取り分とするように計らえ。

一、姫君八歳と四歳両人は、蔭山庄内下村、二宮月宛を、一期《いちご》のあいだは取り分として給付されるものする。

三歳の若君

一、若君三歳、母儀は堀川局は、中村郷年貢千五百疋を、同じく立身するまでのあいだ、その取り分とするように計らえ。

と、子や孫の相続分を記し、さらに、妻たちの相続分や、自分の死後の仏事用途、さらには忠基《ただもと》と教嗣《のりつぐ》の九条邸での住まい方などについて、

一、廊、野間郷半分・田原庄内別名・若山庄御役・二宮并田原月宛等は、今あるとおりで変更されるべきではない。

妻たちの給分

一、一条局、二宮月宛給分千疋を、一期のあいだの給分とする。

一、二条局、二宮月宛毎月百疋、給物千疋を、給分とせよ。

一、大県宮月宛分三千疋が余るので、この内の二千疋を私の死後の仏事用途とし、二尊院長老と談合して、忌日には沙汰するようにせよ。

一、家記・文書等は、惣領〔九条忠基〕が管領するようにせよ。また必要に応じて取り計らえるよう心しておくこと。

九条北亭と南亭

一、現在と同様に、九条家の北亭には前関白〔九条忠基〕が居住し、南亭には内府〔九条教嗣〕が居住せよ。互いに水魚の思いを成し、互いに相論して争うようなことがあってはならない。

一、堀川局は、衣斐月宛給物千疋を同じく給分とすべし。また、二歳の若君の料所等についても監督し、取り仕切るようにせよ。ただし、その身が不義不調に及んだ場合においては、まったくこの限りではない。

一、按察局《あぜちのつぼね》は、衣斐月宛百疋と輪田庄年貢千五百疋を給り分とせよ。其の身に不義不調の儀が無い限り、一期のあいだこれを管領せよ。

一、新中納言局は、田原・二宮月宛并びに姫君料所を取り仕切るようにせよ。二宮年貢の内千疋も同じくその給分とする。

一、別当局は、田原・二宮月宛と、若君の料所を適切に取り仕切るようにせよ。不義不調の儀においては、前条に記したことに同じ。

と詳細に定め、最後に「家僕等の恩給の事」を書き加えて、

右、大概注し置き了んぬ、

応永三年〔一三九六年〕十二月廿五日　老僧（花押）

と署判を加えている。

若君三人について定めた中に、「立身するまでは、相計らうべし」とある。この「立身するまで」とは、成人して一人前に自分で身を立てることができるようになるまでという意味であり、今は幼い子供であり幼児である若君たちに、彼らが「立身する」までのあいだは、ここに定めた給分を毎年適切に与えられるようにせよ、と経教は書き遺したのである。姫君や妻たちには「一期（一生涯）」に限り給分が与えられた。ただし、堀川局と按察局、別当局には、「不調においては是非に及ばず」「其の身に不調がない限り」との条件が付けられており、将来「不義密通」に及ぶようなことがあれば、給分停止もやむをえないことだ、と明記している。

このように詳細な「遺誡」をまとめ、応永三年十二月二十五日に署判を加えた経教で

### 年齢の記載について

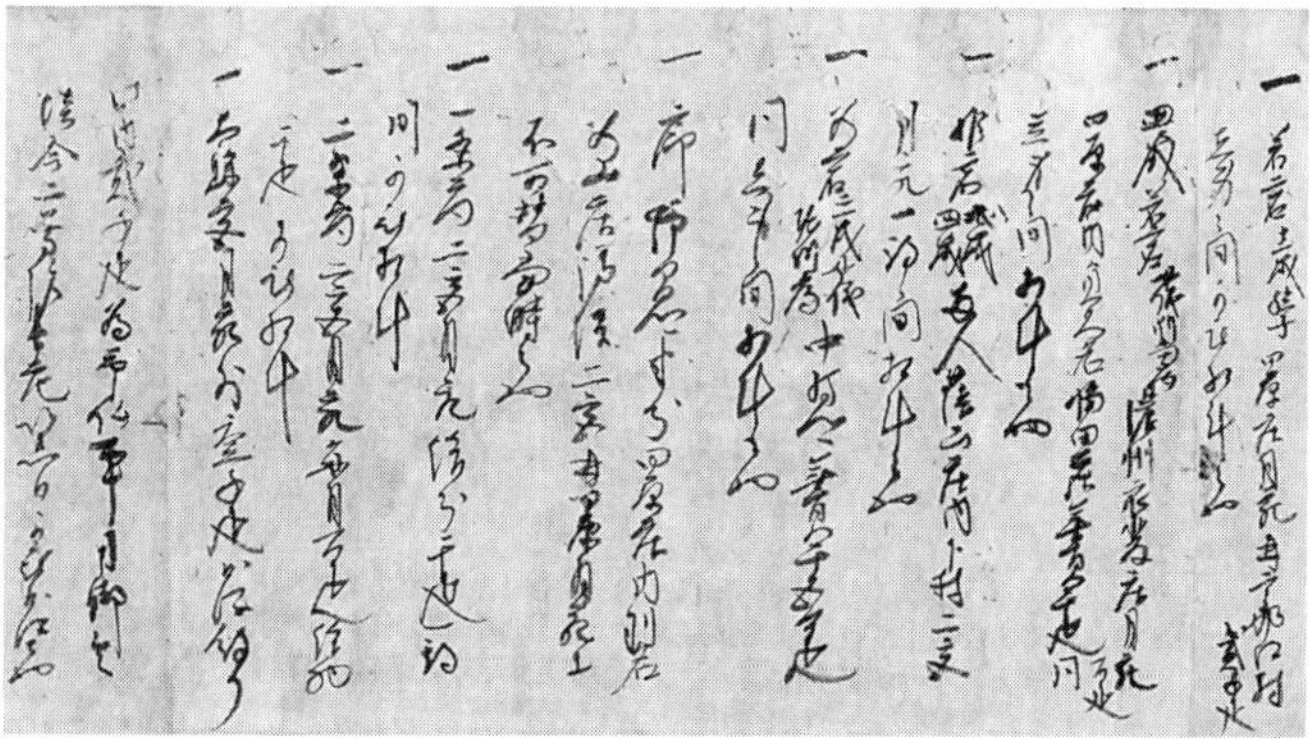

九条経教自筆御遺誡（部分）（『九条家文書一』二八，宮内庁書陵部蔵）

あったが、その後、一年も過ぎないうちに、次のような追記を書くことになった。

　去年このような状を書き置いたのだが、その後、前関白〔九条忠基〕が死んでしまったので、内府〔九条教嗣〕が九条家家督を相続し、管領することになった。この点には何ら問題はない。幼い子孫のうちで元服して家門を相続することになった人躰は、内府が相続した所領の内から、二箇所ばかりを給付されるべき旨、重ねて記し置くところである。ここに書き置いた条々に、決して違犯することがあってはならない、

応永四年十二月二十日に惣領の忠基が死去し、教嗣が九条家を相続することになったので、急遽、この追記が書かれたのである。

　この「遺誡」（本頁の原本写真を参照）で注目されるのは、若君や姫君の年齢が表記されている箇所

である。最初に「遺誡」が書かれた応永三年には、経覚が二歳、兄の満教《みつのり》は三歳である。だから当初は、若君の年齢は「二歳」と「三歳」と書かれていた。ところが、翌応永四年十二月に忠基が死去したために追記が書かれることになった時点で、本文の若君と姫君のそれぞれの年齢に一歳ずつを加えて加筆修正したのである。すなわち、孫子十一歳を「十二」に、三歳若君（母儀は別当局）の「三」を「四」に、七歳と三歳の姫君は「八」と「四」に、そして二歳の若君（母儀は堀川局）を「三」と書き改めていることが、原文書の当該箇所を見ればよくわかる。ただし、妻たちの給分が記載された後段では、堀川局について「二歳の若君の料所等を奉行せらるべし」とある。「二」の数字が、「三」に書き換えられることなくそのまま残ってしまったのである。このように考えれば、応永四年時点で四歳の若君（母儀は別当局）とは兄の満教のことであり、三歳の若君（母儀は堀川局）が経覚ということになる。

そこで、この「遺誡」が示す内容をもとにして、幼い経覚をとりまいていた家族関係を復元してみることにする。年齢は、追記が書かれた応永四年のものである。まず、この「遺誡」を書いた父経教がいる。次に、九条家を惣領するはずだったのに死んでしまった長兄の忠基、その猶子となって後を嗣ぐと定められていて、この時に相続管領が決まった次兄の教嗣、それから十二歳の若君（孫子というから経教の孫。忠基には子がないので、教嗣の子と考えられる）、一条局の娘で吉田長老のもとに入室が決まっている姉、八歳と四歳の姫君（母は新中納言局）、四歳の若君（母は別当局）、そして、三歳の若君（母は堀川局）がいた。この最も幼い若君が経覚である。他には、この「遺誡」には登場しないが、すでに大乗院に入室して九条家を離れていた兄の孝円、さらに経教の猶子で当時は大乗院門跡《だいじょういんもんぜき》の地位に就いている孝尋を位置づけた。

経教の妻たちとしては、まず最初に廊、次に最も年嵩の姫君の母である一条局、そして二人の姫君の母の新中納言局、さらに満教の母の別当局、経覚の母の堀川局、そして按察局がいた。最初に出てくる廊は、これ以前に大乗院に入室していた兄孝円の母ではないかと推測される。按察局については後にくわしく述べることとし、以上の関係を系図にまとめてみると、巻末の九条家系図（1）のようになる。

## 二　九条家での幼い日々

### 父経教の死

父の九条経教は、応永七年（一四〇〇）五月二十一日に死去した。七十歳であった。「諸家伝」（『大日本史料』七―四）には「道教公の男、実は道平公の男」とあり、実父は二条道平《にじょうみちひら》であるが、九条道教の猶子になって九条家を嗣いだのだという。ならば経教は、二条良基《よしもと》と兄弟の間柄ということになる。

さて、父の経教が死んだ時、経覚は六歳。まだまだ幼ない子供である。先に見たように、長兄の忠基は父より先に他界しており、三十九歳の次兄教嗣が家門を惣領した。一歳違いの兄（後の満教）や少し年嵩の姫君たち、そして父経教の多くの妻たちとともに、経覚は九条家で過ごした。その頃、経覚が九条家でどのような日々を送っていたのか、それを語ってくれる史料はほとんどない。

## 「六前」の霊供

しかし、ずいぶん後年の記録ではあるが、それを少しうかがうことができるものがある。まず、経覚自身の日記から見ていこう。経覚は毎年の盂蘭盆《うらぼん》に、死者を供養するため、「六前」の霊供備進を欠かさなかった。たとえば、文正《ぶんしょう》元年（一四六六）七月の記事を見ると、

> 十四日、
> 大安寺の墓に参った。ついでに、極楽坊の禅尼の墓に参った。
> 十五日、今日は雨が降った。
> 早朝から霊供を供えまいらせた。故御房〔大乗院孝円〕と二親〔九条経教・正林〕、後己心寺〔大乗院孝尋〕、故御房の母儀、それから自分を母の如くに養育してくれたゆえに按察局、以上の六前を備進した。法花四用品を誦し、念仏・光明真言等を唱えた。

と書かれている（『経覚私要鈔』文正元年七月条）。これによると、七月十四日に経覚は、大安寺内の己心寺《こしんじ》（大石雅章「興福寺大乗院門跡と律宗寺院―とくに律宗寺院大安寺を通して―」）にある大乗院孝尋・孝円らの墓に参り、そのついでに、元興寺極楽坊にある母正林禅尼の墓にも参った。十五日には、自分にとって特に大切な人びとの死後の冥福を祈るために霊供「六前」を備進した。その六人とは、父の九条経教と母の正林禅尼、大乗院に入室した時の師であり兄でもある大乗院孝円とその母、そして孝円の前の大乗院門跡の孝尋、いずれも経覚にとって大切な繋がりをもつ人びとである。

### 按察局が母のように養育

ところが、そこに加えて按察局の名をあげ、しかも、そこに「母の如く養育するに依るなり」との注記を加えている。按察局は九条経教の多くの妻たちのうちの一人であり、「遺誡」でも一期分の給分を与えられている女性である。しかし、それにしても、なぜ彼女が経覚を、「まるで母のように養育してくれた」というのだろうか。

これに関して、さらに後年の史料ではあるが、尋尊《じんそん》が日記『大乗院寺社雑事記』の文明六年（一四七四）閏五月三日条に描いた図とその注記が、重要な手がかりを与えてくれる。

この日、尋尊は丞阿弥の墓に参るため極楽坊に出かけた。この図の右端に「丞阿」とあるのが丞阿弥の墓（五輪塔）である。そこに「文明六年（一四七四年）四月五日に毘沙門堂北の私宅で自害した。丞阿弥、童名愛満丸」と記されている。愛満丸は尋尊の寵童であった。四月

経覚の母、
正林

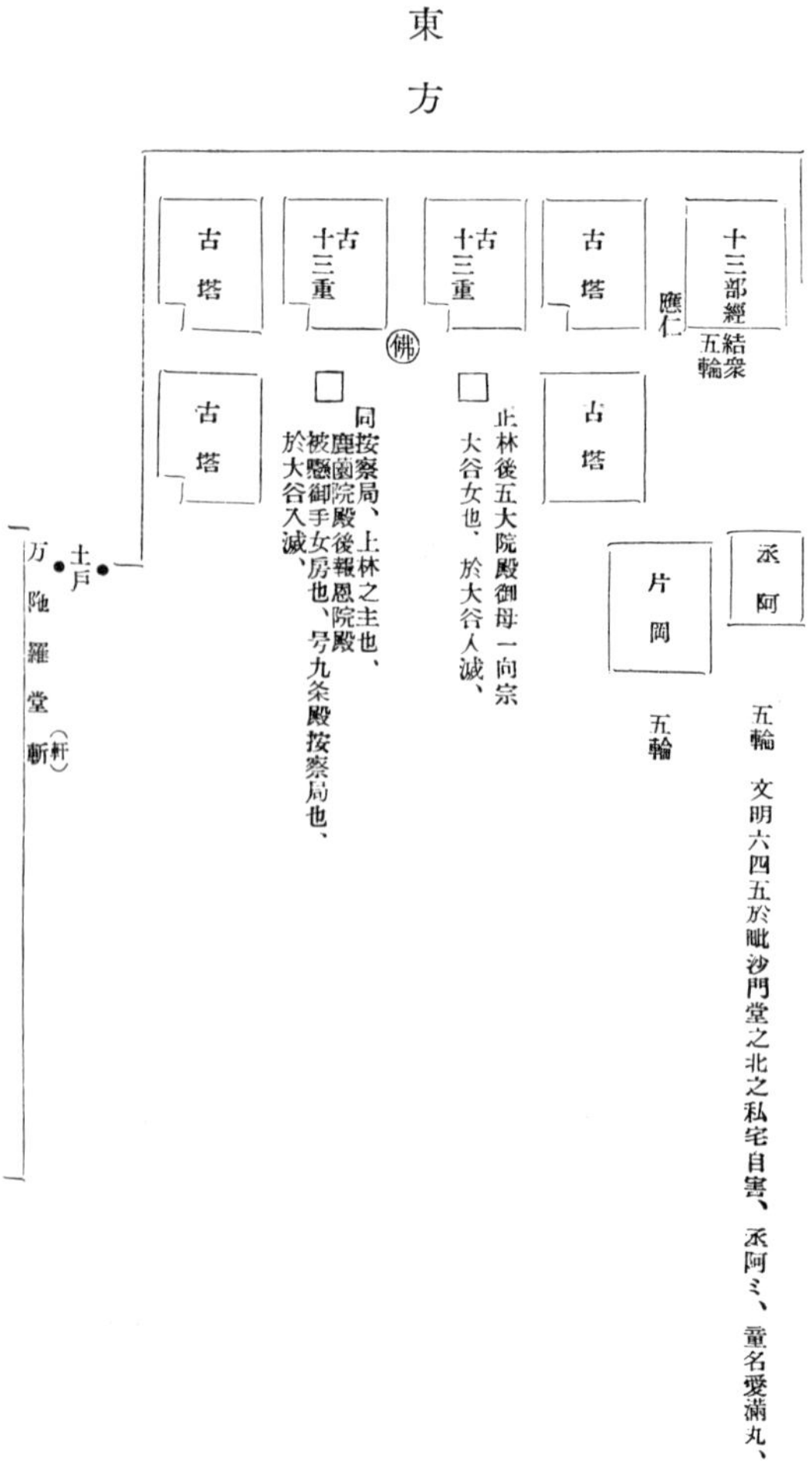


極楽坊の墓(『大乗院寺社雑事記』文明六年閏五月三日条)

五日に私宅で自害して果てたので、尋尊はこの日その墓に詣でたのだった。

ところで、この図の真ん中に小さな四角で表された一対の墓についても、尋尊は注記

を加えている。まず、右の墓については、

正林、後五大院殿〔経覚〕の御母、一向宗大谷の女なり、大谷において入滅す、

と注記があり、経覚の母正林は一向宗大谷の出身で、亡くなったのも大谷においてであったことが記されている。その左の墓には、

按察局、上林の主なり、鹿薗院殿〔足利義満〕・後報恩院殿〔九条経教〕御手を懸けらるる女房なり、九条殿按察局と号するなり、大谷において入滅す、

と注記されている。尋尊は日記の中で、経覚の母については「正林」とも「上林」とも表記しており、ここに「上林」とあるのは経覚の母「正林」のことである。この注記によれば、按察局は、将軍足利義満と九条経教が「御手を懸けられた」女房であり、そして正林の主人であったという。九条経教はこの按察局に仕える女子に、経覚を産ませたのだった。女主人の按察局は、自分の仕女が産んだ経覚を、まるで母のように慈しみ育ててくれた。この按察局は大谷で入滅したというから、正林は女主人の晩年を、自分の里の大谷で見守り、そして見送ったことがわかる。母正林と按察局、この二人の墓を、極楽坊に立てたのは経覚である。母正林の墓に詣でる時、経覚は隣の按察局の墓にも手を合わせたにちがいない。このように、九条家で過ごした幼い経覚には、その成長を見守る二人の「母」がいたわけである。

## 三　兄満教が九条家を相続

**教嗣の死**

さて、この頃、九条家を惣領していたのは兄教嗣であるが、応永十年（一四〇三）六月二十一日に奈良へ下向し、八月五日に中山寺（内山永久寺、天理市杣之内町）に入り、翌十一年八月十五日、その地で死去している（「大乗院日記目録」「公卿補任」）。四十三歳であった。

**万事、闇夜のごとし**

これもまた、ずいぶん後年の史料になってしまうが、永正《えいしょう》十六年（一五一九）三月十九日の九条尚経置文《ひさつねおきぶみ》には、「応永中、後已心院（九条忠基）早世、軈《やが》て後報恩院（九条経教）応永七歟他界、同十年中山右府（九条教嗣）狂乱、仍《よ》って後三縁院（九条満教）十歳の時、家僕等名代に取り立て申すの条、彼の成人の間、万事闇夜の如し」（『図書寮叢刊　九条家文書四』一一〇八）と記されている。兄忠基、父経教が相次いで他界し、後継の教嗣も応永十年に心身不調に陥ったため、急遽、十歳の若君が跡を継ぐことになった。彼が成人するまでのあいだの九条家は「万事闇夜の如し」というような危機的な状態だったという。なにぶん百年以上も後の史料であり、教嗣を「狂乱」などと記す文書がどこまで真実を伝えているのかは不明だが、経覚の兄が十歳で急に家督を継ぐことになった頃は、九条家という家門にとって、まさに「闇夜」の中を手探りで進むような思いを強いられる大変な時期だったことは確かなようである。

## 義満の御判御教書

十歳の兄の家督相続については、応永十年六月二十六日の足利義満御判御教書（『九条家文書一』二九（1））に、

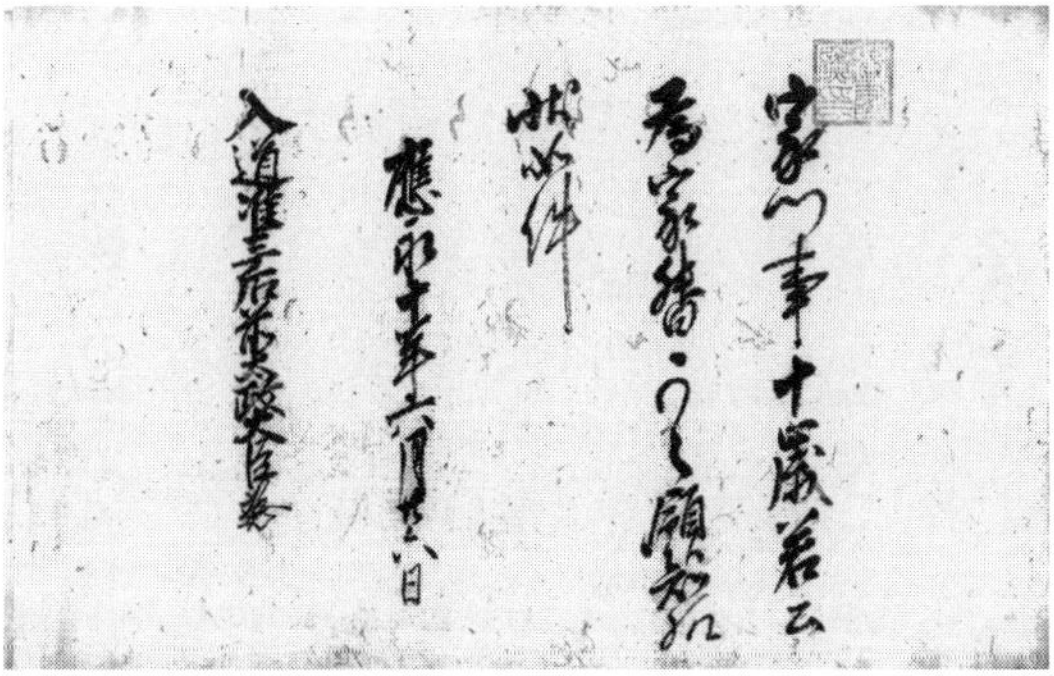

足利義満御判御教書（『九条家文書一』二九（1），宮内庁書陵部蔵）

> 家門の事、十歳の若公、家督として領知せしめ給うべきの状、件の如し、
>
> 応永十年〔一四〇三年〕六月廿六日
>
> 入道准三后前太政大臣（花押）

とある。

また、同時期の足利義満御判御教書案（『九条家文書二』九（14））に、

> 越州大慈恩寺・泉州無辺光院以下の寺院、目録の旨に任せて、十歳の若公、領知せしめ給うべきの状、件の如し、
>
> 応永十年六月廿八日
>
> 入道准三后前太政大臣判

とあって、将軍足利義満が九条家の家督相続を最終的に承認している。このように将軍義満が前面に出

て、十歳の若君の家督相続を推進しているのは、あるいは先に見た按察局をめぐる義満と九条経教との深い関わりが、ここに影響しているのかもしれない。

前代未聞の元服

この十歳の若君は、翌応永十一年十二月十五日、十一歳で元服して満教と名乗る。この元服についても、

同日首服し了んぬ、童直衣に烏帽子を着し北山殿に参る、殿上に於いて冠を着す、尋常の直衣に改め、簀子を参り進みて二拝有り、是れ拝加冠の儀に准ずと云々、前代未聞の元服の儀なりと云々

と記されており（「元服最要秘鈔」理髪加冠相兼事／『大日本史料』七―六）、「前代未聞の儀」と評判を呼ぶような元服であった。「満教」の「満」も義満の一字を拝領しており、家督決定から元服にいたるまで、すべてが足利義満の甚大な影響下で行われ、その強力な支えによって進められたことがわかる。

十二歳の若君

ところで、九条経教の「遺誡」に、十二歳の若君として登場する人物がいる。経教の孫だというから、教嗣の子息である。満教が元服した応永十一年には十九歳になっていたはずであるが、九条家の家督相続問題に彼が浮上してきた形跡はまったく見られない。後年、この人物は加賀国の小坂庄《こさか》（石川県河北郡小坂）に住む元禅僧の実厳《じつごん》法師として姿を見せ、思いがけなく経覚と密接な繋がりをもつことになる。

それはさておき、兄満教が元服した時、十歳になった弟の若君にも、また別の道が用意されつつあり、彼が九条家で過ごす時間も残り少なくなってきていた。

# 第二　大和国支配と興福寺大乗院門跡

## 一　幕府と大和国との関係

大乗院への入室

応永《おうえい》十一年（一四〇四）二月十五日、興福寺大乗院《だいじょういん》の門跡孝尋《もんぜきこうじん》（鷹司冬通《たかつかさふゆみち》の息、九条経教《くじょうつねのり》の猶《ゆう》子《し》）は、弟子の孝円《こうえん》（九条経教の息、経覚の兄）に院務を譲り、自身は大和内山永久寺《うちやまえいきゅうじ》に隠居した（「寺院細々引付」／『大日本史料』七—六）。この院務継承の際に、孝尋は上洛して北山殿に参上し、足利義満《あしかがよしみつ》と対面して院務の継承に何も問題は無いとの返事をもらい、次いで孝円も上洛して義満から今後も支援する旨の約諾を得、安堵して二人は奈良へと帰ってきた。この時、孝尋は四十六歳、孝円は二十七歳であった。

応永十四年十二月二十九日、十三歳になった九条家の若君は出家して経覚と名乗り、兄孝円の弟子として大乗院に入室した（「後五大院殿御伝」「大乗院日記目録」）。翌十五年に東大寺において受戒し、十六年に方広会《ほごえ》の竪義《りゅうぎ》を務めた。諸寺院では法会の際に、学僧の修練や試験のため経論《きょうろん》の要義について問答し議論する場をもうけており、そこで問《もん》者《じゃ》（質問者）が出した論題に対して答える僧のことを竪義・竪者《りっしゃ》と呼んでいる。経覚は、興福寺大乗院に入室して以来、同学の僧たちとともに修学に励んできた成果を、ここで初めて広く示すことになった。このように経覚は、実兄孝円の庇護のもとで大乗院門主の後継者として経験を積み、これ以後も、さまざまな法会の竪義を勤めながら、寺僧としての階梯を昇っていくはずであった。

### 門主として「院務始」

ところが応永十七年（一四一〇）三月二十七日、兄であり師匠でもある孝円は、三十三歳の若さで死んでしまった。諡号は後宝峯院殿である。孝円の後を継ぐことになった十六歳の経覚は、その年の十一月に大乗院門主として「院務始」を行っている。そして、同十八年に法華会《ほっけえ》竪義、十九年に慈恩会《じおんえ》竪義、二十年には維摩会《ゆいまえ》に研学竪義として出仕を果たした。興福寺維摩会は、藤原鎌足の忌日に合わせて開催される重要な法会であり、その竪義論義における竪者と講問論義の講師を遂行することは、僧綱《そうごう》に昇進するための重要な到達点であった（高山京子『中世興福寺の門跡』）。経覚が維摩会講師を遂行したのは応永二十三年十月十日であり、応永二十四年七月には大僧都《だいそうず》に昇進した。

### 室町幕府と大和国

経覚が大乗院門跡になったこの時期、幕府と大和国との関係は一つの大きな画期をむかえていた。南北朝期以来、春日社の神木《しんぼく》を押し立てて強訴《ごうそ》入洛する動きを繰り返していた興福寺であったが、康暦《こうりゃく》元年（一三七九）の政変で細川頼之《よりゆき》を失脚させて執政を開始した三代将軍足利義満による公武政権の統合過程のなかで、大和国は幕府の統制と支配のもとに組み込まれていく。その方向性をより鮮明にする象徴的なできごとが、次の足利義持《よしもち》の時代に起こった。

大和宇陀郡の国人《こくじん》領主沢氏と多武峰《とうのみね》との合戦が、幕府の上使派遣によって沈静化されたことをうけ、応永二十一年（一四一四）六月、大和の衆徒《しゅと》二十六名と国民二十七名を京都に召喚し、幕府が提示する七ヵ条の「篇目」を遵守する旨の起請文《きしょうもん》を書かせ、さらに十月に興福寺の学侶・六方衆を召し出して起請文を徴収したのである（稲葉伸道「南北朝時代の興福寺と国家」）。

「私弓矢」を禁止

醍醐《だいご》寺《じ》三宝院《さんぼういん》門跡満済《まんさい》の日記『満済准后《じゅごう》日記』の応永二十一年七月五日条に、

南都の国民等、悉《ことごと》く上洛し、「私弓矢」堅く停止すべき由、告文《こうもん》を召さると云々、

と書かれている。幕府は大和の武士たちに対して「私戦」の禁止を厳命したのである。この時、京都に召し上げられたのは、

官府衆徒

古市　番条　筒井戌亥脇　飯高　壺坂　井戸戌亥脇　豊田中坊　小泉　福智堂　龍田戌亥脇　矢田但幼少　六条　宝来　岸田　長柄中　杉本東　櫟原《いちいはら》戌亥脇　萱原東山内　多田東山内　少歩《（小夫）》東山内　中御門武蔵戌亥脇　今市　秋篠北　同所南　山田　平等坊

### 和州国民交名

越智　十市　片岡　箸尾　布施　萬(万)歳　岡　高田　楢原　吐田　倶尸(志)羅　嶋　立野

森屋　筒井　豊田吐田庶子　梶屋楢原ソ子　笛堂布施ソ子　玉手越智ソ子　坊城同　鳥屋同　加留同　新賀

十市ソ子　新箸尾ソ子　柳本　山田東山内　福住東山内　中村平田

の面々であった（「寺門事条々聞書」一／内閣文庫大乗院文書二―二函三六七号、末柄豊「国立公文書館所蔵『寺門事条々聞書』」）。大和の各地域で力を持つ武士の主だったものは、ほぼ、ここに名前があがっている（巻末の「大和国と武士の分布」の地図を参照）。

興福寺を守護に

衆徒とは、学問僧である学侶や六方とは区別される存在で、武力を行使し、興福寺の種々の雑行に従事する僧のことである。彼らは一乗院方被官や大乗院方被官などとして組織されていた。その活動基盤は寺内よりも寺外にあり、それぞれが拠点とする地域に根ざした在地の武士であった。この衆徒の中から有力な者たちが「衆中」となって、奈良中検断権を握った。彼らは官符衆徒・官務衆徒と呼ばれ、さらに棟梁がこれを束ねた（安田次郎『中世の奈良』）。他方、国民は春日社神人として組織された、これまた在地の武士たちであり、本質的には衆徒と同様の存在である。他の国々では、守護が設置され、地頭以下の国人たちがその被官となって国の秩序が形成されてきたのだが、大和では興福寺という寺門が一国を支配する守護の立場にあり、衆徒・国民が在地の武士として国

表1　衆徒一覧

（『大乗院寺社雑事記』康正三年〈1457〉四月二十八日条）

| | |
|---|---|
| 一乗院方被官 | 筒井　龍田　山田　同戌亥　井戸　菅田　櫟原　小南　高樋　杉本東　六条　岸田　唐院　秋篠尾崎　同南　鷹山奥　小泉次郎　池田下司　郡殿東下司　同西下司　幸前下司　木津執行 |
| 大乗院方被官 | 古市　小泉　同尾崎　番条　丹後庄　松立院　知足院　鞆田　同室　見塔院　法花寺奥　瓜生　北院　大安寺　向　箕田　庵治辰巳　鳥見福西　今市新　森本　山村　椿井　窪城　辻子　豊田　菸別所　福智堂　井上　長谷寺執行 |

安田次郎『中世の奈良』142頁による

内の各地域に勢力を張っていた。こうした大和国のあり方に対して、幕府はくさびを打ち込もうと動いた。

この時、京都に召し上げられた衆徒・国民らに対して幕府が示した「題目」には、これまでの大和国支配の経緯について、次のように記されている。

> 大和洲《くに》は、承保《じょうほ》の明時に一国の吏務を興福寺に御寄附、元暦《げんりゃく》の往代に重ねて守護職を付けられ畢《おわ》んぬ、是れ併《あわ》せて御帰依の至り餘社を卓礫《たくれき》せしむる故なり、自爾以来、国の検断、相論の題目出来《しゅったい》の時は、寺門其の沙汰を経、猶《なお》事行かずば、京都の御成敗を仰ぐべきの処、近来の儀、衆徒・国民等、弓矢を携さうるの輩、次第の沙汰を経ず、各が合戦をもって所存を達せんと欲するの間、日夜の

闘争、更にもって断絶の期なし、（中略）これに依り、先の御代に、固く合戦を停止せらるるの処、憲法の仰せに背き公儀を忽諸《こつしょ》せしむるの條、狼藉の至り、誡《いまし》めて余り有り、近年違背の輩《やから》、厳科に処せらるべしと雖《いえど》も、先《ま》ず以てこれを閣《さしお》かる、向後、上意を伺わず合戦を致すの輩は、権〔賢〕不肖、衆徒・国民を論ぜず、其の身においては永く国中の経廻を停止し、所領に至りては給人を居〔据〕え置かるべきなり、抑《そもそ》も、当国の事、悪行治罰のため、或いは地頭を補し、或いは廿人の悪党を召し取り、流刑に処せらるるの条、先蹤《せんしょう》これ在り、豈《あに》新儀の御沙汰と謂うべけん哉、所詮、自今以後の事、大都の篇目在別紙を注さるる趣、存知すべし、

ここで、まず強調されるのが、興福寺は平安時代後期の承保（一〇七四〜七七）頃に「一国の吏務」を寄附され、鎌倉幕府の成立期である元暦（一一八四〜八五）頃には「守護職」を付けられたということ、つまり大和国一国の支配権はずっと興福寺によって担われてきたという点である。大和国は、他の国々のように国司や守護が設置されることなく、興福寺が「国の検断」を掌握し、「相論の題目」が出てくれば興福寺が裁定を下してきた。それでも事が決着しない場合に限って、「京都の御成敗」を仰いできたのだという。この認識については、実際に朝廷や幕府による興福寺への公権委任という事実が、過去のどこかの時点であったわけではなく、興福寺の一国支配をめざす努力がある程度達成された時

点で、かつて正式な公権委任があったのだという「神話」が作られたというのが正確なところであろうと指摘されている（安田次郎『中世の興福寺と大和』）。

中世社会の支配秩序の典型

　実際、これまで大和国には守護が置かれず、事実上は興福寺による支配が行われ、一乗院と大乗院がその権限を分掌しながら一国全体にその支配権を及ぼしてきた。興福寺と春日社は藤原氏の氏寺氏神であり、いわば寺社権門と公家権門とが密着するかたちで強大な勢力を生み出し、そこに国内の武士勢力が衆徒・国民として組織され、その神事や仏事を担う存在として互いの関係を築き上げていた。寺家・社家・公家・武家の諸勢力が互いに深く結びつき、複雑に絡まりあい、一体となって支配秩序を形成しているという点から見れば、大和国のあり方は特殊なものではなく、むしろ権門体制という中世社会秩序の典型的な姿を示していると言えるのである。

起請文で誓約

　こうした大和一国のあり方に対して、室町幕府は足利義満の執政が開始された康暦（一三七九〜八二）頃から積極的な統制に乗り出す。この「事書《ことがき》」に「先の御代に、固く合戦を停止せらる」とあるのは、義満時代のこのような動きを指している。しかし、その後も、大和国では公儀の命令を聞かず、それをないがしろにして狼藉《ろうぜき》を繰り返してきた。そのような者は厳科に処せられて当然なのだが、ただちに幕府が具体的な動きを示すまでは至らなかった。そこで今、幕府はこのような違背の輩を厳しく処罰する方向へとかじを

々「篇目」の条

切り、このたびの召喚につながったのだという。

衆徒・国民は次のような「篇目」を守ることを、「起請の詞」をもって誓約した。

一、相論の題目出来の時は、大少事を嫌わず、京都に申し入れ、御成敗を仰ぐべし、所詮合戦を致すの輩においては、故戦防戦、共に以て国中を払われ、子孫永く以て南都の経廻を停止すべし、合力人また以て同前たるべき事、

一、御下知違背の輩出来し、御退治を加えらるるの時は、親類に依らず、御下知に応じ忠節を抽《ぬき》んずべき事、

一、所々の律家末寺末山の事、事を左右に寄せ、追捕乱妨致すと云々、神敵なり、仏敵なり、悪行常篇を超ゆ、向後乱吹を致さば、非常の重科を加えらるべき事、

一、衆徒・国民等、扶持し置く盗賊の族、夜打《ようち》・強盗・大袋《おおぶくろ》等、種々の悪行を以て其の業と為すと云々、名世（名声）の悪党においては、速に死罪に行うべし、無沙汰の輩においては同罪たるべきの間、扶持人に至るまで所当の科《とが》に行わるべき事、

一、寺社本所領、雅意に任せて押妨《おうぼう》致すべからざる事、

一、両院家の御下知たりと雖も、京都の御成敗にあらずば、合戦に及ぶべからざる事、

一、連署に相漏るる輩、もし合戦に及ぶと雖も、更に以て合力を為さず、子細を京

都に注進すべき事、

幕府が衆徒・国民に起請文をもって誓約するように求めたこの「篇目」の核心は、一条目にある。大和の武士たちのあいだで、互いに相論を引き起こすような問題が生じた場合、必ず「京都の御成敗」を仰ぐこと、自ら意図的に戦いを仕掛ける「故戦」であれ、攻撃に対して防衛するための「防戦」であれ、是非を問うことなく、すべて「私合戦」を引き起こした者は、両方ともに大和国から追い払われ、子孫も合力した者も南都から追放すると定めている。ここでは何よりもまず、「京都の御成敗」「京都の時儀」、すなわち幕府の命令に従うことが求められ、それに反する戦いはすべて、いかなる性格の戦いであれ「私合戦」「私弓矢」と判断されて処罰されるという。

京都の御成敗

大和国では、南北朝内乱期以来、一国の支配権を分掌する大乗院と一乗院の両門跡が互いに対立し、国内の武士たちを巻き込んで合戦を繰り返してきた歴史がある（安田次郎『走る悪党、蜂起する土民』）。それゆえ、この「篇目」の六条目では、たとえ両院家からの下知があったとしても、「京都の御成敗」が発せられない限り、けっして合戦をしてはならないとわざわざ定めている。大和国の支配秩序を中枢で担ってきた一乗院と大乗院の両院家の下知よりも、幕府の命令の方を優先すべきだと強調している。そして最後に、この起請文の連署に漏れた国人のうちで私合戦に及ぶような者が出てきても、けっして

### 「一揆契状」と共通の構図

それには合力せず、子細を「京都に注進」して成敗を仰ぐようにと命じた。ここでは一貫して、大和の武士たちは、幕府の判断や決定を最上位におき、その命令に従って動くことが求められている。

　ところが、注目すべきは二条目の規定である。ここには、幕府の下知に背いて「私合戦」に及ぶ者が出来して幕府が「御退治」を命じた時は、それがたとえ自らの親類であっても加担せず、幕府の命令に応じて忠節を尽くすように、と記されている。つまり、幕命に背いて勝手に合戦した者を「御退治」する時に動員される武力は、大和国の外部からもたらされるのではなく、違反者と親類でもありうるような者、つまり、この誓約に加わっている大和国の衆徒・国民自身の武力なのである。四条目でも、盗賊・夜討・強盗・大袋（人拘引）など、種々の悪行を業とする悪党は死罪に処すべきで、そうした盗賊の族への処罰を実行せずに無沙汰したり扶持したりしている者も、相当の罪科に処すべし、と定めている。ここでも「相当の罪科」を処する主体として想定されているのは、近隣の武力の結集である。

　確かに、この「篇目」は「京都の御沙汰」「京都の時儀」を最上位に置いている。しかしながら、実際に京都の「御沙汰」「御退治」を実現する力としては、ここに「起請の詞」をもって参加している衆徒・国民の「結集した武力」「一揆の力」に依拠している。そう考えると、実は、幕府がここで掲げている「篇目」の内容は、南北朝内乱期以来、各地で数多く作られた「一揆契状」と共通した構図になっている。

## 二　京都の御成敗への配慮

二十歳の経覚

大乗院門跡になって日も浅い二十歳の若い経覚にとって、応永二十一年（一四一四）の夏六月、大和の大勢の衆徒・国民が京都に召喚され、起請文を書かされたことは、大きな衝撃であったにちがいない。「大乗院・一乗院の両院家の御下知たると雖も、京都の御成敗にあらずば合戦に及ぶべからざる事」として、それまで大和一国の支配権を握ってきた興福寺両院家の命令よりも、京都の幕府の成敗を上位に位置づける方向性が明らかにされた。今や、京都の、幕府の、将軍の意向というものに、常に神経をとがらせながら、経覚は大和一国の支配に臨まなければならなかった。

将軍の南都下向

足利義満はその執政期に、五回にわたって春日社参詣や興福寺法会のため南都に下向し、幕府主導による大和国支配と南都再興を世の中に広く示した。四代将軍足利義持も、応永二十三年（一四一六）九月に、「当代、春日社晴れの社参これ無し、仍って行粧《ぎょうしょう》刷《つくろ》いて社参あるべし」と宣言し、さらに東大寺大仏の彩色が旧損しているのを修理するため、義持が金数百両を薄師（金を薄くのばして金箔にする技術をもつ工人）に与え、これを相国寺に集めて金薄に打たせていると評判になった（『看聞日記』応永二十三年九月四日条）。十一日には、「室町殿、南都に下向し、今日春日社に参らる、行粧晴儀也」と、公卿・殿上人を従え、警護の武士数百人を召し具して逗留し、十六日に帰洛した。

大乗院にも招請

義持を迎えた南都では、

一乗院・大乗院・仏地院・惣林院・尊勝院・梨原六ヵ所招請申し、当代晴社参初度の間、寺門延年・猿楽等を経営し、興を尽くし賞翫申すと云々、

と、興福寺の一乗院・大乗院両門跡をはじめとして、南都の院主らが挙《こぞ》って将軍を招待し、興福寺主催の延年や猿楽を演じて歓待した（『看聞日記』九月十六日条）。この時、二十二歳の大乗院門跡経覚も、将軍を大乗院に迎えて歓待に励んだ。

ところで、本書の「はしがき」で触れたように、経覚が日記をつけ始めた最初は、彼が二十歳の「夏部」からではないかと推測した。大和国支配をめぐる興福寺と幕府の関係に大きな影響を及ぼすことになった応永二十一年夏の動きと、経覚が日記をつけ始めたこととが、深くかかわっていた可能性は否定できないと思う。大乗院門跡としての経覚の歩みは、幕府による統制を常に強く意識しながら一国支配を実現しなければならなくなった興福寺という、その現実から出発するよりほかに、すべがなかったのである。

表2　『経覚私要鈔』の残存状況リスト

| 和暦（西暦） | 年齢 | 1月 | 2月 | 3月 | 4月 | 5月 | 6月 | 7月 | 8月 | 9月 | 10月 | 11月 | 12月 | 刊本の巻数など |
|---|---|---|---|---|---|---|---|---|---|---|---|---|---|---|
| 応永22（1415） | 21 | | | | | | | | | | ○ | ○ | ○ | |
| 23（1416） | 22 | | | | | | | | | | | | | |
| 24（1417） | 23 | | | | | | | ○ | | | | | | |
| 25（1418） | 24 | | | | | | | | | | | | | |
| 26（1419） | 25 | | | | | | | | | | | | | |
| 27（1420） | 26 | | | | | | | | | | | | | |
| 28（1421） | 27 | | | | | | | | | | | | | |
| 29（1422） | 28 | | | | | | | | | | | | | |
| 30（1423） | 29 | | | | | | | | | | | | | |
| 31（1424） | 30 | | | | | | | | | | | | | |
| 32（1425） | 31 | | | | | | | | | | | | | |
| 33（1426） | 32 | | | | | | | | | | | | | |
| 34（1427） | 33 | | | | | | | | | | | | | |
| 正長元（1428） | 34 | | | | | | | | | | | | | |
| 永享元（1429） | 35 | | | | | | | | | | | | | |
| 2（1430） | 36 | | | | | ○ | | | | | | | | |
| 3（1431） | 37 | | | | | | | | | | | | | |
| 4（1432） | 38 | | | | | | | | | | | | | |
| 5（1433） | 39 | | | | | | | | | | | | | |
| 6（1434） | 40 | | | | | | | | | | | | | |
| 7（1435） | 41 | | | | | | | | | | | | | |
| 8（1436） | 42 | | | | | | | | | | ○ | ○ | ○ | |
| 9（1437） | 43 | | | | | | | | | | | | | |
| 10（1438） | 44 | | | | | | | | | | | | | |
| 11（1439） | 45 | | | | | | | | | | | | | |
| 12（1440） | 46 | | | | | | | | | | | | | |
| 嘉吉元（1441） | 47 | | | | | | | | | | | | | |
| 2（1442） | 48 | | | | | | | | | | | | | |
| 3（1443） | 49 | | | | ○ | ○ | ○ | | | | | | | |
| 文安元（1444） | 50 | ○ | ○ | ○ | | | | | | | | | | |
| 2（1445） | 51 | | | | | | | | | △ | | | △ | |
| 3（1446） | 52 | △ | △ | △ | △ | | | △ | △ | △ | | | | |
| 4（1447） | 53 | ○ | ○／ | ○ | ○ | ○ | ○ | ○ | ○ | ○ | ○ | ○ | ○ | |
| | | △ | △／ | △ | △ | △ | △ | △ | △ | △ | △ | | | |
| 5（1448） | 54 | | | | | | | | | ○ | ○ | ○ | ○ | ここまで第一 |
| | | | △ | | △ | △ | △ | | | △ | △ | △ | △ | |
| 宝徳元（1449） | 55 | ○ | ○ | ○ | | | ○ | ○ | ○ | ○ | ○／ | ○ | | 文安2～6年 |
| | | △ | | | | | | | | | | | | △分は第二所収 |

| 和暦（西暦） | 年齢 | 1月 | 2月 | 3月 | 4月 | 5月 | 6月 | 7月 | 8月 | 9月 | 10月 | 11月 | 12月 | 刊本の巻数など |
|---|---|---|---|---|---|---|---|---|---|---|---|---|---|---|
| 2（1450） | 56 | ○ | ○ | ○ | ○ | ○ | ○ | ○ | ○ | ○ | ○ | ○ | ○ | |
| 3（1451） | 57 | ○ | ○ | ○ | ○ | ○ | | | | ○ | ○ | ○ | ○ | ここまで第二 |
| 享徳元（1452） | 58 | | | | ○ | ○ | ○ | | | | | | | |
| 2（1453） | 59 | ○ | ○ | ○ | ○ | ○ | | | | | | ○ | ○ | |
| 3（1454） | 60 | | | | | | | | | | | | ○ | |
| 康正元（1455） | 61 | | | | | | | | | | | | | |
| 2（1456） | 62 | ○ | ○ | ○ | ○ | | | | | | | | | |
| 長禄元（1457） | 63 | | | | ○ | ○ | ○ | ○ | ○ | ○ | ○ | ○ | ○ | ここまで第三 |
| 2（1458） | 64 | | | ○ | ○ | ○ | ○ | ○ | ○ | ○ | ○ | ○ | ○ | |
| 3（1459） | 65 | ○ | ○ | ○ | | | | | | | | | | |
| 寛正元（1460） | 66 | ○ | ○ | ○ | ○ | ○ | ○ | | | ○／ | ○ | ○ | ○ | ここまで第四 |
| 2（1461） | 67 | ○ | ○ | ○ | ○ | ○ | ○ | | | | | ○ | ○ | |
| 3（1462） | 68 | ○ | ○ | ○ | ○ | ○ | ○ | ○ | ○ | | | | | 6月まで第五 |
| 4（1463） | 69 | ○ | ○ | ○ | ○ | ○ | ○／ | ○ | ○ | ○ | ○ | ○ | ○ | |
| 5（1464） | 70 | | | | | ○ | ○ | ○ | ○ | ○ | ○ | | | ここまで第六 |
| 6（1465） | 71 | ○ | ○ | ○ | | | | | | ○ | ○ | ○ | ○ | |
| 文正元（1466） | 72 | ○ | ○／ | ○ | ○ | ○ | ○ | ○ | ○ | ○ | ○ | | | |
| 応仁元（1467） | 73 | ○ | ○ | ○ | ○ | ○ | ○ | ○ | ○ | ○ | ○ | ○ | ○ | |
| 2（1468） | 74 | ○ | ○ | ○ | ○ | ○ | ○ | ○ | | | | | | 7月まで第七 |
| 文明元（1469） | 75 | | | | ○ | ○ | ○ | ○ | ○ | ○ | | | | |
| 2（1470） | 76 | ○ | ○ | ○ | ○ | ○ | | ○ | ○ | ○ | ○ | ○ | | |
| 3（1471） | 77 | ○ | ○ | ○ | ○ | ○ | ○ | ○ | ○／ | ○ | ○ | ○ | ○ | ここまで第八 |
| 4（1472） | 78 | ○ | ○ | ○ | ○ | ○ | ○ | ○ | ○ | ○ | | | | 第九 |
| 5（1473） | 79 | | | | | | | | | | | | | |

応永二十二年の日記

残されている経覚の日記で最も時期が早いのは、応永二十二年（一四一五）十・十一・十二月のものである。大乗院門跡の地位に就いて五年、二十一歳になった経覚は、さまざまな問題の処理に追われていた。

称光天皇の御禊行幸《ごけいぎょうこう》御覧のため、後小松上皇から桟敷臨幸料召次衣装の調進を求められて、今は維摩会《ゆいまえ》講師出仕などで「計会比類無い」（このうえなく困窮している）状態だから応じられないと返答し（『経覚私要鈔』十月四日条）、菩提山（奈良市菩提山町）慈尊院の門への放火事件では「落書《らくしょ》起請」をもって犯人を糺明するように命じ（同二十二日条）、越前国坪江庄（福井県坂井郡金津・三国・芦原・丸岡町）上郷名主百姓らによる損免要求への対処を指示した（同前、十一月四日条）。「大嘗会悠紀方唐錦二段」を出すようにと命じられると、「先規覚悟仕らず」（そのような先例があるとは承知していない）、「来月の大会の出仕計会比類無し」（来月正月の法会出仕の費用が類をみないほど嵩《かさ》む）として、その命令に応じるのは難義だと伝えた（同前、十一月十二日・十五日条）。

少僧都に

また、自分自身の昇進のことを南都伝奏《なんとでんそう》の広橋兼宣《ひろはしかねのぶ》に問いかけると、すぐに宣下《せんげ》案が届いた。経覚はそれを、日記に書き付けている。

上卿大炊御門大納言

応永廿二年十二月五日　宣旨

大法師経覚
　宜しく少僧都に任ずべし
　　蔵人右少弁兼左衛門権佐藤原〔勧修寺〕経興奉る

### 応永二十四年の日記

翌応永二十三年（一四一六）の日記は残っておらず、将軍義持の南都下向の際に経覚がどう動いたのか、詳細はわからない。ただ、応永二十四年は七月の記事だけが残されていて、「室町殿〔足利義持〕御下向」が来月の二十一日だと伝える興福寺別当仏地院孝俊の奉書があり（『経覚私要鈔』七月十四日条）、経覚がその実否を伝奏広橋兼宣と富樫満春に問い合わせ（同前、七月十七日条）、十九日に広橋兼宣からの返状が到来した。そこには、

　室町殿〔足利義持〕南都御下向、来月廿一日たるべく候、但し、若しくは廿八日たるべき歟、今までは廿一日分に候、其れに就きては、去年の如く又御門跡へ渡御候事申さるべきや如何、兼日より内々仰せを蒙り存知仕るべく候、女中并小川殿も御下向候、

と書き載せられている。「去年の如く又御門跡へ渡御の事」とあるので、前年の応永二十三年の将軍下向時に、大乗院への渡御があったことがわかる。今年の南都下向には、将軍義持の妻室や足利満詮《みつあきら》（義満の弟）も下向する予定だという。

### 大僧都に

この時、同時に、経覚を大僧都とする旨の口宣《くぜん》案も伝えられ、経覚はこれも日記に書き写している。

上卿権中納言
応永廿四年（一四一七年）七月十九日　宣旨
少僧都経覚
宜しく大僧都に転ずべし
蔵人右少弁藤原経興奉る

九条家から後継者を

九条家の方でも、経覚の一歳上の兄、九条満教が応永二十五年十二月二日に、二十五歳で関白、氏長者《うじのちょうじゃ》、左大臣の地位に就いており、満教と経覚の兄弟はともに、それぞれの場で順調な昇進を遂げていった。

しかし、もう少し長い見通しとして、九条家の家督相続はどうなるか、あるいは経覚の後の大乗院門跡の後継者を誰にするかということになると、実は大きな問題をはらんでいた。九条満教には、応永二十八年に男子（加々丸）が一人生まれてはいるが、それ以外に男子は出生していないのである。ここで経覚が望みを託したのが、父九条教経の遺誡（二頁）に出てくる「十二歳になる孫の若君」（兄教嗣の子）の存在であった。経覚が三歳の時に十二歳であったのだから、甥にあたるその若君は、経覚よりも九歳年長で、至《し》徳《とく》三年（一三八六）の生まれということになる。

小坂殿の息、八歳

この後継問題に関しては、経覚自身の日記が残されておらず、その詳細はわからない。

しかし、後年に尋尊がまとめた「大乗院日記目録」の応永三十二年十一月八日条に、その間の経緯が次のように記されている。

> 加賀国小坂殿実厳法師元禅僧也の息八歳、九条前関白《九条満教》の猶子として、大乗院附弟に入室あるべきの由、子細有るべからずば、入道将軍《足利義持》許可の旨、鹿園院方丈の奉書到来す、母は故小坂殿の女元毗丘尼、両門徒沙汰す、禅僧と比丘尼の息、門跡に入室は希有珍事、摂家に於いて氏長者を経ざる御息、入室あるべからざるの由掟法也、児非道の息哉、併しながら門主僧正《経覚》越度《おつと》と云々、武家《幕府》御儀、此の如き事御存知あるべからざる事也、申し沙汰の躰、また鹿園院方丈也、然るべからざるの由、孝俊僧正申すと云々、

加賀国小坂庄に住む小坂殿実厳（これが九条教経遺誡では「十二歳になる孫の若君」にあたる）は、元禅僧であった。その八歳になる子息が、前関白九条満教の猶子となり、大乗院経覚の弟子として門跡に入室することについて、特に問題がなければ入道将軍（足利義持）が許可する旨の奉書が届いた。

### 門跡入室の条件

これに関して両院家の門徒たちのあいだでも話題となっており、「禅僧と比丘尼のあいだに生まれたような子が、門跡に入室するなど希有の珍事である。摂家で氏長者を経ない者の息は門跡に入室できないのが掟法であるのに、それに反してこのようなことを

推し進めるのは門主僧正の越度である」とされ、また、以前に興福寺別当を務めたこともある仏地院孝俊僧正は、「武家はこうした事情については御存知ないから許可されるのだろうが、本当にけしからんことだ」と批判した。

「摂家において氏長者を経ざる人の御息、入室あるべからず」との掟法を、兄の前関白満教の猶子というかたちをとることによって強引に乗り越えようとした経覚の手法は、何よりも九条家による大乗院門跡継承を果たしたいという強い思いから編み出されたものである。それに対しては興福寺内に根強い反発があったにもかかわらず、経覚は押し切った（安田次郎「尋尊と『大乗院寺社雑事記』」、小泉宜右「加州禅師尋実」）。こうして、小坂殿実厳の八歳の息は、十一歳になった正長《しようちよう》元年（一四二八）の十一月に大乗院に入室し出家、名を尊範から尋実と改めた。それ以後は、「大乗院日記目録」が記すように、

（永享二年）十二月三日　大乗院禅師尋実十三、於東大寺受戒、

十三日　同禅師、方広会竪義遂之、

（永享三年）十月二日　大乗院禅師尋実、法花会竪義、第三日竪者也、

十一月三日　大乗院禅師、慈恩会竪問役勲之、

と、順調に後継者としての道を歩んでいった。

## 後継者、尋実

## 三　三宝院満済との親交

満済への贈り物

経覚は、足利義満によって重用され、それ以後の幕府政治において重要な役割を果たしていた京都醍醐寺三宝院の満済と親交を深めた。『満済准后日記』応永二十年（一四一三）六月三十日条には、「大乗院、恒例の五色《〔瓜〕》これ有り」と見え、十九歳の経覚が満済に瓜を送っている。『大日本古文書　醍醐寺文書別集〔満済准后日記紙背文書〕』に残された経覚書状には、「五色《〔瓜〕》十合進覧候」（二一七）、「軽微の至り畏れ入り候と雖も、五色十合進覧候」（九五五―六）、「山水両双、五色一荷進覧候」（一四〇二―四）、「例式軽微恐れ存じ候と雖も、一双二籠進覧仕り候」（一九三〇―一）、「両種進覧候」（一九五三―六）、「御帷五進覧候」（二二一九―二二）、「松茸二合進覧候」（二二〇八―一一）、「御榼《たる》風情の物にても進らせ候ハやと存じ候て」（二二三三―五）、「二双等進覧候」（二二六八―九）などとあって、満済が死去するまでずっと変わらず、経覚は、さまざまな贈り物を届けている。

経覚、興福寺別当に

応永三十三年正月には、東大寺と興福寺のあいだに確執があり、十九日に興福寺から東大寺に発向（武力を発動し攻撃）し、東大寺の別当坊尊勝院を破却するに至った（『薩戒記』）。二月七日になって両寺の別当が罷免されることになり、代わって大乗院経覚が興福寺別当に、勧修寺《かじゅうじ》僧正興胤《そうじょうこういん》が東大寺別当に補任された。この時、三十二歳の経覚は、権別当を経ることなく興福寺別当に就任した（『薩戒記』）。この報告を受けた満済は、経覚の寺務就任について「珍重」（たいへん結構なことだ）と答えて、これを支持している（『満済准后日記』）。

**大和河原城庄の代官豊田氏**

ところで、満済と経覚の緊密な関係が、所領問題の解決に大きく寄与した例がある。

応永三十年八月五日、東寺《とうじ》領大和河原城庄《かわはらじょうのしょう》（天理市川原城町）の代官であった豊田春楢丸が東寺公文所《くもんじょ》に出した書状では、「年貢の事、承り候、今月中に沙汰申すべし」（「東寺百合文書」せ函—四二）と、近日中の年貢納入を約束している。しかし、豊田の請人に立っていた者が、応永三十一年三月十五日に、豊田の年貢未進が累積するなかで「今より以後は請人たるべからず候」と、請人を返上する旨を伝えてきた（成貞河原城庄代官職請人上状／同前、ろ函—四）。五月十一日の豊田春楢書状（同前、ア函—一六八）では、「如何様にも」「涯分」年貢納入に努めると東寺公文所に連絡してはくるものの、一向に年貢が納められる様子はなく、まったく見通しが立たなかった。そこで東寺は、七月頃から豊田春楢の代官職を改替する方向で動き始める。しかし、大乗院方の有力衆徒である豊田が簡単にこれを承知するはずもなかった。

**大和国の所領支配の困難さ**

応永三十二年十月十七日、前年から大和に下っていた加賀祐増が東寺に書状（同前、ア函—一六九）を送ってきた。そこには、「先代官の豊田春楢は、この地域では縁者も数多い有力な国人であり、その代官職を改替して新たに知行を実現するのは並大抵のことではありません。こうなったからには、河原城庄の知行問題の解決に大乗院門跡に乗り出してもらって、豊田を納得させるよりほかに手がないでしょう」と書かれていた（黒川直則「東寺領大和国河原城荘の代官職」）。「それでも、なお、豊田は異議を申し立て抵抗するかもしれません。とにかく、大和国で所領支配を実現するのは、すべてに於いて困難なことが多いです」とも記されていた

大乗院経覚の書状

東寺では、代官の豊田春楢丸の連年にわたる年貢犯用を幕府に訴え出て、「南都に治罰の御教書」を下してもらう方向で打開しようとする動きもあったが（東寺寺官等重申状案／「東寺百合文書」テ函—九三）、結局、醍醐寺三宝院門跡の満済を通じて、大乗院門跡経覚へ直接働きかけてもらう方向を採ることにした。それを具体的に示す三通の書状案が残されている。まず、応永三十三年五月四日に満済が経覚に出した書状（三宝院満済書状案／「東寺百合文書」ア函—三〇七）では、

（端裏書）
「三宝院より重ねて大乗院に進らせらるる状の案」

先日、河原城の事を申し候処、厳密の御成敗の様、委細承り候、殊に以て本意この

事に候、寺家事書并びに宗海僧正の状、重ねて此の如し、□仰せ付けられ候わば、本望たるべく候、□今度の御下知の様、何様上裁を仰ぐべき旨申し候也、恐惶謹言、

五月四日　　　満済

尊幸殿

と、「経覚が行った厳密の成敗におおいに満足している。東寺もこの方向で幕府の上裁を仰ぐことになるだろう」と伝えた。五月十二日には、経覚が満済に次のような書状（大乗院経覚書状案／同前、ア函―一七五、次頁の写真参照）を送った。

（端裏書）
「大乗院返事　応永卅三　河原城庄事」

河原城庄の事、重ねて申詞の趣、豊田を召し上げ、仰せ含め候の処、目安此の如し、子細彼の面に見え候哉、此の上、如何様たるべく候哉、重々歎き申すと雖も、門跡に於いては取継ぎ申し入るべく候条、□返答仕り候らい了んぬ、他事追って啓せしむべく候、恐惶謹言、

五月十二日　　　、

辰千代とのへ

経覚はここで、「河原城庄についての東寺方の言い分を、豊田を召し上げて申し含め

地下を去り渡す

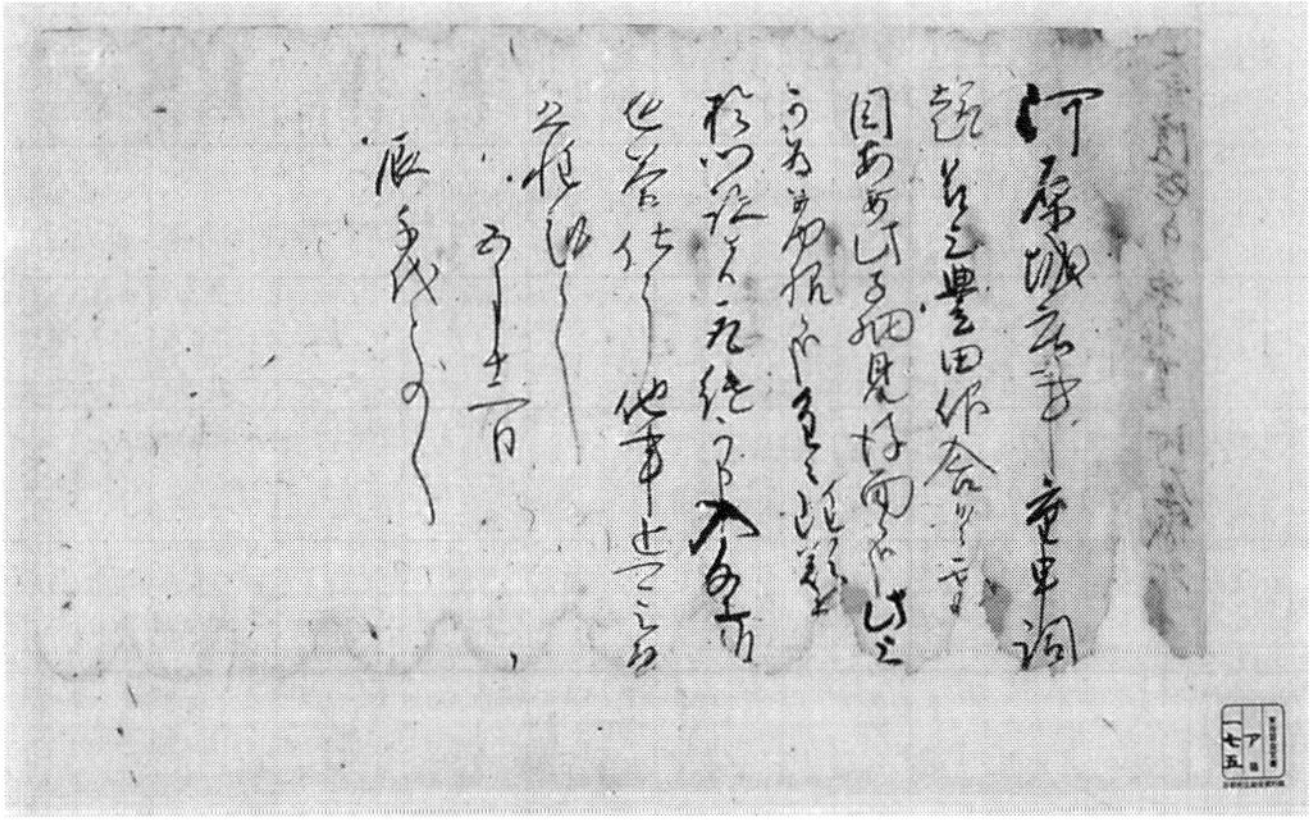

大乗院経覚書状案（東寺百合文書ア函―175，京都府立京都学・歴彩館蔵）

説得しました。詳細は豊田の目安の面に見えるとおりであります」と満済に伝えた。五月十四日に満済は、次のように経覚に書き送った（三宝院満済書状案／東寺百合文書ア函―一七六）。

（端裏書）
「三宝院、大乗院に進せらるる御状案
河原城の事
応永卅三年五月」
河原城事、連々申候処、毎度厳密の御成敗、恐悦此の事に候、所詮春楢丸申状の如くんば、未進催促の儀に及ばずば、地《じ》下《げ》の事に於いては去り渡すべきの由申し入れ候哉の間、無為の儀を以て落居すべき由口入《くにゅう》致し候間、寺家《じけ》領掌《りょうしょう》申し入れ候、此の上の事は、地下早々去り渡すべき由、重ねて御下知を加えらるべく候哉、委曲《いきょく》は寺家事書《ことがき》に見え候歟、不慮

の題目連々申す条、旁《かたがた》恐れ存じ候心事、重ねて申し遣すべく候也、恐惶謹言、

五月十四日　　　　満済

尊幸殿

経覚は豊田春楢丸を召し上げ、これまで累積している年貢未進分を催促しないという条件付きで、河原城庄の知行を東寺側に去り渡すことを認めさせた。他方、無為無事に寺領を取り戻すことこそが肝要だと満済は東寺を説得し、東寺もこれを了承した。対立する双方が折り合えるところを探り出し、そこに着地点を定めるという、まさに満済の調停能力が十二分に発揮された場面である。この上は、経覚から再度、早々に地下《じげ》を東寺に去り渡すよう豊田方に念を押してもらいたいと申し入れ、「不慮の題目、連々申す条」に応じてくれた経覚に感謝の旨を伝えている。こうして、満済と経覚の連携プレーが、問題の解決に結びついたのであった。

# 第三　大和永享の乱

## 一　六代将軍足利義教のやり方

将軍義教の登場

応永《おうえい》三十五年（一四二八）正月、足利義持《あしかがよしもち》が四十三歳で死去した。義持の息子の五代将軍義量《よしかず》は父に先立って早世してしまっていたので、義持の弟四人の中から後継ぎを決めることになった。そこで石清水八幡神の前で籤《くじ》を取り、その結果、弟の青蓮院《しょうれんいん》義円《ぎえん》が六代将軍に決まった。義円は三月に還俗して義宣《よしのぶ》と名乗り、翌正長《しょうちょう》二年（一四二九）三月には征夷大将軍の宣下《せんげ》を受け、義教《よしのり》と改名する。経覚は大和国支配をめぐって、この六代将軍足利義教のやり方に振り回され続けることになる。

沢・秋山を退治

この正長二年（九月五日に「永享《えいきょう》」と改元）という年、大和国内では合戦が相次いだ。正月に幕府は大和宇陀郡の沢と秋山を「退治」するよう興福寺に命じた。二月一日の早朝に、経覚からの使者が醍醐寺に来て満済《まんさい》と対面し、次のように訴えた。

一、大乗院坊人は甲《かぶと》四・五百ばかりの無勢で、「沢・秋山退治」を遂行し難い状況です。早く一乗院坊人以下国民らも罷り出るよう、幕府の両使をもって厳密に仰せ付けていただきたい。

一、沢・秋山からは、内々に降参する旨の申し入れがあるのですが、「上意」は如何なものでしょうか。

一、実際、「大和国民らの作法」からいえば、幕命に応じて「甲斐甲斐しく責め平らぐべき」などということはありそうもなく、それが実現されるかどうか、はなはだ心許《こころもと》ない状況です。

満済は、この大乗院からの報告を将軍義教に伝えた（『満済准后日記』正長二年二月一日条）。経覚は八日にも書状で、「一乗院方の勇士はわずかに甲が五・六ほど出てきただけで、それもすぐに引き返してしまうありさまです」（二月八日、経覚書状／『醍醐寺文書別集〈満済准后日記紙背文書〉』八六〇―八六三）と、満済に報告している。ここに「大乗院坊人は、甲四・五百ばかりの無勢で」と見える「坊人」とは、大乗院方の衆徒《しゅと》のことで、また「甲」とは、甲冑《かっちゅう》を帯びて武装した兵士のことである。大乗院方からは四〇〇～五〇〇もの軍勢で、「沢・秋山の退治に」出陣したのに、一乗院家方からはほとんど軍勢が出てこない、けしからんことだと、経覚は訴えている。

ここで注目されるのは、経覚からの使者が語った最後のくだりである。大和の武士たちは、幕府の命令に応えて「甲斐甲斐しく」動くことはありそうにない。なぜなら、それが「大和国民らの作法」(習い性となっているやり方)だから、という指摘である。これは、中世の大和の武士たちの基本的な姿勢をよく示している。大和では、これ以後、長く続く「大和永享の乱」(熱田公「筒井順永とその時代」)の時期をむかえるのだが、その根底に伏流として流れているものこそ、この「大和国民らの作法」である。

三代将軍義満《よしみつ》による大和を幕府の統制下に組み込もうとする動きから、義持時代の応永二十一年(一四一四)に衆徒・国民を京都に召喚して起請文《きしょうもん》を書かせたことに至るまで、一貫して大和国支配に幕府のイニシアティブを発揮しようと努めてきた、しかし、その試みは必ずしも成功したとは言いがたい。その理由の一つに、在地の武士たちのあいだに根強く存在するこの「大和国民らの作法」がある。大和国の国人《こくじん》たちは国外勢力による介入に対して、強い拒否反応を示した。たとえそれが「上意」であろうとも、それに応えて甲斐甲斐しく動くようなことはなかったのである。

さて、大乗院経覚から、少しの手勢しか出していないと非難された一乗院門跡の昭円からは、「当方の坊人たちが長谷寺で奮戦しています」と注進があり、これも大館満信《おおだちみつのぶ》から公方の義教に披露された(『満済准后日記』二月九日条)。一乗院・大乗院の両門跡とも、我こそが幕府の命令に応えて忠節に励んでおりますと、互いにアピールし合っている。

### 義教と対面

二月十一日に上洛した経覚は、満済の取り次ぎで、十三日に義教と対面し、馬・御剣一腰・盆香合《ぼんこうごう》、段子《どんす》三端・練貫《ねりぬき》十重などの引物をもらった。このたびの「沢・秋山退治」を南都両門跡に命じた折りに、大乗院坊人らが宇陀郡に真っ先に馳せ向かって何度も合戦に及んだことに、将軍は「御感《ぎょかん》ノ色ヲ表された」という。二十四日早朝に大乗院から満済のもとに注進が到来し、昨日、衆徒・国民らが大挙して宇陀郡に攻め入り、沢・秋山は一矢に及ばず「自焼《じやき》没落」したとのことである。さっそく、これは大館満信を通して公方義教に伝えられた。義教は管領畠山満家《かんれいはたけやまみついえ》に、「このたびの働きについて、学侶・六方衆《ろっぽうしゅう》に御感の御教書《みぎょうしょ》を遣わすことにしようか」と尋ね、管領畠山は「尤《もっと》も然《しか》るべし」と賛同の意を伝えた。

ここでも経覚は、これまでと同様に三宝院満済との繋がりを支えにしながら事にあたった。新しい将軍義教への対処の仕方も、満済に全幅の信頼を寄せ、すべてその指示に従って動いている。しかし、この六代将軍義教のやり方には、満済がこれまでの公方との間に築き上げてきた関係とは違う面が顔をのぞかせ始めていた。

### 成身院光宣

二十五日になり、「沢・秋山退治」の功を賞するため一乗院と大乗院の両門跡を上洛させよと将軍が命じ、満済はそれを両門跡に伝えた。同時にまた、興福寺仏地院教俊と「筒井の伯父で六方衆の成身院《じょうしんいん》卜申す者」も参洛するようにと将軍からの命令があった。

この時、満済には「成身院ト申す者」というような曖昧な認識しかなかったが、将軍からの参洛を命じる奉書が出されたということは、すでにこの時点で成身院光宣《こうせん》は将軍義教と何らかの繋がりを持っていたことになる。

### 「国の乱」になってしまう

成身院光宣は、一乗院被官の衆徒の筆頭である筒井氏の出身で、興福寺子院の成身院を拠点とする六方衆であった。筒井氏は、大乗院方衆徒の筆頭古市氏や国民の越智氏と並んで、室町時代の大和を二分する大きな勢力を張るのであるが、筒井氏がそうした存在にまで成長を遂げるうえで、成身院光宣の力が大きく寄与したことは確かである。のちのち、この成身院光宣は、経覚にとって最大の敵対者になっていく。

二十八日、一乗院と大乗院の両門跡が将軍に対面した。申次《もうしつぎ》は南都《なんと》伝奏《てんそう》の万里小路《までのこうじ》時房《ときふさ》である。三月二日には成身院光宣が満済との対面を果たした。また大和国民の十市《とおち》が満済と対面した。これは大乗院経覚の吹挙によるもので、十市は「内々奉公の儀のため」と称して三千疋・榼《たる》二十を持参し、満済は馬一疋と太刀を遣わした（『満済准后日記』）。

成身院光宣は、四日後の三月六日に再び上洛し、この時期に興福寺別当の地位にあった一乗院昭円の奉書を、満済のもとに持参した。その際、大和国内で起こっている「箸《はし》尾《お》と片岡の弓矢の事」について、光宣は「管領の畠山満家は、この箸尾と片岡の争いに介入して、箸尾方に合力しております。そのため、その配下の河内勢が当国に乱入し、片岡の城に押し寄せるという事態になり、筒井・越智をはじめ大和の国人たちは片岡に合力するため馳せ向かい、双方で合戦となっています。寄せ手の河内勢は二・三十人が討たれ、管領の合力勢の方にも死者が出ました。そのため管領は意趣を残し、重ねて河内から軍勢を送り込もうとしています。このままでは、国の乱になってしまうに違いありません。すでに箸尾と片岡の弓矢は幕府から御教書を出されたことで収束に向かい、軍勢もことごとく退散しておりますのに、なぜ今になって、何を怖畏して、管領方は合力勢を大和国内に入れようとしているのでしょうか。ここは何としても管領畠山に手を引くように仰せ付けていただきたい」と語った。これは、光宣が持参した寺務（別当）一乗院門跡昭円の奉書の求める内容でもあった。

それを聞いて満済は、まずは管領の畠山に申し遣わし、その後で将軍にも話をするが、この問題は南都伝奏や南都奉行にも興福寺側から注進しておくようにと指示を出した。南都の問題は、正式のルートである南都伝奏や南都奉行にも話を通しておくべきだとの配慮からである。

光宣のこの話で注目されるのは、管領畠山が箸尾に合力し、河内勢を大和に送り込むという動きに対して、筒井・越智をはじめ大和の国人らは一致して片岡の合力に馳せ向かったという点である。筒井と越智は、これ以後長く続く大和国の武士たちの対立の中で、互いにその頂点に立って対峙する存在である。その筒井と越智が河内勢の入国という事態に直面すると、互いに連携して動き出し、このまま管領方との対立が続けば「国の乱」になってしまうというのである。先に見たように、上からの命令に「甲斐甲斐しく」は応じないという「大和国民らの作法」に、もう一つ、外からの攻撃に対して大和国人らは「一揆する」（気持ちを一つにして結束して動く）という一項を加えるべきかもしれない。これも、「大和永享の乱」の推移と展開を考える上で、重要な点になってくる。

筒井も将軍と対面

四月になると、十市、および成身院光宣と筒井覚順が、相次いで将軍と対面した（『満済准后日記』四月二日・十日条）。ここで彼らは、公方足利義教と直接的な奉公関係を結ぶに至る。そのことが、翌永享二年（一四三〇）八月に筒井が河上関代官職を拝領し、十市が御室門跡領と薬師寺領の代官職を拝領する（同前、永享二年八月二十六日・二十八日条）という動きへと繋がっていく。大和国の衆徒らは両門跡の被官として組織されているのだが、そこに特定の衆徒・国民と公方とが「内々の奉公」関係を結び、それが大和国内武士たちの関係の中に楔《くさび》となって打ち込まれてくるのである。六代将軍足利義教のやり方が、ここによく現れている。

## 二　「大和永享の乱」が起こる

大和永享の乱の契機

正長二年（一四二九、九月五日に「永享」と改元）の七月、これ以後長く続く「大和永享の乱」の直接の契機となる国人のあいだでの対立が明瞭な姿を現わす。

三日、興福寺別当の一乗院昭円から南都伝奏の万里小路時房のもとに、大乗院方衆徒の豊田中坊と一乗院方衆徒の井戸とが対立し、合戦に及ぼうかという事態なので、幕府から「戒めの御下知」を下してほしいと要請があった。四日、時房がこの旨を将軍義教に申し入れると、「奉書を出すには及ばない」との返事だった。

御教書の効力

七日の経覚からの書状では、さらに六方衆の中にも対立があり、興福寺内を軍勢が馳せ廻るような事態になっているという。この騒動は何とか収束の方向に向かったが、十一日に経覚が書状で、「豊田中坊と井戸の確執につき、御教書を両門跡に成し下され、制止を加えるように命じていただきたい」と要請してきた。しかし、先日、将軍は「上裁には及ばない。まず両門跡として制止を加えるべきである。それぞれの門下なのだから、どうして異議に及ぶことがあろうか」と主張して、これに応じなかった。この問題では満済も出京して時房と協議し、ここは一刻も早く御下知を遣わすべきだと意見が一致したので、時房は室町殿に参上して将軍に要請の趣を伝えた。そこでのやりとりは以下のとおり。

義教　ここで幕府から御教書を下せば、合戦している連中は、これを受け容れて互いの勢力を引くのか。

時房　上裁に応じないなどということは、あってはならないことです。しかし、たとえ承引せず、猶も異議に及ぶようなことがありましょうとも、その時は公方として何度でも仰せ下されなければなりません。

義教はこれを了承し、大乗院と一乗院に充てて次のような奉書が出されることになった。

豊田中坊と井戸確執の事、御制止に拘《かか》わらず兵革の企てに及ぶと云々、はなはだ然るべからず、本人と云い与党と云い、速やかに濫吹を止むべき御沙汰の旨、厳密に御門徒等に御下知あるべきの由申すべき旨に候、恐惶謹言、

七月十一日　　時房

大乗院殿

追って啓す、

訴訟の題目あらば、理非を上裁に任せて、穏やかに所存を申すべきの旨、御下知あるべきの由、同じく仰せ下され候、

同じ奉書が一乗院に宛てても出された（『建内記』七月三日・四日・七日・八日・十一日条）。

しかし、両門跡がこの下知を下す以前の十日に、豊田中坊方から井戸方に押し寄せて合戦となった。経覚は、「大乗院門弟の豊田中坊には上意に従うように下知し、もし応じなければ大乗院門徒から追放という厳制を加えるつもりです。けれど、豊田には布留《ふる》郷民たちが同調し、楚忽《そこつ》に勢を引いては布留社の神輿を振るぞと郷民らの土一揆《つちいっき》勢が強硬に主張していて、豊田も私意に任せて動くわけにはいかないと申しております。再度御教書を下していただいても落居しそうにもありませんので、次には幕府から御使者を下向させてくださいませんでしょうか」と申し入れた。これを聞いた義教は、

和州闘諍の事、頗る尽期《じんご》無き歟、制止の限りにあらざる哉、打ち置かるべき哉、

と突き放した（『建内記』七月二十八日条）。

## 制止の限りにあらず

こうしたやりとりをめぐって、将軍義教は当初は大和を「畿内の中の遠国」と位置づけ、放任主義で臨もうとしたのだとする見方がある（本郷和人「『満済准后日記』と室町幕府」、桜井英治『室町人の精神』）。確かに、「大和での闘争は尽きることがない。いくら制止しても仕方がないから、放置しておけ」ということでの義教のことばは、まさに「放任せよ」と主張しているかに見える。しかし、「御教書を下せば、争っている連中は承引するのか」と時房に問いかけ、「上裁」の実効性を強く求める義教が、ここで発した「打ち置

かるべし」ということばをそのまま受け取るわけにはいかない。幕府から何度命令を発しても、大和の国人らはそれを受け容れずに闘争を繰り返してばかりいる。そのような状況下で、いくら奉書を下しても何の意味もないのではないか。そういう苛立ちを隠せないなか、義教の口から発せられた「打ち置かるべし」には、厳しい反語的な意味合いが籠められていると見るべきではないだろうか。ここで語られた「打ち置かるべし」は、決して義教の本意ではない。彼は、もっと実効性を伴う強い措置を望んでいたのである。

将軍の南都下向

　将軍義教は、九月二十二日に南都へ下向することになった。義満や義持の時と同様に、春日社や興福寺・東大寺などに参詣し、祭礼や延年・猿楽を見物するためである。三宝院満済は将軍の南都下向よりも一日早く、九月二十一日に奈良へと下った。四方輿《しほうごし》に乗り、大勢の僧侶や児《ちご》、房官・侍・力者などを従えた行列は、興福寺東門前の法雲院に到着した。法雲院は大乗院の門弟であり、経覚が手配して、この宿坊では調度を整え修理も施して、満済の到着を待っていた。『満済准后日記』九月二十一日条には、

　一献以下、悉皆《しっかい》大乗院として申し付けられ、事に於いて厳重に沙汰せられ、丁寧申す限りなし。門役の事、彼の門跡の坊人、衆徒小泉と号す、大門の内に番屋を構え幕を引き廻し、自身が参り候、若党・中間数十人これを召し具し、頗る過分せしむるもの也、

と、饗宴の準備万端を経覚が命じ、また大乗院方衆徒の小泉自身が家来を引き連れて大門の警衛にあたるなどした点をあげて、満済は経覚の配慮におおいに満足した。夜に入って、経覚が来臨し、二人は対面、「一献の沙汰に及ばず、数刻雑談」したという。五十二歳の満済と、三十五歳の経覚と、ここには二人の親交の深さがうかがえる。

### 室町殿を歓待

翌二十二日、室町殿の一行が南都に下向した。番頭・随身・侍、さらに殿上人・公卿、南都伝奏万里小路時房、近習、管領以下大名らを従えた大行列で、奈良に入る道筋の般若寺坂には大勢の見物衆が詰めかけるというありさまだった。

将軍の宿坊は先例通り一乗院で、将軍が到着すると一乗院昭円僧正は庭上に降り、畏《かしこ》まって蹲踞《そんきょ》した。大乗院経覚以下、南都の寺僧らはすべて参加し、満済もその場に加わった。二十三日には春日社に参詣し、東大寺鎮守八幡参詣の後に両門跡へ渡御した。一乗院からは公方に引物腹巻一両と銭二万疋、大乗院からは引物腹巻二両・練貫《ねりぬき》十重・盆・香合・太刀二振・御馬一疋と銭一万疋が贈られ、満済にも一乗院から一万疋、大乗院から一万疋が贈られている。連夜、延年が催され、二十四日は興福寺・東大寺両寺を巡礼、二十五日は猿楽を四座が演じた。二十六日は法華寺や興福寺の梨原・仏地院・東北院に将軍の渡御があり、二十七日は春日祭礼を見物、二十八日の四座猿楽は雨中の舞台となった。二十九日に還御、大乗院以下が御礼に参上、対面した後に義教は上洛した。

ここでも満済は、将軍一行よりも一足早く上洛し、直接醍醐寺へと帰っている（『満済准后日記』九月二十二日〜二十九日条）。

二つの政治勢力

将軍の南都下向が終わると、またもや十一月から大和の武士たちは合戦を始めた。将軍義教は、「自分が公方として治めているこの御代に、弓矢を取り出して合戦に及ぶような者には、厳しい処罰を下すべし」と強く命令した（同前、十一月二十四日条）。

豊田中坊と井戸の確執は、井戸が筒井の一族であったので筒井と十市以下がこれを扶持し、他方の豊田を箸尾が扶持し、さらに箸尾を越智が引き立てるというように、互いに強固な連合体を形成し（同前、十二月二日条）、結局は筒井方と越智方を中心とする二つの大きな政治勢力が激しく対立する状況を生み出していった。

上意に背くを退治

ここに至るまでの経緯を追ってみると、まず八月頃に将軍が両使を下して「弓矢の停止」を命じ、井戸は上裁に従ったが、豊田はこれを了承せず上意に従わなかったため、義教は「追って治罰する」と憤った。九月には将軍の南都下向があり、厳しい処罰は延引されていたが、義教の南都滞在中から、越智と箸尾の合力を得た豊田勢が戦闘に打って出る動きがあり、内々に筒井方から将軍に訴えがなされていた。将軍から「楚忽に弓矢を取り出した方を厳しく罰する」旨の御教書が出されたにもかかわらず、十一月になると越智と箸尾が豊田に同心して、筒井と十市の在所に「発向」し、筒井の所領数ヵ所を焼き払い、筒井一族の数人を討ち滅ぼしてしまった。

筒井から「かろうじて（筒井の）本城が残っているだけで、もはや切腹するよりほかに、すべがありません」と自らの窮状を訴えてきたため、義教は、越智・箸尾・豊田など上意に背く国人らを退治するために、細川持之《ほそかわもちゆき》と赤松満祐《あかまつみつすけ》に出陣を命じ、さらに前管領畠山満家にも大和に軍勢を送るように伝えた。しかし、畠山の意見は、「年内は、自分の被官である遊佐《ゆさ》を大和に下して、弓矢の停止を命じるつもりなので、実際に軍勢を送るのは明春に延引すべきです」というものだった。この時点では、義教は不本意ながらも、その意見に従った。これについて満済も、

大和国御退治の事、先ず只今延引せられ了んぬ、

と日記に記し、「珍重珍重」（よかった、よかった）と書き付けた。しかし、筒井方からは再度、義教に、「形ばかり、本城だけが残ってはおりますが、まったくもって散々なありさまで、今はただただ堪え忍ぶよりほかにすべがありません」と歎き入れてきた。

そこで満済は、筒井と成身院光宣の二人を三宝院門跡に呼んで、まず今のところは援軍を大和に下すのは延期するという「上意の趣」を、くわしく申し聞かせた（『満済准后日記』十一月二十四日・十二月二日条）。

翌十二月三日の満済の日記に、

早旦、御所に参る、夜前筒井を召し寄せ、仰せ含むる次第、具《つぶさ》に申し入れ了んぬ、爰《ここ》に公方様御物語に云く、今朝、東大寺西室召し仕う大夫坊と云う法師、御所に参り申し入れて云く、年中に御勢を立てられずば、筒井乍《たちま》ち生涯に及ぶべし、如何仕るべき哉の由、申し入るるの間、堅く御切諫《せっかん》の由仰せられき、

とある。早朝に室町御所に参上した満済は、夜を徹して筒井に申し聞かせた事の次第を将軍に伝えた。すると義教は、今朝、東大寺西室の大夫坊見賢《げんけん》が御所にやってきて、「年内に軍勢を立てて援助しなければ、筒井は命を落とすことになるでしょうが、如何なさいますか」と申すので、「厳しく切諫しておいたぞ」と満済に語ったのだった。

幕府軍の下向を延期するという「上意」、実はこれは将軍自身の考えではなく、大名たちや満済の意向であった。心の底ではそれに賛同していなかった義教は、この措置を批判し筒井の窮状を訴える西室大夫坊見賢のことばに託して、実は自らの苛立ちを満済にぶつけたのである。見賢を「切諫」したということばとは裏腹に、義教の思いは、すぐにも幕府からの援軍を送って筒井の窮状を救うことにあったのである。

見賢のような存在

「両院家の下知」よりも「京都の御成敗」を上位に置くという原則のもと、幕府からの「上裁」を得て両門跡が争いを収拾し、それでも収まらなければ、さらに上使を遣わす、これが義満や義持の時代の、幕府と興福寺との基本的な関係であった。それゆえこ

こでも、満済も大名たちも両門跡も、この原則を踏襲して事にあたろうとした。しかし、将軍義教の考えは違っていた。「当御代、弓矢取り出だす者をば御罪科あるべし」と主張し、自らの発した「上裁」はただちに了承されるべきであり、異議に及んで合戦を続けるなどもってのほかのことだと考え、幕府から直接に大名の軍勢を大和に送りこんで押さえつけることも辞さない。これが将軍義教の本音であった。

それにしても、「内々御奉公」の関係を結んで将軍に直接嘆願してくる筒井や、将軍御所に自由に出入りが許され、筒井の窮状を代弁して訴えるような西室大夫坊見賢という僧がいたりする。やはり、将軍義教が取り結んでいた関係は、それまでの公方を軸にしたあり方とは違う面を有していた。この見賢というのは、東大寺僧でありながら土倉業を営み、奈良・京都・坂本に拠点を構えて大量の米銭を蓄え、将軍義教の金銭も預かって運用するような金融業者であり、義教の南都に対する政策決定にも深く関与したという（桜井英治『破産者たちの中世』、西尾知己『室町期顕密寺院の研究』）。

## 三　三宝院満済との連携

両門と寺門の軍勢で

永享二年（一四三〇）二月、満済から万里小路時房宛ての書状が、大乗院家の雑掌清俊によって届けられた。満済から時房への手紙の運び手が大乗院家雑掌であるところに、経覚と満済が密接に連携しながら動いていたことを見て取ることができる。満済の書状の内容は、経覚とも十分に相談されたうえでのことだったのである。ここに、

豊田中退治のため、両門跡幷びに寺門軍勢、来たる十六日に発向せしむべく候、其れに就き進発の次第は、一番大乗院、二番一乗院、三番寺門、此の如くたるべき由、御教書をなさるべきの由仰せられ候、

との決定がなされた。幕府から諸大名らの軍勢を南都に送りこむのではなく、興福寺両門跡とその坊人・衆徒らによる「豊田退治」が実行されることになった（『建内記』二月十三日条）。

満済肖像（醍醐寺蔵）

この永享二年という年、経覚は実に目まぐるしく動いた。五月には、越前国河口・坪江庄の年貢未進問題で上洛し、守護代の甲斐から請文《うけぶみ》を出させるよう満済を通じて義教に願い出、六月晦日には公方と対面、礼

として三千疋を進上した（『醍醐寺文書別集〔満済准后日記紙背文書〕』一二一六―九、『経覚私要鈔』五月二十八日条、『満済准后日記』五月二十八日・六月晦日条）。七月八日には、兄の前関白九条満教とともに満済のもとを訪れ、一献に及んだ（『満済准后日記』七月八日条）。そして、ともかくも、この年は、幕府軍が直接に大和へ進攻するという事態に陥ることなく年末をむかえることができた。

いかほど進上すべき

明けて永享三年正月九日、満済の日記には「大乗院より書状これ在り、当年始め」とある。二月十六日には、将軍の伊勢参宮が無為無事に行われたことを祝って僧俗が群参し、九条前関白、二条摂政、一条左府、近衛右府をはじめとする公卿、満済など十一人の護持僧、さらに大覚寺、梶井、南都両門跡などが将軍御所に参上した（『満済准后日記』二月十六日条）。経覚は奈良に下向する直前の二十九日に満済のもとを訪れ、「時食相伴、少一献これ在り、少茶会これ在り」（同前、二月十六日条）と、ひととき会食を共にした。再び上洛した三月六日には醍醐寺で満済の連歌の座に加わった。発句は満済、脇句経覚、第三句は宝池院義賢である（同前、三月二十一日条、『醍醐寺文書別集〔満済准后日記紙背文書〕』一三三三―六）。この宝池院義賢は、足利義満の弟満詮《みつあきら》の息子として生まれ、満済の弟子として醍醐寺に入室し、後に満済の後継者として三宝院門跡になる人物であり、経覚にとっては終生変わらぬ仲のよい友人であった。

五月四日の経覚書状（同前、一三七三―四）には、

兼ねて又、室町殿様、等持寺に□仏事用脚《ようきゃく》所進の事更々《さらさら》存じ寄らざる事に候、此の如く仰せを蒙り候、始めての事ならず候と雖も、恩志の至り申し尽くし難く候、まつ〳〵いかほと進上仕るべく候哉、一向御指南を仰ぐべく候、

とある。将軍義教から等持寺で行う仏事の費用をいくらか負担せよと要請され、「どれくらい進上すべきか御指南ください」と満済に頼んでいる。これまでも経覚は義教から「助成」を求められたことがなかったわけではない。しかし、義教からの要請は「助成」とされてはいるものの、それを拒めば制裁を受けるかもしれない強圧的なもので、しかも支払った額が先例となって今後を拘束されることになるという、「きわどい駆け引き」を要するものであった（桜井英治「宴会と権力」）。それゆえ経覚は満済の指示を仰いだのである。

### 二度目の興福寺別当

八月、一乗院領平田庄（大和高田市・葛城市・広陵町）で万歳・高田以下四庄官が段銭を未進して上裁にも応じないという問題が起こった。満済は「ちょうど大乗院が、この門跡へ来ている時分なので、仰せの旨を伝えましょう」と将軍義教に申し入れた。経覚は万歳の伯父の慈尊院を召し寄せたり箸尾を介したりして籌策《ちゅうさく》に努め、何とか事を収め、幕府の介入を防ぐことができた。このように満済の支援を得ながら、経覚は大和国支配

を無事に遂行していった。ここで満済は、経覚の興福寺別当再任を義教に要請し、一万疋を進上して経覚は二度目の興福寺別当の地位に就いた。

しかし、その直後、筒井方が箸尾方へ攻撃をかけ、その城を焼き落とすという動きに出た。これに対して箸尾方も大勢を率いて反撃し、筒井に味方している宝来の城を取り囲んだ。経覚からの連絡を受けた満済は、「何とか事が収まって静謐の時節を迎えたかと思ったのに、この筒井の所行は常軌を逸している」と筒井の行動を手厳しく批判している（『満済准后日記』八月八日・十一日・十九日・二十二日・二十四日・二十七日条）。

今更、捨てられず

八月晦日に満済が室町殿に参上すると、義教は「大和国合戦」について、「このたびのこと、筒井が先に手を出し、箸尾の城へ軍勢を動かした、だから箸尾もまた筒井の城に押し寄せて筒井の城を取り巻くという行動に出て、筒井はすでに命も危うい事態になっているという。なんとか幕府から御合力の御勢を下していただきたいと筒井から申し入れてきた。筒井の振る舞いは大変けしからんことだが、ここのところずっと筒井を扶持してきた経緯もあり、今更、自分はこれを見捨てるわけにもいかない。そこで、大名の五人、畠山・細川・山名・一色・赤松に大和に進発するように仰せ付けるつもりだ」と、筒井に対する自らの強い思い入れを吐露し、筒井を援助するために幕府軍の大和出陣を強行すると主張した。

しかし、「静謐の時節に、筒井の所行、もってのほか」というのが満済をはじめ管領以下の大名らの見方であった。まず「大名五人」の一人にあげられた畠山満家が異議を唱えた。満済は、畠山に細川持之と山名《やまな》時熙《ときひろ》を加えた三人を、室町殿の内にある「壇《だん》所《しょ》」（修法し祈禱するために壇を設けた所）に呼んで意見を求めた。三人の意見は、大和に軍勢を向かわせるのは、「将軍家の上御所造作を近日に控えている折柄でもあり、無理ではないか」との考えが出され、結局のところ、「来春に御延引、珍重々々」ということで意見がまとまり、幕府軍派遣は見送られ一件落着となった。

### 時宜、心もとなし

永享四年三月には、将軍義教の大原野花御覧があった。南都の諸院家からは将軍に「多分のお礼」を出したと聞き及び、急用があって奈良にもどっていた経覚は、「わが身一人だけが応じないというのは、いかがなものでしょうか。時宜《じぎ》を計りかねて、不安にかられております。なにとぞよろしくお計らいいただければと存じます」（『醍醐寺文書別集（満済准后日記紙背文書）』一五七五―七）と、満済に助言を求めた。とにかく将軍義教を相手にするには、常に細心の注意が必要であった。将軍義教を取り巻く武士も貴族も僧侶も、誰もがみな「時宜」（将軍の御意向）を計りかねて、何とかそれに添えるようにとあれこれ心を砕き、まさに「薄氷を踏む思い」で日々を送ったのである。

## 四　幕府軍が大挙して大和に入る

永享四年（一四三二）九月十二日に経覚から満済に届いた書状には、

国中の土一揆、奈良に乱入し、嗷々もってのほかの事也、彼の土一揆申し請うる旨に依り、寺社諸院の年貢等を一向免除し了んぬ

と書かれている。「大和国内で蜂起した土一揆が奈良に乱入し、嗷々の振る舞いに及んでおり、その求めに応じて、寺社や諸院家領の庄園年貢はすべて免除されることになった」というのである（『満済准后日記』九月十二日条）。

筒井方、散々に攻められる

一方、将軍義教のもとには、「二十四日に越智と箸尾が一体になって筒井と合戦し、筒井方は散々に攻められて本城に遁れ籠もっている。その後、越智は龍田社（奈良県斑鳩町）に放火して社頭をことごとく焼失させたが、これに反発して土一揆が蜂起し、越智方を取り籠める（包囲する）動きに出たので、すでに越智は命の危険にさらされている」との報が届いていた。ここでも義教は、これまで何かと上意に背いてきた越智への処断をと考えたが、畠山らの同意を得られなかった。

しかし、義教は「ことごとしく大名二頭三頭の軍勢を派遣するのは、いかがなものか

と思うが、さりとて、ただ畠山被官の遊佐を大和に遣わしたからといって、果たして事態は落居するものだろうか」と思案し、「ちょうど筒井も参洛している時分だから、仰せ談ずることにしよう」と満済に返事をした（『満済准后日記』九月二十九日・十月三日・四日条）。ここで、すでに義教の腹は決まっていた。十日になると、義教は、

越智・箸尾事、緩怠連々に及ぶの間、御退治あるべし

との決断を下し、筒井に、将軍側近の赤松満政と奉行人飯尾為種《いのおためたね》を付き添わせて、畠山満家亭に向かわせた。これまでは満済や諸大名らの反対にあうたびに、それを容れて幕府軍の大和進攻を先延ばしにしてきた義教だったが、事ここに至って、その意志は堅く、ただちに畠山満家と山名時熈の両人に、大和へ発向するよう命令した。しかし山名は去年から、九州で大友・少弐らと戦っている大内に合力の軍勢を派遣していたため、それに代わって赤松勢が大和に出立することになった（同前、十月十五日条）。

神事・法会も欠怠

十一月に入って参洛した経覚は、満済と一夜雑談して、

大和国のこと、このたびは越智・箸尾を御退治あるべきとのことですが、そうなれば、来る二十七日の春日社祭礼は、延引しなければなりません。とりわけ今は一国中が収穫の時期をむかえ、年貢収納のための大事な時です、そのような折りに合戦が始まれば、作物はことごとく損亡《そんもう》してしまい、神事や法会などが欠怠し、公方《くぼう》に

とっても不都合この上ない事態になるでしょう。なんとしても、この事を公方に歎き申し入れたいと思うのですが、いかがなものでしょうか。越智や箸尾に与力する者たちも、御勢が下向すると聞けば公方の味方に参ろうとしております。それでもなお御退治が必要なのかどうか、よくよく心得て覚悟したいと思います。

と語った。もちろん満済とても、それは同じ思いであった(同前、十一月七日条)。

畠山満家は、将軍義教への説得を続けた。「南都に和睦の御内書《ごないしょ》を下さるべきです。争っている者どもが承知しても、しなくても、これまでにも御内書などがあれこれと出されてきました。昔から遠国には、実効性のあるものも、ないものも、それこそ、本当にいろいろな御成敗が下されております。それは決して当御代に限ったことではありません。ですから御内書を下されるにあたって、その効力が少ないことを特に苦々しくお思いにならなくてもいいのです」と、直接に幕府の軍勢を大和に下すのを何とか食い止めようとして、あれこれとことばを重ねた(同前、十一月十五日条)。

しかし、さまざまな説得にもかかわらず、将軍義教の意志は強固で、まったく聞く耳を持たなかった。義教本人の気持ちとしては、「これまでは、まわりの面々の意見に従い、堪忍に堪忍を重ねてきた、もはや限界だ」という心境だったのではないだろうか。

#### 幕府軍、大和へ進発

十一月二十七日、畠山尾張守持国と赤松満祐・同伊予守義雅兄弟の軍勢が、大和へ進

発した。これについて、伏見宮貞成《ふしみみやさだふさ》の日記『看聞日記《かんもん》』十一月二十七日条に、

大和へ両大将今朝進発す、畠山尾張守其の勢千三百余騎、赤松・伊予守兄弟二人八百余騎・雑兵二千人許り、出立の躰、言語道断の見物也と云々、長谷雄（箸尾）・オチハ（越智）種々懇望し、一万貫進らすべきのよし申す、然《しか》れども御免無し、南都両門跡上洛し執り申さると雖《いえど》も聞こしめし入れず、三宝院も諌《いさ》め申すと雖も、結句御意不快と云々、

と記されていて、越智や箸尾が軍勢の下向を遁れるため、多額の銭を送るからと懇望してきても許さず、一乗院・大乗院両門跡の取りなしも聞き容れず、三宝院満済の諌言には不快の念を表わし、ともかく何が何でも自分の意志を貫き通そうとする将軍義教の姿を伝えている。

### 畠山勢と赤松勢

三十日に筒井勢の前陣として畠山と赤松の両大将が攻め寄せたので、箸尾と越智は「自焼没落」し（同前、十二月二日条）、事はただちに決着するかに見えた。しかし、思わぬ伏兵が待ち受けていた。十二月十九日には、「大和悪党が大勢で押し寄せ」筒井を攻撃し、筒井は「数ヵ所手負い、已に切腹か」という状況に陥り、赤松に救援を求めてきた。初手で勝利し、すぐにも上洛しようとしていた赤松勢は、その途中から引き返して応戦した。しかし、「大和悪党」はなかなか手強く、そのため赤松方は有力家臣が五十九人

も討死、国人や雑兵の死傷者は六百人にのぼり、大将の赤松義雅までもが負傷する羽目になった。敵方も数百人が討たれたが、その中には越智や箸尾勢は交じっておらず、すべては「悪党らの所行だ」との風聞であった。

一方、畠山はこれに合力せず、「徒《いたずら》に陣を取り、合戦を見所《けんぞ》すと云々、所存有る歟、赤松は若干打死す、然れども高名と云々」（同前、十二月二十日条）とあるように、赤松勢が積極的に動いたのと対照的に、畠山持国は意識的に戦いを回避し、被害もほとんど出さなかったという。

満済の日記には、経覚からの音信として、「赤松勢、昨日、越智より奈良方へ引き帰す処、軽部あたりに於いて土一揆に出合い、名字ある程の者六十人ばかり打たれ了んぬ、其の外、手負い数知れず」と記している（『満済准后日記』十二月二十日条）。つまり、赤松勢に大きな損害を与えたのは、軽部あたりで出会った「土一揆」勢であり、越智や箸尾の軍勢は、それ以前に敗走してしまっていたというのである。

十二月二十三日に上洛した両大将の軍勢は、「畠山ハ合戦せざるの間一人も損せず、赤松六百人許り損し了んぬ」と対照的な姿を見せた。畠山の被官として出陣した伏見庄の地侍三木善理《そうぎ》・義康も大和から無事に帰参している（『看聞日記』十二月二十三日条）。ともに公方の命を受けて大和に派遣されたにもかかわらず、畠山持国と赤松義雅の両軍勢の姿勢がまったく対照的であったことについては、多くの人びとの注目を集めた。

それにしても、将軍義教に奉公しその支援を一身に受けて優勢なはずの筒井方が、いつも合戦するたび、散々に攻められ、窮地に立たされ、大敗を喫するのは、いったいどうしてなのだろうか。また、この時の戦いに、「大和悪党」「土一揆」などの勢力が大勢蜂起して筒井勢や赤松軍を攻撃し、多くの死傷者を出すに至ったのは何故なのだろうか。そもそも、この「大和悪党」や「土一揆」は、どこから湧き出してきたのだろうか。

## 「大和悪党」と「土一揆」

それを考えるために、ここでまず、先に見た「大和国民らの作法」（四二～三頁参照）を思い出しておきたい。上意をうけ、両門跡が号令をかけて動かそうとしても、「甲斐甲斐しく」（骨身を惜しまず、積極的に）は応じないのが、大和の国人らに共通する作法であり、さらに大和国の外から懸けられる攻撃には皆で一致団結して立ち向かおうとする姿勢が見られる。もちろん、これまでずっと一貫して筒井方と強い繋がりを築いてきた国人らは、筒井がどのような立場に立とうとも、常にそのまま筒井との連携を維持し続ける。しかし、それ以外の大半の国人らの動きは流動的であり、時に応じて自らが味方する勢力を決める。将軍と直接的な主従関係を結び、結果として幕府などの外部勢力を大和国内に引き入れることになった筒井に対して、多くの大和国人たちは強く反発し敵対的な動きを示した。その結果、大和国人らの中で反筒井勢力の方が優勢になり、筒井は何度合戦をしかけても敗北を喫することになったのである。

ところで、ここに登場した「悪党」「土一揆」の中には、越智・箸尾勢はいなかった。すでに畠山・赤松両大将の幕府軍によって攻められ、敗走してしまっていたからである。当時、大和国人らの軍勢は一族・若党・侍とその下部《しもべ》などによって編成されていたが、同時にそこには「地下の輩」と呼ばれる在地の郷民らが結集した武力も加わっていた。もちろん、国人の家臣団と「地下の輩」とはいつも常に同じ行動をとるわけではない。しかし、郷民らの生活領域で戦闘が繰り返されれば、生活防衛の上からも地下人らは結集し「土一揆」として武力を発動させる。中世社会においては兵と農が分離しておらず、武力は在地社会の奥深いところにまで強く根をおろしていた。それゆえ中世の武力を考える時には、これらを別個のものとして切り離してはならない。この点をおさえておかないと、わたしたちはその実像を見誤ることになる。国人らの武力は彼らが勢力を張っているその地域の村々の地侍や百姓の武力と密接にからまり合っていた。これが「悪党」や「土一揆」と呼ばれる勢力の実態である。「大和永享の乱」の発端となった井戸と豊田の戦闘において、豊田が、布留郷民らの土一揆の意向を無視して自分勝手に動くことはできないと述べていた（五〇頁参照）のは、このことを意味していたわけである。

ともかく、ここに賽は投げられた。これまでは「延引、珍重々々」（延引になり、よかった、よかった）とされてきた幕府軍の派遣であったが、この永享四年の冬に畠山勢・赤松勢から成る幕府軍が大挙して大和へ入るに及んで、「大和永享の乱」はいよいよ抜き差しならない事態に陥っていく。それはまた、経覚にとっても同じことであった。

# 第四　満済の死と辺土への追放

## 一　将軍義教との間合いの取り方

永享《えいきょう》五年（一四三三）の正月十日、例年どおり経覚は、醍醐寺の三宝院満済《さんぼういんまんさい》のもとを訪れた。満済は体調がとても悪く、医師の診察を受けねばならぬほど「窮屈、散々の躰」であったにもかかわらず、会ってくれた。「大乗院、千疋・樽《たる》等随身せらる、毎年の佳儀なり」と満済は日記に書いている。例年通りの年始の贈り物である。

北野一万句法楽連歌

二月十一日、将軍義教《よしのり》が北野社一万句法楽連歌を主催した。経覚は、九条満輔《くじょうみつすけ》（満教《みつのり》改め）・二条持基《にじょうもちもと》・一条兼良《いちじょうかねよし》の貴族たちや、管領《かんれい》細川持之《ほそかわもちゆき》をはじめとする諸大名ら、さらに三宝院満済・聖護院《しょうごいん》満意などの門跡などとともに、この連歌会に参仕した（『薩戒記』『満済准后日記』）。二月二十二日には、大和の越智氏のことに関して、満済から経覚へ内々に連絡があった。三月二十五日には、前日から参洛していた経覚が満済を訪ね、親交をあたためた。

紀河原で勧進猿楽

四月二十一日には京都紀河原《ただすがわら》で勧進猿楽が催され、将軍義教と諸大名、公卿や門跡が桟敷《さじき》で見物し、そこに経覚の姿もあった。観世が演じたこの猿楽は、祇園塔勧進のために行われたもので、大勢の見物人が集まった（『満済准后日記』『看聞日記』）。四月二十四日には、経覚が満済のもとを訪れ連歌会が開かれた。発句は「大乗院の児」が詠んだというから、経覚が同伴した稚児がこの連歌会で大役を果たしている。この稚児とは、常に経覚の傍近くに仕えている宮鶴丸だったのかもしれない。六月二十九日条にも「大乗院来臨す、今夜は此の門跡に一宿」とあり、ひと月と間を置くことなく経覚と満済の二人は会っている。

永享の山門騒動

七月十七日、比叡山延暦寺衆徒《しゅと》が神輿《しんよ》を動座し嗷訴《ごうそ》に及んだ（『満済准后日記』）。「永享の山門騒動」の発端となった事件である。根本中堂閉籠衆議牒状は十二ヵ条に及び（『看聞日記』）、山徒猷秀《ゆうしゅう》・将軍申次赤松満政《もうしつぎあかまつみつまさ》・山門奉行飯尾為種《いのおためたね》を告発糾弾するものであった。

七月十七日　「今夜、京中物忩《ぶっそう》」（『満済准后日記』）
十八日　「山上、夜々篝《かがり》を焼く、洛中物忩」（『看聞日記』）
二十日　「神輿の入洛、明日必定、仍って室町殿辺騒動す」「禁裏・仙洞公家人々参集し、警固の武士等祗候す、上下猥雑す」（同前）

二十二日「土岐大膳大夫参洛す、百四五十騎召し具す、神輿の事に就き参洛すべきの由、内々、時宜《じぎ》（公方の命令）の故也」（『満済准后日記』）

二十三日「河原辺に於いて時〔関〕の声を二三度揚ぐ、これに依り洛中猥雑す、馬借《ばしゃく》等の所行《しょぎょう》歟」（同前）

二十四日「坂本馬借、大勢が洛中に忍び入るの処、山名勢行き逢い、河原に於いて合戦致し、時の声を揚ぐるの間騒動す、諸大名室町殿に馳せ参じ、禁裏・仙洞へ公家人々参集し、言語道断猥雑す」（『看聞日記』）

と京都は大騒動になった。

経覚も、山門が嗷訴に打って出たことを聞きおよび驚いている旨を申し入れるため、奈良から上洛して二十四日朝、将軍義教と対面した（『満済准后日記』七月二十五日条）。さらに閏七月二日の満済への書状（『醍醐寺文書別集（満済准后日記紙背文書）』一九一二―三）では、

聞こし召し及ばるる事候ハヽ、御用にハ立つべからず候え共、一身と雖も罷り上るべく候、一乗院以下軍忠を致すべきの由劬労《くろう》候なる、さてハ方々に若《も》しくは仰せ出さるる子細やらん、経覚更に其の支度に及ばず候、又縦《たと》え劬労仕り候と雖も、京都の御用に罷り立ち候へき事ハ、得べからざる事に候、一身ハ其の御門跡様御共近くに仕り候て□の事も候ハヽ在京すべき計りに候、□早々と落居天下

御門跡様、御共近くに

安全候へかしと、此の間は日々御参を企て懇念を抽《ぬき》んじ候、

と記し、「一乗院門跡昭円以下が軍忠のための馳せ参じる支度をしているが、自分はそうした支度をしてはおらず、たとえ上洛しても幕府の役に立つことは不可能なことである。ただ、我が身一つでも上洛して、御門跡様（満済）の傍近くでお役に立ちたいとの思いは強い。ともかく今は、無事落居天下安全を祈念するのみだ」、そのように伝えた。

### 薄氷を踏むの儀

また日付未詳の経覚書状には、

其の後、山訴の事、如何様候哉、御心元無く存じ候、筒井以下、御生涯と申し候て、当国勢を相語り候、（同前、一九一七—八）

とあり、義教と深い結びつきをもつ筒井方では、このたびの騒動は将軍の命にもかかわる一大事だからと、大和の軍勢を集めて上洛する動きを見せていることを、満済に書き送った。閏七月七日の経覚書状には「十市《とおち》と筒井の軍勢は、去る五日に奈良に帰って来ました。状況はいったいどのようになっているのでしょうか、たいそう心もとなく思っております」（同前、一九三四—五）とあり、閏七月十四日の書状では「筒井勢は今、京都から無事に引き退き、奈良に帰還しました。公方の奉為《おんため》には、まずもって目出たいことです」（同前、一九一九—二一）とあり、ひとまず京都の動きも落ち着きをとりもどした。

実は、経覚はこの年の三月頃から興福寺別当（寺務）の地位を退きたいと願っていた

（「興福寺三綱補任」「興福寺別当補任」）。しかし、六月二十五日の経覚書状には「寺務の事に就き、上意の趣委細仰せを蒙り候、面目の至り忝《かたじけな》く畏《かしこ》み入り候、然るべきの様御意を得候はば畏悦に候」（『醍醐寺文書別集〈満済准后日記紙背文書〉』一九四九—五一）とあり、将軍義教から引き続き別当を務めるように命じられたようである。

九月十九日、前管領畠山満家が六十二歳で死去した（『満済准后日記』）。「宿老の間、天下の事、諫言《かんげん》を以て申し沙汰せらる」（『看聞日記』）と評された満家の死は、将軍義教の行動に歯止めをかける力が一つ失われたことを意味した。十月九日、これまで南都伝奏《なんとてんそう》の職にあった万里小路時房《までのこうじときふさ》が罷免され、広橋兼郷《ひろはしかねさと》に交替した（『満済准后日記』）。このところ万里小路時房は禁裏や仙洞には出仕しているのに、室町殿へは体調不良と称して参上しなかったことが、「室町殿の御意に違い、奈良伝奏を召し放たれ」た理由だという。これを聞いた伏見宮貞成《ふしみのみやさだふさ》は、「旨趣は指したる事に非ざる歟」（罷免の理由となるほどに重大な過失ではないのではないか）と日記に書き付けたあと、「薄氷を踏むの儀、恐るべし恐るべし」と続け、将軍義教のやり方への不安をのぞかせている（『看聞日記』十月十三日条）。年末の十二月十四日には、勝定院（四代将軍足利義持）の仏事として等持寺八講が行われ、その中心となる一座証義を、興福寺別当大乗院経覚が務めた（『満済准后日記』「大乗院日記目録」）。

将軍義教からの要求

永享六年（一四三四）も、経覚にとっては将軍義教との関係で気の重い出来事が続いた。

正月十日は例年通り将軍のもとへ僧俗群参が行われ、経覚も室町殿に参上した（『満済准后日記』）。経覚はそこで義教に申し入れたい事柄もあったのだが、「祝言の時分なので、それを考慮して遠慮した」と満済に書き送っている（『醍醐寺文書別集〈満済准后日記紙背文書〉』二〇五五—八）。義教は、何を願い出るのにも緊張を強いられる相手であった。

一月十八日に満済は義教から、「来る二十二日に御台《みだい》が春日社参詣に出かけるから、以前のように延年《えんねん》の見物ができるよう大乗院に申し遣わすように」との連絡を受け、すぐさま大乗院雑掌清俊に伝えた。将軍御台（三条尹子《いんし》）が奈良に下向する予定の二十二日までには、わずかに二・三日の猶予しかなかった。経覚から「寺門」（興福寺の学侶ら）に申し付けると、「両三日という短期間に準備して延年を興行するのは困難です」との返事であった。経覚は、「いかが致しましょう。猿楽の事を申し付けることは可能なのですが」と、代わりに猿楽の興行をという次善の案を提示した。ところが満済がこの旨を将軍義教に言上すると、驚くべきことに義教は、

猿楽の事無益と云々、然らば三月中に此の御所に於いて延年を沙汰せしめ、女中に見せ申さるべし、其の由を重ねて大乗院に申し遣わすべし、

と言い出した。「猿楽など何の役に立つというのだ。ならば三月にこの室町殿で延年を行い、御台の尹子にも見物させることにしよう。そのように大乗院には申し伝えよ」と

の返事で、まったく誰も予想しなかった展開となってしまったのである。

経覚は満済への書状で、「延年の事は、あまりに残念です。せめて御台以下の御下向を五・六日だけ延引していただければ誠にありがたいのですが」という寺門の意向を伝えた。しかし、いったん将軍の決めたことが変更されるはずもなく、予定どおり二十二日に「御台、春日に御社参、供奉済々、宇治に於いて畠山一献これを沙汰す」と、御台一行の春日社参詣は実施された。同じ日に、三月中に室町殿で興福寺の学侶・方衆らが延年風流を行うことを承知する旨の供目代清祐請文が届き、大乗院経覚の添状とともに、申次赤松満政から将軍義教に伝えられた（『満済准后日記』）。

### 初度の延年スルスルと沙汰あらば

延年とは、寺院で大きな法会の後に、余興・打ち上げとして僧侶や稚児が中心となって演じた芸能である。勅使や将軍などの賓客を歓迎し接待するためにも演じられ、将軍義教が永享元年（一四二九）九月に南都に下向した際には、宿坊となった一乗院で延年が催された。義教はその時のことをよく憶えていて、このたびの御台の春日社参の際に、ぜひとも興福寺の延年を見物させたいと考えたのである。もともと延年は、大会《だいえ》に伴って催されるもので、法会を実施したその寺院で開催されるのが本来のあり方である。それが京都の将軍の御所（室町殿）まで出かけて行って演じなければならなくなったわけで、違例中の違例である（安田次郎『寺社と芸能の中世』）。後年、経覚は尋尊《じんそん》にこの時の経緯を語り、「初度の延年ヲスル〳〵ト沙汰アラハ、後度ノ延年沙汰に及ぶべからざる事也」（『大乗院寺社雑事記』康正三年九月十一日条）と、初めの仰せをすんなりと受け容れていれば、室町第での延年興行という大変な事態を招くこともなかったのにと述懐している。

ところで、たまたま尋尊の日記の紙背に、この当時の供目代清祐が書いた「清祐日記抄」（『大乗院寺社雑事記紙背文書　第二巻』一八四八）が残されており、

永享六年三月十日、室町殿延年のため、寺務大乗院上洛す、
十五日　延年これ在り、酉の刻〔午後六時頃〕、寺務御参、戌の刻〔午後八時頃〕、延年これを始む、御裏頭《かとう》出仕、赤衣仕丁、次いで御童子灯提これを持つ、次いで尊鶴丸裏頭、次いで御裏頭、次いで仏地院孝俊、北戒壇院僧正、東北院、松林院、西南院、出世間者、各裏無しを用う、中童子一人門主の御後に参ず、
屏中門より入り、御寝殿左方東庭上□北上に立つ、児、門主の脇に立つ歟、延年の中程、門主、御前に於いて一献これを進す、丑の刻〔午後二時頃〕、に及びて事畢んぬ、

と詳細が記されている。延年は室町殿の東庭上で演じられた。興福寺別当大乗院経覚をはじめとして、仏地院孝俊以下、興福寺諸院家の院主らも加わり、裏頭して庭上の端に列立して延年を見物した。僧侶や稚児、御童子・中童子・仕丁がそれぞれの衣装で登場し、戌刻から丑刻まで六時間にも及んで、種々の芸能が演じられた。なかほどで経覚が

将軍の御前に進み出て、一献をささげた。

一乗院昭円の出奔

この室町殿での延年が興行された時、一乗院門跡の昭円は参加せず、「行方知れず」になった。一乗院家の坊人らが門主の「不儀条々」を列挙して上訴したため、結局、昭円は一乗院門跡の地位を失うことになった（『満済准后日記』四月二十二日・五月十二日条）。昭円の出奔は、延年の時に経覚とのあいだで座相論があったためという説も流れた（『看聞日記』五月十六日条）。昭円はその後、「関東辺に乞食となって流浪していった」とか「狂人のようだ」とも伝えられた（『満済准后日記』五月十二日条）。六月二十七日には、一乗院門跡の後継者として、鷹司房平《たかつかさふさひら》の子息（当時六歳、後の教玄）が一乗院に入室した（「大乗院日記目録」）。昨年来、昭円は興福寺別当の地位を望み、他方で経覚は辞意を表明していた。今年も正月二十八日に経覚は将軍に辞退を願い出たが、義教がこれを許さなかった（『興福寺三綱補任』『興福寺別当次第』）。一乗院昭円の出奔には、あるいは、そうしたさまざまな事情もからんでいたのかもしれない。

長谷寺の燈籠

さらに、たたみかけるように、義教から経覚に、長谷寺の燈籠五ヵ所に六月二十日から夜灯《とも》を点すように命令が下った。さっそく経覚は二季灯油料二千疋を長谷寺一和尚と執行に下行し、さらに南都の鋳物師に注文して作らせておいた燈籠五つに千疋の費用を支払った（『満済准后日記』六月二十日条）。五月九日には、さても長谷燈籠の事、今月廿五日以前に沙汰し進《まいら》すべきの由申し付け候い了んぬ、何時分より進せらるべく候哉、塗など候ハん□□□□□今月中出来し難く候歟と存じ候、但し仰せに随い猶《いそ》ぎ申し付け候、公方のための御祈禱、一昨日より七日春日社に参籠仕り候、結願《けちがん》の時分に参洛すべく候間、毎事参り申し入れ候、

と、燈籠作りを急がせ、公方の御祈禱のため春日社に七日参籠していることなどを満済に書き送っている（『醍醐寺文書別集〈満済准后日記紙背文書〉』二―一三―六）。もはや義教からの要求はとどまるところを知らない。経覚にはそう思えたことだろう。

上意により筒井が攻撃

そんな中で、八月十四日に、またもや大和国内で国人らの衝突が起きた。中原師郷《なかはらもろさと》は日記に、「今日、大和の筒井が、上意（将軍の意向）に依り、大勢の国人らを率いて箸尾館に向かい攻撃したので合戦になった。筒井一類はことごとく討たれてしまった。幕府はすでに十一日に、飯尾左衛門大夫・斉藤五郎兵衛・布施ら三人の奉行を奈良に下向させたという」と記した（『師郷記』八月十四日条）。

「上意」を前面に掲げ、しかも幕府奉行人を使者として送り込んでもらいながら、ここでも筒井方は敗北した。「筒井一類、悉《ことごと》く討たれる」という事態になった。大和国内では、反筒井の勢力が強大になっていたのである。

十六日の晩陰、満済に届いた経覚の書状には、筒井と伯父五郎が、越智の知行する在

所に「発向」したが、越智方はうまく筒井勢を難所に誘い込んで、ことごとくこれを討ち果たした。筒井勢は「甲《かぶと》千二・三百、野伏《のぶせり》三・四千」を擁していたのだが、筒井方の片岡は痛手を蒙って自害した。越智勢は「甲八百・野伏二万人」にのぼるという。このたびの筒井の行動については、「以ての外の短慮楚忽《そこつ》」「去々年、公方から軍勢を副えられた時でさえ、筒井は思い通りに事を運べなかった。ましてやこのたびのように筒井方一手の国民らの軍勢では全く不足だ」と、大和国中で語り合われている、と記されていた（『満済准后日記』八月十六日条）。

ここで注目されるのが、「甲」と称される甲冑で武装した勢力が、筒井方は千二・三百、越智方は八百と劣勢であるのに対して、「野伏」と呼ばれる、軽微な武装しか身に着けずに集団で機動性を発揮する軍勢が、筒井方は三・四千人なのに、越智方には二万人という大規模な兵力が集まっている点である。対立する両勢力の軍事編成のこの違いこそ、大和国内の中小武士や郷民らの支援を結集できているのがどちらなのかを、よく物語っている。「筒井とそれに味方する国人らの軍勢だけではまったく不足だ」という大和国内での評判は、核心をとらえた認識だと言える。

京都でもこの動きは注目され、伏見宮貞成は「筒井は上意を伺い、奉行の両使を下されて合戦に及んだのに、大将の筒井自身と筒井五郎が討死、家来も多数討たれ、たちまちのうちに筒井は滅亡した。大和へは斯波義郷《しばよしさと》の軍勢が送られ、越智を退治するという」（『看聞日記』八月十六日・十八日条）と日記に書いている。

九月二十四日の経覚書状には、「当国の様子はといえば、滅亡の危機に瀕している筒井の残党が理不尽な行動に出て、十市などは恩給地にまで不当に干渉するありさまで、本当に困ったものです。しかも、彼らの勝手な振る舞いを、どこかに訴え出ようにも、どこにも訴え出るところがなく、手の打ちようがありません」とある（『醍醐寺文書別集（満済准后日記紙背文書）』一二〇八―一一）。筒井方が「上意」を受けて行動している以上、そのけしからん振る舞いを、どこにも訴える出るところがないと、経覚は満済に嘆いた。

## 兄の満輔も

経覚の兄の前関白九条満輔も、将軍義教との関わりに悩んでいた一人である。永享五年（一四三三）四月二十三日には、深草祭見物のために将軍義教を九条邸に招いたり（『薩戒記』）、同六年正月二十八日に開かれた室町殿での和歌・蹴鞠《けまり》・早歌会始では、

万春なれてあそはんけふの友　　室町殿
みとりもわかし松はいく千世　　九条前関白

と将軍の発句に付け句をする（『看聞日記』）など、常に、でき得る限り、義教の求めに応じてきた。それなのに中山定親《なかやまさだちか》の日記『薩戒記《さつかいき》』の六月十三日条に「そもそも左相府殿〔足利義教〕政務の後、事に遭うの輩、已に数多に及ぶ」と、義教に粛清された多くの貴族の名を書

き上げたその中に、「前関白　経廻《けいかい》を止めらる」と見える。自由な外出を禁じられ、自邸での蟄居を命じられたのである。しかし、九条満輔の「経廻停止」などは、まだましな方で、他には「所領没収」や「逐電」「恐懼により不出仕」というのもある。六月八日の暁、強盗に殺害された裏松義資《うらまつよしすけ》などは「公方が密々に暗殺を命じられたのかもしれない」と伝えられ（『看聞日記』）、将軍義教と関わる人びとは、身に覚えのないことで粛清の憂き目を見ることのないように、首をすくめて過ごさねばならなかった。

## 二　満済の死と大和永享の乱の動き

満済の病い

三宝院満済は、永享六年（一四三四）の三月「八日より違例、虫腹興盛」「三宝院准后、此の間病気、以ての外に難義と云々、室町殿今朝入御、諸人罷り向かう」（『看聞日記』三月十八・十九日条）と伝えられ、体調を崩して将軍の見舞を受けるような状態になった。しかし、四月十四日には「病気、聊《いささ》か取り直す」「室町殿も度々入御」とあり、八月七日に「病気本復」（同前）と伝えられ、快方に向かうように見えた。

永享七年正月十日、満済は経覚を同道して将軍の御前に参上した（『満済准后日記』）。いつも頼りになる満済である。正月十一日に公方の使いとして赤松満政が「潤体円百粒、同綿如小袖用之物也寒中着用」を届けて「養生専一に」との義教のことばを伝えた（同前）。二月七日には公方から下された医師胤能法眼が「病状は極めて重い。これから十分に養生しなければ、きっと難儀に至ることになります」との見立てを示し（同前）、満済の病状は予断を許さない状態が続いた。その頃の経覚の書状に、

其の後、御不例、次第に御心安く候様、自□候間、（後欠）

と見え、満済の病いが癒えるように、ひたすら願っている様子がうかがえる（『醍醐寺文書別集（満済准后日記紙背文書）』二三二〇）。

## 満済の死

四月に入ると満済の日記の記事は日を追って少なくなり、ついに二十三日をもって終わっている。伏見宮貞成の日記『看聞日記』の五月二十一日条には「三宝院准后は病気が再発し、危急とのことだ。一昨日は室町殿が渡御し、諸人の動きが慌ただしくなった」とあり、五月二十八日「三宝院は病が重篤になり、本坊を出られた」、六月六日「三宝院が危篤状態になり、弟子の宝池院（義賢）に門跡の地位を安堵された」、六月十三日「三宝院准后が今朝入滅した」。この二・三年は病気がちで、特にこのたびの病いは重篤であったが、ついに命を落とされた。天下の義者である。公方は殊に御周章とのことで、何度も醍醐に足を運ばれて懇切に見舞われたという」と、その死に至る経緯を伝えた。「天下の義者」と誰もが認める満済の死に直面し、将軍義教も慌てうろたえ、落

胆の色を隠せなかった。六月十五日条に「公方の御意に背く真俗を少々御免す、三宝院最後の所望に執り申さるると云々」とあるように、義教は、満済の最後の願いを聞き容れて、これまで「公方の御意に背いた」として処罰した者のうちの何人かを赦免した。

これまでずっと、何事につけても満済を頼りにし、深く敬愛してきた経覚にとって、その死はとても大きな痛手であり、その悲しみは計り知れないものだった。しかし、それから立ち直るいとまも与えず、大和の情勢は大きく急激に変化していく。

## 幕府軍の大和進攻

この永享七年の四月十三日、一人の西大寺僧が上洛した。二十日に幕府はこれを筒井の跡嗣ぎと認め、順弘と号した。先に当主が討死した筒井が、ここに復活してきたのである。このため、郡山を押さえていた小泉は「自焼《じやき》没落」に追い込まれた（「大乗院日記目録」）。

九月になると、成身院光宣《じょうしんいんこうせん》が公方に申し入れた結果、越智治罰の官軍として畠山持国・持永兄弟と和泉守護・備中守護・伊勢国司（北畠教具《きたばたけのりとも》）・近江両守護（土岐持頼《ときもちより》・京極持清《きょうごくもちきよ》）以下の大軍が、大和へ進発した（『看聞日記』九月二十三日条）。伊勢国司は、伊勢から直接大和に通じる道が「通路難儀」だったので、京都から醍醐を経て大和に向かった（同前、十月五日条）。十月十五日、畠山被官の遊佐《ゆさ》国盛の手の者が楢原を責め落とし、「越智・箸尾もことごとく没落、向かうところ敵無しという状態で、近日中には大和に進発していた軍勢はことごとく帰洛するだろう。このように早々と大和が静謐に帰するのは、まことに結構なことだ」（同前、十月二十一日条）と伏見宮貞成は記していて、この時の戦闘は、幕府軍の圧倒的な勝利に帰した。

十二月二十七日、室町殿の歳末参賀に人びとが群参するなか、経覚も参上した。しかし、「公方意不快の人々皆斟酌し、九条殿・西園寺〔西園寺公名〕・花山院〔花山院持忠〕以下、不参これ多し」（同前、十二月三十日条）と、公方の勘気を蒙っている公家たちには不参者が多かった。経覚の兄九条満輔もその一人である。歳末の十二月二十六日、興福寺別当職は松洞院兼昭に宣下があり、これまで寺務を辞めたいと願い出ていた経覚の二年越しの望みは、やっとここで叶えられることになった。

### 母、正林の死

翌永享八年（一四三六）は、十月から十二月まで経覚自身の日記が残っており、彼の日常を彼自身の日記から少し垣間見ることができる。『経覚私要鈔』十一月十八日条には、

早旦、不動法を行い了んぬ、巳の刻〔午前十時頃〕に禅尼の亭に向かい、片時見参に入り了んぬ、次いで己心寺に向かう、

とある。「禅尼」とは母正林のことで、経覚は大乗院門主になって以後、京都の九条家から母を呼び寄せ、奈良にほど近い大安寺の己心寺の近くに母の家を建て、時々そのもとを訪れては静かな語らいの時を過ごしていたようである。この時、経覚は四十二歳。

母の正林禅尼はすでに老境に達していた。『経覚私要鈔』嘉吉四年正月二十六日条には「故禅尼の第三廻也」と見えるので、母はこれから六年後の嘉吉二年（一四四二）正月二十六日に死去したことがわかる。

その他に永享八年の記事としては、伝奏の広橋兼郷が失過により出仕停止と家領没収の憂き目に遭い、その所領が将軍御台尹子の兄三条実雅《さねまさ》や、中山定親《さだちか》・東洞院《ひがしのとういん》資親《すけちか》・烏《から す》丸《ま》資任《すけとう》らに宛て行われたこと（『経覚私要鈔』十月十八日・十一月八日条）、十一月二十八日には若君（後の七代将軍義勝）の著袴《ちゃっこ》・魚味《まな》の祝儀があり、一条兼良・近衛房嗣・鷹司房平らの公卿、聖護院・実相院・随心院・地蔵院・勧修寺・青蓮院・妙法院・梶井・東南院などの門跡とともに、経覚も室町第に参賀に出かけ、将軍や御台・若君と対面した。また、三宝院満済の後継となった義賢のもとを訪れ、これまでと変わらぬ親交を深めた。

### 公方自ら進発か

永享九年（一四三七）は波乱の年になった。正月早々、越智と箸尾を押さえるため、畠山持国の軍勢が大和に入った、畠山家臣の遊佐方勢が合戦に勝利し、越智方に多くの死者が出た（『看聞日記』正月三日条）。さらに「大和へは大名十三頭が向かった」（同前）、「斯波《しば》は守護代の甲斐以下の軍勢を、武田は安芸・石見衆を大和に送り込んだ」（『大乗院日記目録』）、「越智の舎弟が討死し、その頸《くび》が京都に運ばれた」「初瀬村里が炎上した。敵方と京勢がこれを焼いた」（『看聞日記』二月一日・五日条）、「越智と斯波の軍勢が合戦し、手負い打死などは五百人にものぼった」(「大乗院日記目録」九日条)といった具合で、激しい戦闘が続いた。

### 諸大名の軍勢が

三月四日の『看聞日記』には、

公方が、大和の越智や箸尾を退治するため、自ら南都に出立されるという。そのため大乗院では、将軍が逗留するための御所まで建てているらしい。将軍は、かねてから、諸大名にそうした意向を伝えてきたが、誰もが将軍を諫めて制止しようとした。しかし「ふっと急に出立することになるやもしれぬから」と、すでに将軍は、近習や小番衆には準備するようにと命令を出しているという。「朝敵でもない、たかが国人を退治するために、公方自らが御進発なさるのは、いかがなものでしょうか」と、大名らはそれぞれに将軍を諫めているが、これを聞き入れる様子はない。

とある。満済もいなくなり、歯止めのきかなくなった義教は、大和の越智や箸尾を退治する動きを加速させていった。こうした将軍義教の勢いに押されるように、畠山・土岐・細川・斯波・京極など諸大名の軍勢が次々と大和へ進発した(『看聞日記』三月十二・十六日条、「大乗院日記目録」十七・二十二日条)。

四月には大和国内で合戦となり、「唐峯麓《多武峰》へ攻め寄せ、取り巻く」(『看聞日記』四月十二日条)、「敵は橘寺に籠もり、これを一色が追い落とした。一色の手の者どもの多くが負傷した」「後に聞く、橘寺を追い落とした事は虚説だった」（同前、十四日条）、「細川の手の者が合戦し、敵方の城一所を責め落とした」（同前、五月二日条）などの情報が伝わり、「公方自身が大和に御進発なさるという風聞がある、いつもの巷説か」（『看聞日記』五月三日条）、「大和に御立のことを、管領〔細川持之〕らが堅く申し留めるので、ならば春日に社参すると仰せ出されたという」（同前、五月五日条）など、あれこれと諸説が乱れ飛んだ。結局、正確なところは実際に大和に出かけていた者から直接聞くしかないというわけで、伏見宮貞成は、伏見庄の地侍で畠山被官として大和に出陣した三木《そうぎ》五郎の帰還を待って話を聞き、

　越智・箸尾は行方知れず、城は二、三ヵ所攻め落とし、唐峯は降参、公方御立ちの事は畠山が申し留めて延引す

などと、直接に聞いた大和の情勢を日記に書き留めた。

五月二十一日「今日大和大合戦有り」、二十二日「大和合戦、畠山勢若干討死、その外、細川・武衛〔斯波〕・京極の手の物共多く手負いし帰洛す」、さらに七月十四日には将軍義教の弟大覚寺門主義昭が逐電し、二十三日に大和の越智のところに隠居していると伝えられ（『看聞日記』）、「大覚寺僧正、吉野の山奥に落着せられ還俗、方々に廻文を送る」（『薩戒記』）など、さまざまな風聞が京都にまで伝わってきた。

満済の存命中は、曲がりなりにも、興福寺両門跡を介して大和国の秩序を保持することが目指されてきたが、事ここに至って、幕府軍が直接に介入して合戦を繰り返し、大和国内の秩序は雪崩をうって崩れ始めた。その渦中で、大乗院門跡としての経覚にできることは、もはや、ほとんど何も残されていなかった。

## 三　上意に違背し追放される

舞御覧の行幸

同じ永享九年（一四三七）の十月二十一日、後花園天皇の室町第への行幸があり、二十二日は舞御覧《まいごらん》と和歌会、二十三日も舞御覧、二十五日は御鞠と三船御会、二十六日に還幸という日程で、すべては滞りなく執り行われた（「室町殿行幸記」／『群書類従巻第四十　帝王部十二』）。その翌年の永享十年四月二十一日には「去年行幸舞御覧の還礼」として、今度は禁裏で舞御覧が行われ、室町殿も参内（『看聞日記』四月二十一日条）し、すべては穏やかに推移しているかに見えた。

しかし、その直後の四月二十八日に経覚が上洛すると（「大乗院日記目録」四月二十八日条）、去年十月の室町殿への行幸、舞御覧の時に、舞人の禄五千疋を、先例に任せて沙汰するよう義教から命じられていたにもかかわらず、経覚がこれを下行しなかったことについ

て、南都伝奏中山定親の尋問を受けた。その時、経覚がいろいろと歎き申したことばが、

天下の大儀、連続し、其の沙汰を致す、

というものであったと、後に尋尊が「大乗院日記目録」永享十年四月二十九日条に書いている。このことばについては、「このところ、いろいろと出してきたではないか。もう勘弁してくれ」とでも訳せそうな大胆不敵な返答だったとの指摘がある（安田次郎「尋尊と『大乗院寺社雑事記』」）。確かに、この時の経覚の気持ちは、まさにそういうものだったにちがいない。

経覚のこの振る舞いについて、尋尊は「一乗院は領内に地口銭を賦課して五十貫文を進上した」と書き加え、言外に、だから大乗院だって同様にできたであろうに、という意味を含ませた論評を加えている。しかし、これまでの将軍義教とのさまざまな確執を見てくると、これから先も際限なく続きそうな義教からの要求に対して、ついに経覚が発したこの拒絶のことばには、無理からぬところがあると思えるのである。

## 逐電する経覚

京都から大乗院に八月三日付けで、次のような幕府の奉書が到来し、それが八日に大乗院御坊中に披露された（「後五大院殿御伝」）。

大乗院前大僧正幷びに附弟尊範禅師等の事、不儀の子細に就き、御門徒として条々申し入れらるる趣、披露し候い畢んぬ、凡そ上意に違背申さるる仁に候上は、御門

徒申し請わるる旨に任せらるべし、新門主に於いては、近日御計らい有るべきの由仰せ下され候、此の旨、御門徒中へ御伝達有るべく候也、恐々謹言、

資任

八月三日

仏地院僧正御房

ここには、上意に背くという「不儀」をしでかした大乗院門跡経覚とその弟子尋実（元の名は尊範）の処遇は、大乗院門徒からの要請どおりに取り計らう。大乗院の新門主については、近日、将軍が決められるだろうと記されている。ここで形の上では「大乗院門徒の申し請わるる旨に任せ」としながらも、上意に背いた大乗院門跡経覚とその後継者尋実の「停廃」と「追放」を決めたのは、もちろん将軍義教であり、烏丸資任に命じてこのような奉書を書かせたのである。

すでに経覚は八月七日の夜に、大乗院門跡の居所である禅定院を離れ、奈良からほど近い大安寺内の己心寺に自ら移住していた。しかし、九日には京都からの命令を受けて、興福寺の「衆中」（衆徒らの中から選ばれた官符衆徒らの組織で、奈良中検断権などの権限を行使した）が、経覚の側近たちの住屋を破却した。こうして将軍義教は、経覚が己心寺に留まることを断じて許さない、という強い意志を示したのである。そのため経覚は十二日、宮鶴丸と堯阿の二人だけを伴って、奈良から遠く離れた平群《へぐり》郡立野《たつの》（生駒郡三郷町立野）の宝寿寺へ

### 参洛の時も御対面なし

尋尊肖像（興福寺蔵，飛鳥園提供）

と落ちて行った。後継者であった弟子の尋実も、九日未明に奈良から上洛、以前に在国していた加賀国小坂へ隠居した（「大乗院日記目録」八月十七日条）。

この一連の動きについて、伏見宮貞成は日記『看聞日記』永享十年八月三十日条に、

聞く、南都大乗院逐電せらる、去年行幸舞御覧の時、舞人の禄五千疋、先例に任せて沙汰し給うべきの由、公方より申さるるの処、許容無く下行されずと云々、これに依り御意に背き、参洛の時も御対面無し、仍って逐電せらる、門主無きの間、前摂政一条殿の御子九歳、此の間、大乗院に入室せらると云々、公方計らい申さると云々、

と、くわしい経緯を記している。経覚と尋実の師弟が追放された後、将軍義教の計らいで大乗院に入室したのが、一条兼良の子で九歳の若君、後の尋尊である。

# 第五　突然の復活、再度の没落

## 一　「嘉吉の乱」を契機に

### 立野の地で

追放された宝寿寺がある平群《へぐり》郡立野《たつの》の地は、経覚にとって初めて経験する空間だった。幼少期を過ごした京都の九条家とも、また大乗院《だいじょういん》入室以来長い年月を送ってきた奈良の興福寺ともまったく違う世界である。立野は大和の西の端に位置し、河内との国境に信貴山《しぎさん》が聳え立ち、そこに「信貴山縁起」で名高い朝護孫子寺《ちょうごそんしじ》があった。少し小高い所に龍田本宮が祭られ、眼下に大和川の流れがひろがっていた。立野氏は、この地を本拠とする武士で、応永《おうえい》二十一年（一四一四）に大和の衆徒《しゅと》二十六人と国民二十七人が幕府に提出した起請文《きしょうもん》にも、「和州国民」の一人として名を連ねている。奈良から遠くこの地まで追われてきた大乗院門跡《もんぜき》経覚を、立野氏一族は丁寧に遇した。四十四歳の経覚も、これまでの大乗院門跡や興福寺別当としての立場を離れ、初めて臨んだこの地で人びととの交流に日々を送った。

楠葉西忍との出会い

この立野で、経覚はこれまで出会ったことのない不思議な人物と出会う。その人は幼名をムスルといい、成人後は天次《てんじ》と名乗っていた（以下、彼の来歴は、『大乗院寺社雑事記』康正三年三月十一日条・文明十八年二月十五日条による）。

天次の父は、三代将軍足利義満《あしかがよしみつ》の時代に「天竺《てんじく》」（インドおよびそれ以西の国）から日本に来て相国寺に住んでいた。そこで将軍義満に初めて見参し、北山御所に伺候することになった。義満が日明《にちみん》貿易に乗り出すと、この天竺聖《ヒジリ》は京都三条坊門烏丸に「唐人倉」と号する土倉《どそう》を営み、活発な貿易商業活動を展開した。しかし、順調にみえた天竺聖の活動は、四代将軍足利義持《よしもち》の時代になると一変する。義持は父義満の政策の多くを否定し、日明関係も断交、天竺聖は上意に背いたとして処罰され、一色氏に預け置かれることになった。活動の自由を奪われた天竺聖は、そこで死を迎えることになる。父の死後、残された家族は赦免され、天次は京都を離れ大和国に下向した。義満の時代に名乗っていた天竺という名字を、母の出身地である河内国楠葉《くすば》郷（大阪府枚方市）にちなんで楠葉と改め、奈良から曲川《まがりかわ》（橿原市曲川町）、そして立野へと移り住み、立野氏の女子を妻に迎えた。この頃の天次は、曲川や立野に自分の田も持ち、大和国内に確かな根を下ろす存在になっていた。しかし、おそらくは、天竺人の父から受け継いだ異国人の風貌を、その面に強く残していたにちがいない。

経覚と天次、奇《く》しくも二人の年齢は同じだった。立野で経覚と交流を重ねるうちに、天次は出家を望むようになり、経覚の計らいで出家した。法名の西忍《さいにん》も経覚が名づけたものである。以後、二人は強いきずなで結ばれ、経覚の傍近くには、常に楠葉西忍の姿が見られるようになった。ただ、この時期の経覚の日記はまったく残っておらず、天竺聖の存在も、その後の家族たちの経緯も、さらに経覚と西忍とのかかわりも、そして遣明船に乗って二度の渡航を果たしたことも、すべては経覚の死後に尋尊《じんそん》が西忍から直接聞いて日記に書き残してくれたおかげで、今の私たちが知ることができるのである。

## 大和永享の乱の終焉

さて、このように経覚が新たな場で時を過ごしていた頃、「大和永享の乱」は最終局面を迎えていた。永享《えいきょう》十年（一四三八）八月、幕府軍は越智《おち》の拠る多武峰《とうのみね》に発向し、坊舎は炎上、越智は逐電に追い込まれた。翌永享十一年三月、幕府軍は吉野に入り、越智が隠れている在々所々を捜索し、越智の舎弟次郎や長谷寺に潜んでいた越智維通《これみち》を討ち滅ぼした。四月に入って箸尾《はしお》次郎左衛門を討伐すると、さらに紀伊熊野の奥にまで分け入って、これまで越智に味方してきた小泉以下の輩を捜索し、徹底した掃討活動を行った。十月には熊野に出陣していた軍勢が大和に帰陣する。

永享十二年五月、十市《とおち》が楢原で自害し、武田以下大和に出陣していた幕府軍は、所期の目的を達して六月二日に京都に帰還した。こうして、越智方に味方した勢力は徹底的に討ち滅ぼされ、越智氏の遺跡は楢原氏が拝領することになった（「大乗院日記目録」）。ここに、長期にわたって続いた「大和永享の乱」は終焉を迎える。

また、この永享十二年には、大乗院に入室していた若君が出家し、尋尊と名乗る。まだ十一歳の少年であった。

## 嘉吉の乱

経覚の大乗院への復帰は、突然に、思いがけないことで実現する。嘉吉《かきつ》元年（一四四一）六月二十四日、将軍足利義教が赤松邸で暗殺されたからである。この事件について、伏見宮貞成《ふしみのみやさだふさ》は、「将軍が殺された時、その場にいた管領細川持之《かんれいほそかわもちゆき》以下の多くの大名たちは、為《な》す術《すべ》もなく右往左往し逃げ散るばかりで、御前で腹を切る者もおらず、赤松が播磨国へ落ち行くのを追いかけて討とうとする者もいなかった。あるいはこの暗殺に彼らも同心しているのかと疑われるほどだ」「赤松は自分が将軍から討たれるところを、先手を打って暗殺したのだという。自業自得の結果であり致し方ないことだが、将軍がこのように犬死することなど、古来その例を聞いたこともない」と日記に書いている（『看聞日記』六月二十五日条）。これまで義教に重用されてきた西室大夫法眼見賢《げんけん》は、この事件後、ただちに京都を遁れて奈良に下向したが、興福寺学侶・六方衆からの攻撃を受け、早々に没落した（「大乗院日記目録」六月二十九日条）。

## 二　大乗院門跡への復帰

罪科免除の申し入れ

「嘉吉の乱」の後、十月に入って経覚は動いた。まず十月二日に立野から上洛すると、すぐに幕府に対して罪科の免除を申し入れた。義教が暗殺された今となっては、経覚の罪科免除は容易に認められた（「大乗院日記目録」）。これまで将軍義教から処罰されたり所領を没収された多くの者たちも、この時期に続々と赦免されている。しかし、問題は、すんなりと大乗院門跡への復帰ができるかどうかである。大乗院には、まだ十二歳とはいえ、すでに出家した新門主の尋尊がいる。

自ら門徒評定事書を書く

いったん立野に戻った経覚は、直後の十月八日に立野宝寿寺を出て、大安寺内の己心《こしん》寺《じ》に移ると、門主への復帰にむけて大乗院門徒たちに対する働きかけを本格化させた。それを示すのが、「福智院家文書」中に残されている「大乗院門徒評定事書案」である。そこには、「十一月三日、大乗院家御門徒一所衆評定之趣」として、

御蟄居以来、両門主御幼少の間、三千頂上南北両門、年を追い日を追って零落し、内に付け外に付け諸事正体無きの由沙汰有りと雖《いえど》も、先の御代の間は公儀を憚り、愁訴を含みながらも、子細を中し達するに及ばず年月を送るところ也、而《しか》るに御代

遷替《せんたい》の上は、当門跡御門徒等、立野の御山居に烈参せしめ、御帰寺を進め申すべきの由、面々評議を整えんと欲するの折節、剰《あまつさ》え京都として御免の旨を申さるるに依り、己心寺に御出と云々、御門徒の大慶、何事かこれに如《し》かん哉、所詮、且つは永仁五年の嘉例に任せ、且つは元亨元年の勝跡を踏まえ、不日御門跡に御移住有りて、寺社の再興を専らとせられ、三ケ院家の御院務を掌《つかさど》らせらるべきの由、群議件《くだん》の如し、

と記されている。「経覚の蟄居以来、一乗院教玄も大乗院尋尊も幼少の門主であるため、両門跡ひいては興福寺全体が零落を余儀なくされてきた。心ある者はこれを憂いてはいたものの、公儀を憚って訴え出るまでには至らなかった。しかし、ここに御代遷替の機を得て、大乗院門徒の面々は、山居しておられる立野に列参して帰寺を推進するため評議を整えていた矢先、御自身で京都に罪科免除を申し入れられ、己心寺に出御なされた。門徒たちにとって、これ以上の大慶はない。永仁の慈信・元亨の聖信の嘉例にならって、ただちに御門跡へ御移住あって、寺社を再興するため三箇院家の院務を管掌されますように、群議するところ以上のとおりである」というもので、経覚の大乗院への復帰を門徒一同は待ち望んでいるという内容である。

この文書を紹介した安田次郎氏は、経覚の大乗院への復帰を強く要請する門徒たちの

主張を評定事書案にまとめ、それに推敲を加えているのが、その筆跡からみて、「ほかならぬ経覚その人なのである」と指摘された（安田次郎「これも自力救済」）。これは、なんとも驚くべきことである。しかし、この時期は、自分を支持する門徒らの評議の内容を慎重にまとめあげ、支持勢力を拡大して大乗院への復帰を果たすことが何よりも必要だった。そのための方策として、門徒評定事書案の作成に、経覚は自ら積極的に関与したのである。そして、十一月十五日、経覚は大安寺の己心寺から奈良の禅定院（大乗院門跡の居所）への帰住を果たした（『大乗院日記目録』）。

経覚の大乗院帰住について、尋尊は後年、「前大僧正、立野より帰寺の間、師弟たるべき旨門徒等申し定め了んぬ、仍て同宿申す」（『大乗院寺社雑事記』応仁三年四月一日条）と書いている。大乗院門徒たちは経覚の復帰を支持し、尋尊にも、経覚の弟子として同宿するように勧めた。幼い尋尊もこれを受け容れ、経覚は元通り大乗院門跡の地位に復帰した。

嗷々の乱入

こうした経緯だけを追いかけると、経覚の復帰は周到に準備され、静かに平穏に実行されたかのように見える。しかし、実際のところはそうではなかった。万里小路時房《までのこうじときふさ》は自分の日記『建内記』に、「経覚が幕府に罪科免除を求めてきた時、彼は、元大乗院門跡として、隠居分として、やっていけるようにと所望したので、公儀はそのように沙汰

旧大乗院庭園（公益財団法人日本ナショナルトラスト提供）

したのだ。今の新門主はまだ幼いので、それを弟子として助け支えるために、自分が大乗院に復帰するのだと穏やかに幕府に申し入れれば、幕府としてもこれを了承し、事は円く収まったであろうに」と記した後に、次のように書き付けている。

　近日、大勢越智以下の国民兵士等を率いて、門跡に乱入し還住せらると云々、公儀に違背し、嗷々の乱入、智者の一失歟、始終沙汰の様、尤も測り難きこと也（嘉吉元年十一月二十五日条）

経覚は、越智以下の国民兵士を大勢率いて大乗院に「嗷々の乱入」をもって還住を遂げたという。これこそ「智者の一失」ではないか。このように万里小路時房は驚きをもって批判している。十一月二十七日に時房のもとを訪れた大乗院雑掌清舜も、

　前大乗院先日帰住す、新門主悦喜す、上裁を伺わざるの条、嗷々に似たる歟、

と語り、幼い新門主は前門主経覚の帰住を歓迎し悦喜しているが、幕府の裁許を得ない

まま軍勢を率いて力づくで復帰したのは、やはり「嗷々」の振る舞いであるとの感想をもらした。

このような「嗷々の乱入」というやり方には諸方からの批判があり、また大乗院門徒も全員が経覚の行動を支持したわけではなかったが、ともかくも、経覚は経覚のやり方で大乗院門跡への復帰を果たした。以前の経覚が深く尊敬し信頼し従ってきた三宝院満済《さんぽういんまんさい》が存命していたならば、はたしてこのようなやり方に賛成したかどうかは疑問である。しかし、将軍義教のたびかさなる要求を拒んで追放された時点から、経覚は変わった。あるいは、もともと、そういう資質が経覚の中にあったのかもしれないが、事を起こすにあたって、まずはまわりを固めて慎重に事を運ぶというよりも、「嗷々《ごうごう》」と評されるような無理を通してでも自分の意志を貫こうとする傾向を強めていった。自ら行動し、問題の渦中に自分から飛び込んでいく、「参加していく」姿勢が顕著になったのである。

筒井方の没落

大きな後ろ盾の将軍義教を失った筒井氏の側にも動きがあった。将軍暗殺を知ると、閏九月二十六日に、筒井順弘《つついじゅんこう》・成身院光宣《じょうしんいんこうせん》・尊覚らはそれぞれの本拠を自焼《じやき》し、没落逃亡していった。さらに十月五日に、順弘と光宣とのあいだに対立が生じ、順弘は縁を頼って立野に逃れた。八日に、光宣の弟で相国寺僧の順永が、筒井の惣領となった（「大乗院日記目録」）。

畠山持国の復活

畠山持国《はたけやまもちくに》は、嘉吉元年（一四四一）正月に、将軍義教から命じられた関東の結城合戦への出陣を拒否した。そこで義教は、正月二十九日に弟の畠山持永《もちなが》を家督と決め、持国は河内で隠居せざるをえない状況に陥った（『看聞日記』正月二十九日条）。ところが六月に「嘉吉の乱」が起こり義教が暗殺されると、持国はただちに行動を起こし、まず七月十四日には、先に討死した越智の息子の春童丸（のちの家栄）が楢原の在所を襲撃するのを支援し（「大乗院日記目録」）、自身も八月三日に河内から軍勢を率いて上洛するや、ただちに弟の持永を攻撃して没落させた（『建内記』八月三日条）。さらに翌嘉吉二年六月には、細川持之に代わって管領に就任する（『武家年代記』）。嘉吉三年七月二十一日、十歳の将軍義勝が死ぬと、二十三日に持国は管領宿所に諸大名を集めて評定し、弟の三春（後の義成・義政）を後継に立てることを決めた（『建内記』）。こうして畠山持国は、幕府政治の中枢を握るようになった。

## 三　龍田本宮への大行列

立野の龍田本宮へ

嘉吉三年（一四四三）の経覚の日記は四・五・六月分が残っていて、大乗院に復帰した後の経覚の動きがよくわかる。四月九日、経覚は、立野の龍田本宮へ参拝に出かける。それは以下のような大勢を引き連れての行進であった。
巳〔午前十時頃〕の刻に禅定院を出た。先頭の兵士役は古市の代官一族が務めた。次いで小者二人、次いで輿副の侍六人が上下《かみしも》にヱホシを着て従った。また、ここに十市《とおち》遠清《とおきよ》を召し出した。次いで予〔経覚〕が少衣を着て、板輿に乗った。輿舁衆《こしかきしゅう》が四人、力者が三人、御童子七人、上北面・下北面の侍が二・三人、衆徒分の越中国民弥三郎が輿の周辺を警護した。日照笠は青袋に入れ、御童子これを持つ。雨笠は黄袋に入れ、座法師これを持った。次いで玄兼・清承・隆舜・継舜が各直綴《じきとつ》を着て馬に乗って従った、各人が三・四人ないし五・六人の所従らを召し連れた。彼らも上下に烏帽子をかぶった。次いで中童子の喜久寿、梅賀八歳が各上下を着けて乗馬。次いで堯阿単物・白袴、次いで宮鶴丸、上北面の成舜、専重各上下、下北面の懐全が各弓矢を背負って乗馬で付き従った。次いで兵士松立院慶舜、知足院金若丸、法花寺春賀、目安戌亥、各張替入袋を持つ。中間《ちゅうげん》男も烏帽子・上下。最後尾に清祐法眼と騎馬三騎が付き従う。

「其の躰、歴々たり」と経覚自身が書いているとおり、まさに大行列である。この行列は、奈良の禅定院を出て西へと向かい、まず龍田新宮（生駒郡斑鳩町）に参った。神主数輩が浄衣を着て神前に伺候し、経覚の一行を迎えた。次に行列は、立野の龍田本宮に向かう。瀬谷（生駒郡三郷町勢野）の辻堂には立野信貞以下一族が迎えに参上、追放されて以来三年ほどの日々を過ごした立野の宝寿寺に到着する。その後、北面以下、衆徒・国民らを従えて龍田本宮に参拝し、神馬を奉納、法楽連歌を張行して、この日は宝寿寺に一泊した。翌十日、「亀の瀬」（大和川が奈良県から大阪府柏原市に流れ込む山沿いの険しい渓谷）の弁財天に参り、さらに龍田本宮に戻って蹴鞠《けまり》を催した。この蹴鞠については、その場の配置図から参加者の名まで実に詳細に日記に記しており、この催しを経覚がいかに大事に思っていたかが伝わってくる。

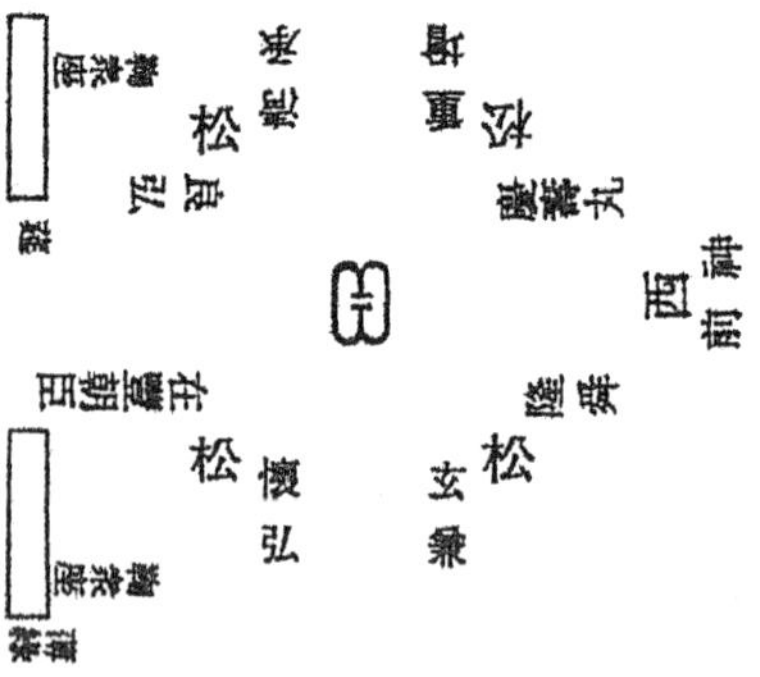


蹴鞠の人数など配置図
（『経覚私要鈔』第一，67頁）

その後、上田・吉井・松岡・東などの立野一族が、榼《たる》・両瓶・肴・茶・太刀・絹を進上し、信貴山や河内太平寺からも榼・素麺・柑子・蓮根が献上された。十一日は早朝から信貴山毘沙門堂に参った。さらに、数年にわたって経覚を大切に遇し、無事に門跡に帰住できたのもそのおかげで、立野氏の功績は大であるとして、立野信貞に越前坪江郷の「中山御服《ごふく》七屯《とん》半」を給分として与えた。帰路は、法隆寺に立ち寄って舎利を拝見。松立院・知足院が小盃を進め、巳の刻に禅定院に帰った。

この三日間にわたる動きを見ると、宝寿寺に隠居していた自分を支えてくれた立野一族への恩賞、龍田本宮や信貴山の加護への謝礼の思いを表すと同時に、これだけの行列を仕立てて奈良から西へ、大和平野の中央部、国中《くんなか》を横断していく行程には、大和国内の各地域の国人らに自らの門跡復帰を宣言し、自らの力を誇示するねらいがあったことは明らかである。しかも、このパレードの先陣は古市一族が担った。先に見たように、大乗院への帰還が、「越智以下の国民兵士ら」を大勢率いてなされたことも考えあわせると、経覚はこの時点までに、古市や越智との結びつきをいよいよ強固なものにしていたことがわかる。

足利義勝と対面

六月九日、管領の畠山持国から、急ぎ上洛すべしとの命を受けて、経覚は板輿に乗り、慶寿丸・玄兼・隆舜・宮鶴丸と北面二・三人が騎馬し、下部《しもべ》以下を召し具して出発した。四月の大行列とは違って、この時は少人数での動きである。京都の九条邸に到着すると、兄の満家と対面し、榼・肴を進上した。京都にいる興福寺雑掌清俊法眼を通じて管領畠山持国に連絡したところ、明日は式日なので明後日に将軍に伝えるとの返事だった。約束の日の十一日に、

予の門跡安堵の事、度々承るの間、申し沙汰の為めに上洛有るべきの由申し入れ了

んぬ、仍て今日執奏せしむるの処、明日見参せらるべきの由、御返答候、目出候、と管領から連絡があり、「明日十二日、日中程に室町殿に参り申さるべし」とのことだった。経覚はかねてから、大乗院門跡の正式な安堵を得るために、畠山持国に将軍への口利きを願い出ていた。そのための算段に、「計会するもの也」（あれこれと、やり繰りが大変だ）と記している。何をするにも、とかく費用はかさむものである。

翌十二日、まず雑掌清俊法眼の亭に行き、そこで張輿に乗り換え、三宝院義賢から借用した付衣《つけころも》に着替え、室町殿に参上して足利義勝に見参した。申次《もうしつぎ》は伊勢貞勝、折紙五千疋と太刀一腰を進上した。次に、管領畠山持国の屋形に向かって対面し、料足五十貫文・太刀一振・月毛の馬一疋を贈った。この馬は「近比《ちかごろ》の龍蹄」（近来稀な名馬）で、兄九条満家の秘蔵の馬だったのを、無理矢理に頼み込んで譲ってもらったのだ。管領の屋形に自ら出向いて多大の贈り物をすることについて、経覚は日記に、幕府の管領の屋形に、自ら直接出向いたりするのは差し控えるべきかとも思うが、聖護院准后《しょうごいんじゅごう》をはじめ諸門跡は残らず皆そのようにしている。自分だけが「古儀」を重んじるにも及ぶまいと考え、出向くことにした。管領の畠山は、願いの趣を等閑なく実現すると約束し、帰る時には、わざわざ庭上に下りてかしこまり、しきりに礼節を尽くしたと、さまざまに言い訳を書いている。

しかし、ともかくも、このようにして経覚は、幼い将軍に見参し、管領にも礼を尽くして、大乗院門跡への正式な安堵を取りつけた。さらに、前管領細川持之の子息勝元の屋形にも出かけて対面し、二千疋を贈った。

### 三宝院義賢と

そうした一連の対面が終わってから、経覚は、付衣を借用した三宝院義賢のもとに出向き、一献を酌み交わした。以前によく満済の元を訪れていた頃から、その弟子の宝池院義賢とは旧知の間柄である。その義賢が満済の跡を継いで、今は三宝院門跡の地位にある。将軍や管領畠山、細川らと対面した後で、ホッと一息つける場であった。折しも、そこに、「源氏読み」の正徹が召し出されて同席しており、経覚はしばし彼らとの雑談を楽しんだ。正徹も将軍義教の時代には不遇であったが、「嘉吉の乱」後に復帰を果たし、活動を再開させていた。二十八日に清俊が奈良に下向し、管領畠山持国の意を伝えた。「其の子細、懇ろ」と経覚はおおいに満足した。

### 河上関務をめぐって

ところで、経覚が嘉吉元年（一四四一）十一月に「嗷々」の「乱入」によって大乗院に帰住して以来、大和の武士らのあいだには目立った動きがあった。まず、嘉吉二年十一月一日、年貢無沙汰を理由に、成身院光宣の手から河上五ヵ関代官職を召し上げ、寺門の直務にする旨の幕府奉書が出された。管領は畠山持国である。ここには、持国と通じる経覚の意向が反映していたにちがいない。

しかし、光宣に味方する者たちが、七大寺・春日社を閉門するという挙に出たため、河上関代官職は元通り光宣に返されることになった。すると十一日に、筒井の前惣領の順弘が、立野衆を率いて奈良の眉間寺に立て籠もり、光宣の坊の弥勒院を攻撃したため、ただちに筒井順永以下が光宣方と合流して順弘を攻め、立野衆は没落、合力に般若寺坂に駆けつけた木津父子と狛下司は討たれ、光宣方の山村・郡山辰巳らも討死するという大騒動になった。豊田頼英《とよだらいえい》は南から奈良に攻め上り、岩井川辺で光宣方と合戦、各所で戦闘が続いたが、結局のところは、光宣に河上関務が返付されることで決着がついた（「大乗院日記目録」）。

南都の静謐は得難い

嘉吉三年（一四四三）正月、越智春童丸が支援して筒井に帰宅させていた筒井順弘が、一族にも内者《うちのもの》にも背かれ殺害されてしまい、これを機に逐電し没落していた光宣や順永が筒井に帰還したと「大乗院日記目録」には記されている。四月になると、古市と窪城が大宅寺領のことで相論し、互いに軍勢を結集し、大事に至るかという事態になった（『経覚私要鈔』四月二十六日・二十七日条）。これは、二十九日に「仲人《ちゅうにん》」が仲裁に入って落居したが、大和の国人らは各地で対立を激化させた。これについて、万里小路時房の日記『建内記』五月四日条には、

先日、古市と窪城各衆徒、在国中、田地相論、中人籌策し無為に属すと云々、凡そ南都の事、

筒井と越智・箸尾、ややもすれば闘諍の間、一事出来《しゅったい》の時、必ず彼の両方所属の族、あい分かれて合戦を企てんと欲するの間、静謐得がたき事也、

とあり、「大和ではいつも筒井方と越智方という二大勢力に分かれて互いに対立し、何か事があればすぐにそれぞれが連携して合戦を引き起こすから、いつまでたっても「静謐」は訪れないのだ」という見解を示している。これは、「大和永享の乱」以来の動きをつぶさに見てきた時房ならではの的確な評である。

箸尾について、中原康富の日記『康富記』六月二十四日条に、

後に聞く、大和の国民長谷雄（箸尾）、今日討たれ了んぬ、一族の所為也と云々、筒井党、定めて存知歟と云々、

と見え、「大乗院日記目録」にも「六月二十七日、箸尾の惣領春代、庶子辰巳法名宗信のため殺害せられ了んぬ、以後は辰巳惣領たり、伯父也」とある。

経覚の日記『経覚私要鈔』六月二十七日条にも、

箸尾次郎男、一族の辰巳馳せ入り、惣領をこれ打つと云々、彼の次郎男十九歳と云々、不便〳〵、

と記している。箸尾の惣領次郎春代が、伯父の宗信に討たれ、宗信には筒井党の肩入れがあったにちがいないと京都では憶測が流れており、経覚は十九歳の惣領の死を悼んだ。

筒井方は敵方

「大和永享の乱」の過程では、経覚は満済の助力を得ながら国中静謐に心を砕いてきたが、いつも将軍義教と結びついて力をふるう筒井の動きに翻弄され続けた。しかし、それを疎《うと》みながらも、当時の経覚は、反筒井勢力の越智・箸尾方に軸足を置くという明瞭な動きを示すことはなく、両勢力の上に立って調停する立場を維持しようと努めた。しかし、復帰後の経覚はそうではない。明らかに筒井方を「敵方」とみなして行動した。

七月十一日、十市が大勢を率いて東大寺に発向するという事態が起きた。これも古市《ふるいち》胤仙《いんせん》と成身院光宣との対立がその背景にあった。九月十六日には豊田頼英父子が奈良に攻め上り、弥勒院・光林院・大興院、鵲地蔵堂近所・今御門・寺林以下の在所を焼いた。古市や井戸と豊田が申し合わせて動いたのだ。筒井方は奈良の三条辺で応戦したが、筒井実憲(光宣弟)は引き退き、光宣も筒井館に下向せざるをえなくなり、興福寺の六方・学侶が蜂起して光宣以下に罪科を加えた。

また、経覚は管領畠山持国と申し合わせ、「奈良中雑務」を小泉重弘・豊田頼英・古市胤仙に仰せつけることにした。以後、この三人が衆徒を統括する「衆中」(官符衆徒)の棟梁の地位を占める。十二月十日、筒井光宣・尊覚・実憲・順永らの兄弟、箸尾宗信や野田東長専を治罰すべしとの綸旨《りんじ》や御教書《みぎょうしょ》が到来した。これは寺門からの要請であり、両門跡も承知の上でのことだという。こうして河上関務は、再び寺門の直務となった（『大乗院日記目録』）。

この一連の動きの背後には、明らかに経覚がいた。成身院光宣を中心とする筒井勢を一掃し、古市・豊田・小泉を軸にした体制を築くこと、しかもこれを幕府の管領畠山持国との連係によって実現すること、これが経覚の目指すところであった。復帰後の経覚は、大和国内の対立する二つの武士勢力のうち、はっきりと反筒井の立場を選び取り、その旗を掲げたのである。

## 四　菊薗山城を自焼し、再び没落

豊田頼英と古市胤仙

その翌年の嘉吉四年（一四四四＝「文安《ぶんあん》」と改元）は、正月から緊迫した状況となった。その間の事情は、経覚自身の日記にくわしい。

まず、正月十七日に小泉重弘が来て、「前年に没落した光宣や高田らは隣国の河内国内に潜んでいる」と伝えた。それを聞いて経覚は、敵方筒井勢を攻撃せよと命じた。十九日、衆中の使節として豊田頼英と古市胤仙が、「寺門を警固するため、興福寺のまわりに勇士を配置しておりますが、敵方が日々夜々、乱入しようと企んで、活発に動き回っています。当方に要害のようなものが築けていないゆえに、敵方をうまく防ぐことができないのです。そこで、畏れ入りますが、この禅定院の裏山である木薗山《きおんざん》（菊薗山）に要害を築くのを許可していただければ、本当にありがたいのですが、いかがでしょうか」と申し入れてきた。敵方への備えに、大乗院門主の居所禅定院内の裏山に城郭を構えるのを許可してほしいというのである。

経覚の返答は、「寺門警固のために日々夜々、兵士たちが尽力してくれていることは承知しており、用害の必要性もよくわかる。しかし、菊薗山は当坊の頭上にあたる場所であり、なんとか別の所にしてもらえないか。寺門のための大用であり、あれこれ子細を申すべきでないのはよくわかっているが、この山については別儀をもって哀憐を垂れてほしい」と、これを承認しなかった。さらに経覚は、

曾て以て、敵方等、怖畏に非ざるの由、仰せ了んぬ、

と、「敵方の動きなど、恐るるに足らず」との楽観的な見方を示した。

敵方が盛り返す

しかし、この経覚の認識とは違って、事は重大な局面をむかえていた。二十一日、古市から連絡が入り、南方に火の手があがり合戦になっているという。その後も続々と諸方から知らせが届き、一気に敵方が盛り返してきた。

筒井良舜房実順、内の者等タハカリ出て、まさに打たんとするの間切腹し了んぬ、其の外越智合力衆以下廿余人打死し候、仍って南都の式、以ての外、仰天する也、

筒井城、敵悉く入れ替わると云々、然らば南都の事如何様たるべき哉、以っての外の大事也、今夜、古市以下、奈良中夜廻りこれを為すと云々、方衆、口々を馳せ廻りて用心これを為す、尤も然るべき歟、

筒井実順は内の者に謀られて切腹、越智方合力衆も討ち死にし、入れ替わって筒井城内には敵方が入ってこれを掌握した。このままでは奈良も危険なため、古市以下の軍勢が夜廻りし、六方衆も奈良の口々を警固しているという。経覚も、事ここに至っては、事態の深刻さを認めざるをえなかった。

二十二日、六方の使節が来て、「院内の西方の山に城を構えることを許可してほしい。これについては、何度断られても、何度でも申し入れる所存です」と強硬に詰め寄った。経覚は「思いも寄らない次第になった。近隣の大事はこの門跡の安危に関わる。いかにすべきか」と悩んだが、結局、許可せざるをえなくなり、ただちに築城に取りかかった。

十六人の衆徒国民

二十三日、京都から、筒井討伐の綸旨・御教書が下されるとの知らせがあり、経覚は、「当国衆急ぎ馳せ向かい、筒井を責め落とすべき由」を衆徒・国民ら十六人に下知した。その面々について、

宝来　龍田　古市　小泉　木津　豊田中　十市　箸尾　岡　嶋　片岡　超昇寺　番条　布施　越智

已上十六人

と経覚は日記に書いているが、ここには十五人しかあげられておらず、あるいは一名を書き落としたのかもしれない。当時、これらの武士たちが反筒井勢としてまとまっており、経覚の下知に応じる者たちであった。この顔ぶれは、大和の衆徒・国民の全体数から考えればけっして多い数ではない。

正月二十六日は、母正林禅尼の三回忌であった。己心寺に住して心閑かに勤行すべきところなのに、「国中の錯乱、寺門の物忩、一に非ず」という大混乱の中、大安寺僧にいつも通りに勤行《ごんぎょう》するようにと命じるのがやっとのことで、「親不孝にも」自身は焼香にも行けず、体調も崩し、戌の刻（午後八時頃）になって、やっと母の墓参りをすることができたと記している。

二月九日、古市から経覚に要請があった。筒井方が稗田（大和郡山市稗田町）に押し寄せてくるので、大乗院門跡勢を長井（奈良市永井町）橋辺まで出してもらいたいとのこと。即刻手配したが、引き続いてすぐに知らせがあり、筒井勢は引き退いたので門跡勢を派遣するには及ばないという。十日、北面の侍を稗田に遣わしたが、「稗田の陣の様子は大丈夫なので安心してください。まだ十余歳ながら頼もしい越智春童丸が自ら陣立てをしており、きっと道は開けるでしょう」とのことで、これを聞いて安堵した経覚は、十一日には古市の陣へ榼を送った。

ところが、十八日になると、古市胤仙から「当方の陣は、諸方で惨憺たる状態に陥っております」と告げられる。明らかに戦況は不利であった。「ここは堪忍の時だ」と励ますよりほか、経覚にはなすすべがなかった。二十日に、「筒井辺の方々に兵火の煙が見える」との知らせを聞いて経覚は、自ら菊薗山に登って、所々での陣取りの様子や兵火の上がるさまを検分した。

### 不利な戦況

二十六日、古市から「筒井を西から攻めるべく陣取っていた小泉重弘・越智春童丸の軍勢が、小南（大和郡山市小南町）に寄せて筒井方を攻撃した。筒井勢も総出で応戦し、互いに激しい戦闘になった。しかし越智方は散々に打ち負かされ、小泉も追い散らされ若党・矢負が打死、越智勢も二十人余りが討たれた。豊田勢も引かざるをえず、古市も稗田を持ちこたえることが困難になった」と、このように厳しい状況を伝えてきた。こうなっては、もはや奈良は敵方に攻め落とされるやも知れぬと経覚も覚悟を決めた。

二十七日は早朝から「越智・小泉が散々に打ち破られ、古市は稗田の陣を引いて古市城に戻り、豊田・井戸も引き退きました。筒井方の南都への乱入は近いです」との報が伝えられた。夜になって法雲院実意僧正や清祐法眼らが経覚のところにやってきて、「当門跡〔経覚〕は、日頃から光宣以下筒井方を敵方とみなし、先に光宣が没落した際にも、光宣方沙汰衆の家を破却させ、官符衆徒に小泉・古市・豊田を重用するなど、明らかに敵対してきました。もし筒井方が南都に乱入すれば、当門跡を恨んで、何らかの行為に及ばないとも限りません。それゆえ、ここは、事が決着するまで上洛して在京なさるのが得策ではないでしょうか」と強く進言した。

嵯峨へ遁れる

当面の戦況からみて、事は急を要した。そこで経覚は、翌二十八日夜明け前の寅の刻(午前四時頃)、板輿に乗り、楠葉西忍をはじめとする供の者数人と、北面の勇士少々、それに南山城の津越・炭窯・土橋などの国人、さらに立野右京亮を伴って出発した。京都まで経覚の輿を舁くには輿舁衆《こしかきしゅう》の人数が足りなかったため、木津からは船に乗って淀まで上り、そこから陸路を通って九条家にゆかりのある嵯峨の教方院へと向かった。まさに逃避行である。

二十九日には、奈良から飛脚が到来し、豊田衆が筒井勢を打ち破り、古市を攻めに上ってきた窪城衆には山村胤慶・吉田通祐・鞆田室らが応戦し、この分では「南都の儀は、殊なること無し」(特に大変な事態にはならない)と戦況好転のきざしを伝えた。

日記目録によれば

経覚自身の日記は、この年の三月三日で途切れ、それ以後の記事が残っていないため、これ以後の動きを知ることができない。後年に尋尊がまとめた「大乗院日記目録」によれば、経覚は三月に嵯峨から洛中の押小路室町の行願寺に移り、四月十九日には南都に下向し、再び禅定院に帰ってきた。二十六日には幕府の奉行人らが「光宣治罰」のために奈良に下向した。六月五日には、禅定院内の鬼薗山に城郭を築くため、奈良中の人夫数千人が駆り出された。もとは光宣の母が住んでいた場所に六方衆の陣屋を立て、沙汰衆豊田中坊の陣屋一宇、前大僧正経覚の陣屋一宇、さらに兵粮米を籠めるための倉まで作った。二十一日、鬼薗山城から出陣した軍勢が、池田（奈良市池田町）・今市（香芝市今市）・窪城（奈良市窪之庄町）へ攻撃を加えた。さらに奈良の人夫数千人を動員して城構えの竹木を集めさせ、そして八月十日には経覚が鬼薗山城に移住した。まさに臨戦態勢に入ったわけである。その後の筒井方との戦闘については、経覚自身の日記は残っていないし、尋尊の「大乗院日記目録」にも記載がないため詳細は不明である。

## 自焼し没落

結局、ほぼ一年後の文安二年（一四四五）九月十三日の「大乗院日記目録」に、

鬼薗山城自焼、悉《ことごと》く以て没落し行方知れず、前大僧正安位寺《あんいじ》に入御、今度筒井と合戦の処、豊田頼英の子息楢松以下并びに布施ら打たるる故、当方力を失い、筒井方力を得る間、迷惑歟、自焼し了んぬ、禅定院は火難を遁れ了んぬ、門主かつがつ成就院に行き向かい、則ち禅定院に帰る、

とあり、筒井方との戦いに敗れた経覚は、城を自焼して葛城山の安位寺に没落した。禅定院で同居していた尋尊は、とりあえず成就院に避難したという。ここで注意すべきは、

この記事の最後で、尋尊が自分自身を「門主」と表記しているところである。実際には、この時点まで経覚が大乗院門主であったことは明らかであり、後年にまとめられた「大乗院日記目録」には尋尊による作為が加えられている。

遠く安位寺へ

この没落を境にして、経覚は再び大乗院門跡の地位を失った。十九日には、筒井方が大勢を従えて奈良に凱旋し、鬼薗山城を自身の城として構え直し、官符衆徒棟梁も河上五ヵ関も光宣の手に帰した。古市は古市城に立て籠もり、以後長く、筒井方の押さえる鬼薗山城とのあいだで合戦が続き、禅定院より南の在々所々は戦火に焼かれた。

ここで話は、「はしがき」(九頁)で述べた、経覚が日記の多くを焼失してしまった経緯につながってくる。経覚は菊薗山城を自焼没落した後、古市から東山内の茌原《ちしやわら》、さらに長谷寺から、葛城山麓の安位寺へと遁れて行った。

大和国人たちの「国一揆」

ここまで、「大和永享の乱」から経覚復帰後の戦闘に至る、大和武士らの対立するさまを追いかけてきて気づくのは、「大和永享の乱」では将軍義教を後ろ盾にした筒井方が、実際の戦闘では劣勢に立たされ、敗北を喫することが多かった。逆に、大乗院に復帰後の経覚が、管領畠山持国との連携のもと、古市・豊田・小泉・越智と結んで動くと、今度は筒井方とそれに味方する勢力に圧倒的に攻めたてられて、奈良を奪われ、経覚は没落し、古市も豊田も自分の城と地域を守るのに精一杯という状況に追い込まれる。これは、なぜなのだろうか。

確かに大きく見れば、大和の国人たちの対立は、常に筒井方と越智方を軸に、南北二大勢力がしのぎを削った。双方を支持する主要な構成メンバーは常にほぼ固定していた。しかし、大和一国の武士たちは、大和国内の各地に拠点を築いてひろがっており（巻末地図参照）、その多くは、常に固定的に二つの勢力のどちらかについて動いたわけではなく、むしろ流動的であった。全体として見れば、彼らは、幕府や外部勢力と結託した側を忌避し、それによって劣勢に立たされた側を支持する傾向があり、それが結果としては、拮抗する二大勢力のバランスを一方に大きく傾かせる働きをした。つまり、大和の国人らの「作法」として、上からの命令に「甲斐甲斐しくは応じない」傾向が強く、その行動原理は、幕府や他国から外部勢力が介入するのを拒もうとする国一揆的な要素が強かった。その結果、以前は将軍義教の支持を得た筒井側が敗北し続け、今度は逆に管領畠山との連係を強める経覚や古市・豊田・小泉・越智側が敗北したのである。

# 第六　安位寺から古市へ

## 一　古市の迎福寺に住む

安位寺の正月

文安《ぶんあん》四年（一四四七）正月、経覚は葛城山東麓の安位寺《あんいじ》で、二度目の越年をむかえた。

朔日、甲子、朝雪、千幸万福幸甚〳〵、四方拝・日所作等例の如し、

と元日の四方拝や所作を行った後に、さらに金剛経一巻を読誦し、荒神呪《こうじんじゅ》などの呪文を千回唱え、その行後に小御料を食した。昼には興福寺の医師が調進してきた白散を服用し、大乗院房官が奈良から進上してきた湯菓子を食した。ここは奈良から遠く離れているので、昨年歳末に届けてきたものである。安位寺の年預五師からは菓子・瓶子《へいし》・雑紙・扇が進上され、経覚は酒盃を与え杉原・扇を遣わした。山門年預恵義五師が樽《たる》・肴を持参し、これには檀紙と扇を与えた。

その後、寺の大門を出て、奈良の春日山の方角に向かって拝礼した。安位寺は葛城山の中腹にあり、そこからの見晴らしはよく、すぐ間近に大和三山、さらに大和平野のか

なたには奈良の春日山も拝することができたのである。次に経覚は安位寺の鎮守と本堂を巡礼した。安位寺長算法印には、荒神供《こうじんぐ》を十五日まで修するように命じ、供物代百五十疋を遣わした。堂僧たちが経覚の宿所に来て、盛大な酒宴が開かれ、寺内の浄土院・塔南院・文殊院・蓮台院・清浄院・安養院・無量寿院・法輪院などの院主たちも、おのおの一瓶一種を持参して、音曲乱舞それぞれ芸を尽くした。ここ安位寺は、奈良から遠く離れているとはいえ、このように寺内に多くの院家坊舎を擁する大寺院で、筒井方に敗れて遁走してきた経覚の居場所としては、まずまずの所であった。

さらに、この地の武士である倶志羅《くじら》俊種が円鏡・餅を進上した。二日目には常行堂で猿楽が催され、経覚も見物に出かけた。他にも、小泉重栄、立野信貞とその一族の松岡信安・吉井信俊・同信衡らが次々に経覚のもとを訪れ、河内太平寺（大阪府柏原市）からも榼・餅・柿が進上された。さらに隆舜に命じて、京都の畠山持国、木沢、甲斐、香西、白川雅家、そして九条満家と廊御方に榼・鏡・柿を贈る手配をさせた。このように経覚の正月は多忙であった。

### 自分は隠居分

しかし、大乗院房官の清祐法眼の進上品について、「以前に慈信僧正が菩提山正暦寺に隠居し、尋覚僧正が内山永久寺に隠居した時のことは清玄記にくわしいはずなのに、先規不分明と申してくるのは不審〳〵」と経覚は不満を漏らしている（『経覚私要鈔』一月十三日条)。自分はこのたびの筒井方との激しい戦闘で、心ならずも大乗院家から没落する仕儀となった。もはや門主として復帰することは叶うまい。だが自分は「隠居分」としてここにいるのだから、大乗院家から大切にあつかわれて当然だ。経覚はそのように考えていた。

以前に、共の者二人だけを伴って平群《へぐり》郡立野の宝寿寺に落ちていった時にも傍近くに仕え、ここ安位寺へも付き従ってきて、常に経覚と一緒に行動してきた宮鶴丸が、京都で出家し、対馬公覚朝となって戻ってきた。宮鶴丸が「対馬」という国名を名乗ることには、興福寺内でさまざまに異論も出たようだが、経覚はそれを無視した。先例ばかりを守っていては身動きがとれないと、経覚は強く思うようになった。先例として重んじられてきた従来からの約束事や常識に反することが、社会のあちらこちらで横行してきていたからである。

中央にもどる画策

二月十七日、古市胤仙《ふるいちいんせん》から安位寺にいる経覚に書状が届いた。経覚はさっそくに返報した。その内容については日記に何も書き留めていない。けれども、経覚のまわりでは確かに何かが企てられ、その実行に向けて人びとが動き始めていた。越智春童丸・楢原永遠・小泉重栄との関係も密である。今は筒井方が押さえている奈良に向かって、豊田と古市が甲《かぶと》三百余りの軍勢で押し寄せ、奈良の町の転害郷《てがいごう》を焼いたとの報がもたらされた。楠葉《くすば》西忍《さいにん》と元次《もとじ》親子は、立野衆と連係しながら、経覚に多くの情報を伝えてきた。そして、四月十二日に古市から馬や人夫らが到着し、十三日の早朝、卯の刻（午前六時頃）に、経覚は安位寺の門を出て東に向かった。「中風を治療するため」と称しての出立であった。最初は十人足らずだった一行に、途中から古市の若党らが加わり、さらに古市の舎弟胤次や古市代官室丹波房、吉田通祐らも手勢を引き連れて集結してきた。さらに豊田と奥の手勢も続々と合流し、大勢で経覚を警固しながら、未《ひつじの》下刻《げこく》（午後三時過ぎ）に古市に到着した。じつに見事な連係プレーである。途中で「当方の音信を敵方に取られた」との報が入ると、昵懇の者どもは互いの音信を差し控えるようにと経覚が命じた。

事は敵方に察知されないよう隠密のうちに進められ、そして成功裏に終わった。尋尊がまとめた「大乗院日記目録」四月十三日条には、

安位寺殿、古市迎福寺《げいふくじ》に入御す、七人衆以下、内々に勧め申すと云々

とあり、経覚の古市への移住を内々に勧めたのが「七人衆」であると記している。この「七人衆」とは、以前から寺門内で、光宣方の学侶・六方と対立してきた集団で、これ以後も反光宣派、つまりは親経覚派として動くグループである。

### 古市に到着す

到着後すぐに、経覚は古市胤仙と対面し、太刀を遣わし、九歳の子息小法師丸とも顔

を合わせた。菩提山《ぼだいせん》禅徒からは榼と用途三百疋が届き、玄兼寺主、泰祐上座、泰経律師、泰承得業、任英、隆舜、連阿父子、長賢父子、菩提山惣山年預や寂法房、山村胤慶、豊田頼英、小泉重栄、陰陽師幸徳井友幸、さらには興福寺の松林院貞兼僧正や永久寺の内山院主実済からも、榼や麵や料足が届けられた。二十六日には古市の近所の鹿野園《ろくやおん》に遊覧に出かける余裕すらあった。こうして経覚は、奈良の町のすぐ南に隣接する古市の迎福寺に入った。大和国の政治の表舞台に再び戻ってきたわけである。この時、経覚は五十三歳。以来、七十九歳で死ぬまでの後半生を、ここ古市を居所として過ごすことになる。

## 文安の徳政一揆

この文安四年（一四四七）は、大規模な徳政一揆《（土一揆）》が起こった年でもあった。

経覚が「近江や河内など国々では、ほとんどが馬借の言いなりになってしまっている。山城国もまた同じである」と書いているとおり（『経覚私要鈔』文安四年七月三日条）、近江・河内・山城など各地で、「徳政」（債務の破棄）を求めて土一揆が蜂起した。土一揆勢は奈良の西南にも群集し、「筒を吹き鳴らし」大変な騒動となった。馬借《ばしゃく》を静めるため、筒井順永は一族を率いて奈良に上ったが、防ぎきれずとみて、田舎に下ってしまった。土一揆は奈良の町の口々に押し寄せ、所々に火を放って、町中が大混乱になった。一揆側にも、これを防戦する側にも、多数の負傷者が出た。北から攻め込んだ馬借は「三分の一」での借物取り戻しで合意し、奈良の町で徳政を実行すると、それぞれの在所に引き上げていった。

そのような中、経覚の日記『経覚私要鈔』七月十日条には、

今度馬借蜂起の事、予幷びに古市以下の張行、然るべからず、南都を滅亡せんと欲するの造意歟、御造替前に悪行の至り也トテ、衆中蜂起せしめ、予・胤仙に衆勘を加うと云々、

と見える。このたびの馬借蜂起は、経覚と古市胤仙が後ろで糸を引いて南都を滅亡させようとする謀略であり、それに対して「衆中」(官符衆徒たち)が蜂起し、経覚と胤仙を処罰するだろうとの風聞がひろがったというのだ。もし「衆中」がそのような動きをみせるなら「先代未聞の所行、比類無きもの」と経覚は憤慨している。

古市と筒井の合戦

しかし、この間の動きを追ってみると、十七日に古市胤仙が筒井方に夜討ちをかけて筒井の市場を焼き払った。大勢の者が討たれて筒井方は散々の状態だという。十九日に馬借が奈良を攻撃した時、古市も甲百四・五十を率いて奈良に押し寄せ、住屋を焼いている。力づくで「徳政」を実現するために奈良を攻撃する馬借と、筒井方が押さえている奈良を攻略しようとして攻め込む古市勢と、その目的は異なるものの、そこに共通した動きがあったことは事実であり、攻められた筒井側が、土一揆勢の背後に経覚や古市の存在があると考えたのには、無理からぬところもある。

八月三日には筒井方が反撃し、古市胤仙が応戦してこれを追い返した。九日にも胤仙は内衆百人余りを率いて奈良を攻撃した。経覚は日記に「敵方は池田常陸房・水坊円了以下を討ち取られ、散々な状態で大乗院門跡内に逃げ込んだ。当方の吉田通祐・古市胤次・稲垣家則らの戦いぶりは鬼神の如くであった」と記した。「敵方」と「当方」とを明確に峻別するその書きぶりに、経覚が一貫して反筒井方の立場で動いていることがよく示されている。

興福寺と東大寺の合戦

九月十四日には、興福寺と東大寺とのあいだで合戦があった。興福寺が春日社造替棟《むね》別銭《べっせん》を奈良中に課し、東大寺がこれを拒否したため、興福寺が攻撃をかけたのである。東大寺別当の東南院珍覚、興福寺別当の松林院貞兼や雑掌重芸らが幕府に使者を送って、互いに自分の側には非がないことを訴えた。東大寺の言い分は、先に矢戦を仕掛けたのは興福寺で、その勢二千人ばかりが南大門以下の口々に押し寄せた。対する東大寺勢は三百人、転害門の前で合戦となり、三十人ほどが討たれたという。

他方、興福寺側の言い分は、「放火の輩に於いては六親に懸けて罪科すべし」との法を定めて制禁し、大仏殿に入れ置かれた薪や芝を成身院光宣《じょうしんいんこうせん》の手勢が率先して外に運び出し「伽藍安穏第一」に努めたので「一宇の煩いも無い」というものだった（『建内記』九月十四日・十五日条）。

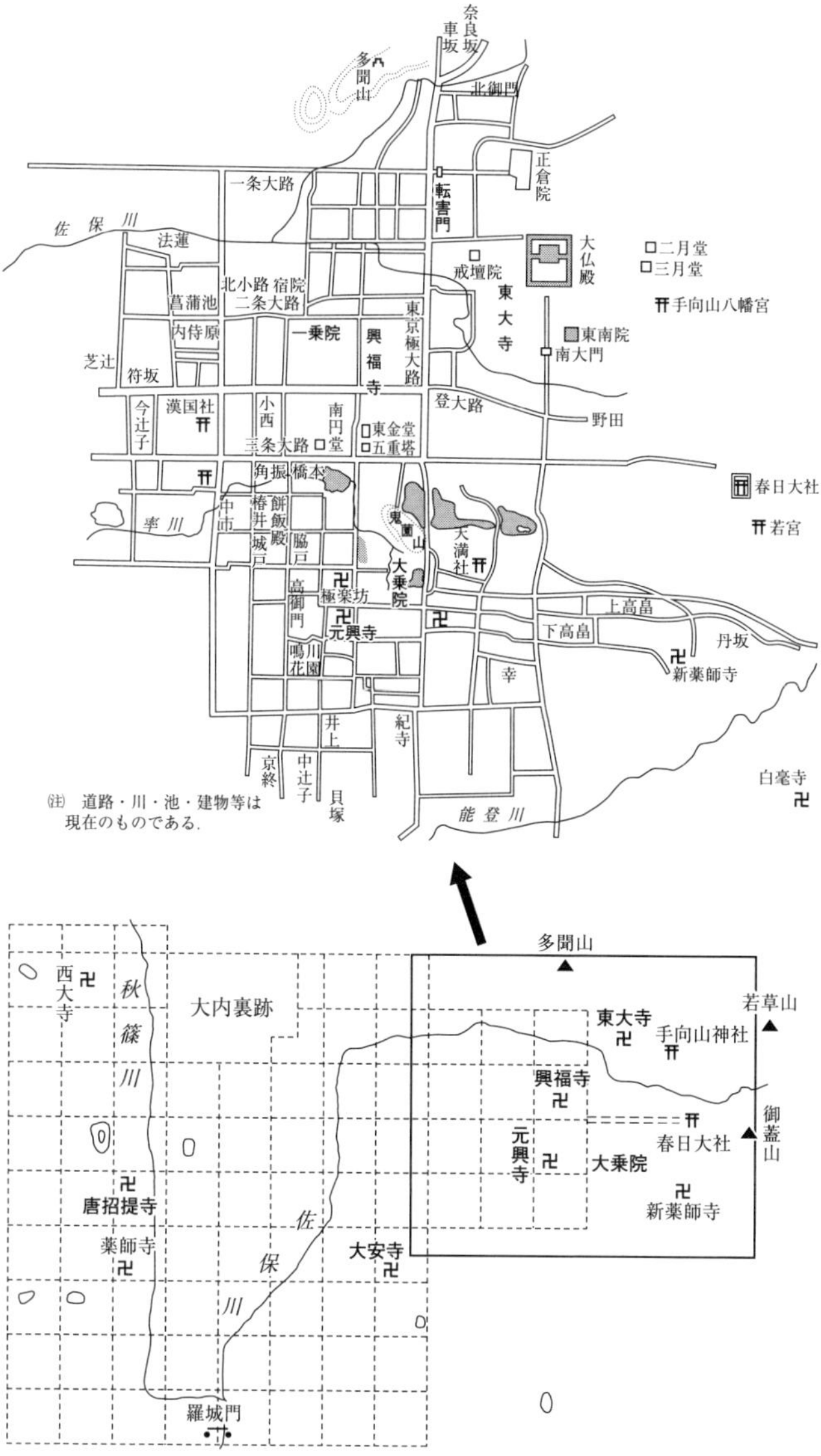


奈良周辺図（安田次郎『中世の奈良』10頁，26—27頁の図による）

東大寺へ発向の手はず

この時、経覚は日記の文安四年九月十四日条に、次のように、合戦の始まりから、東大寺の門の口々へ発向する手配、打死にした者の交名《きょうみょう》注文まで、くわしく記した。

辰の初點、興福寺に於いて貝鐘これ鳴る、東大寺また鐘これを槌《つ》く、然れども東大寺程無く責め落とされ畢んぬ、所々に於いて合戦これ在り、東大寺方打死いまだ分明ならずと雖も、先ず十人ばかりと云々、(中略)興福寺の事、毎時無力、殊更《ことさら》学侶・六方と云い、官符衆徒と云い、両方に相分かれ畢んぬ、一味の時、猶《なお》大事たるべき処、安々と治罰、しかしながら冥慮の至り歟、(中略)

一、今度発向の手宛の様

　東大寺発向の手宛の様

東大門長谷川党・戒重、　南不開門楢原・倶志良・立野・平等坊・山内中﨟武者、　国分門小南・丹後庄・杉・郡山中・辻子、

南院門竹林院中﨟武者四頭、　中御門口常善院・矢田・平群者共、　水門口松林院勢・坂上・鷹山奥、

手掻門万歳・吐田・岸田・飯高・柳本、　今小路口岡、　北穴口片岡、　善勝寺口北里者、

一、東大寺々僧打死、安楽坊筑前公・代進得業、　総持院三位公、　東室大進得業・学藤房五師当年預、但自害、

沙汰衆一人

　山城衆

賀茂北・狛東・相楽下司・同吉岡・庄村《下津狛》・稲八妻八郎・草路奥・当尾向・簀川

若党一人・柏木若党一人、此外卅人計《ばかり》討死すと云々、名字は分明ならず候、

ここで東大寺の各門に発向したのは、長谷川党をはじめ、大和各地の国人らに山城衆も加わった大規模な編成であった。

経覚は、興福寺の学侶も六方も官符衆徒らも、すべてが「両方に分かれ」てしまって「一味」になれないことを歎いているが、そのような分裂をかかえながらも東大寺を攻め落とせたのは「冥慮の至り」で運がよかった、と述べている。

### 筒井が官符衆徒の棟梁

この当時の奈良の支配について、万里小路時房が「筒井の成身院とか申す者が、ほとんどの評議を主導しており、官符衆徒では今は筒井がすべてを束ねる棟梁になっている」(『建内記』十一月十三日条)と書いているとおり、成身院光宣と筒井順永が中心になって、「衆中」を取り仕切っていた。それは、文安二年(一四四五)に筒井方が菊薗城山を攻撃して経覚たちを自焼《じやき》没落に追い込んだ時以来、ずっとそうであった。ところが、古市・豊田・小泉などの反筒井勢力が、安位寺にいた経覚を再び奈良のすぐ近くの古市に迎え入れ、さらにそれに力を得て、奈良を攻撃して筒井方を追い払おうと活発に動き始めたのである。つまりは、経覚の存在そのものが、南都の政治情勢に多大の影響力を及ぼし、再び流動し始めたのであった。

ところが、当の経覚は「遠方の安位寺では大乗院から年始祝着の節供を運ぶにも事欠

くので、自分は仕方なく古市に移ってきたのだ。当所は先代院主も天下騒動や寺門錯乱の時にはたびたび居住しており、決してこれが初めてではないのだ」と自分の日記の奥書に書き付け（『経覚私要鈔』文安五年九・十・十一・十二月の冊子の奥書）、大乗院門跡の歴史を振り返ってみても、これまでの隠居した多くの院主と自分とは、何ら変わるところがないと主張した。

## 二　古市の人びととともに

古市から「一瓶両種」が

ところで、古市の迎福寺に住むようになって以来、経覚の日記の毎月一日条には必ず古市胤仙（その死後は息子の胤栄）から送られてくる「一瓶・一鉢（または両種）」の記事がある。一鉢の中身は、昆布・和布《わかめ》・大根・細大根・蓮根・茄子・枝大豆・サヽケ・久喜《くき》・瓜・白瓜・柿・串柿・柑子《こうじ》・蜜柑・勲甘《きんかん》・山桃・梨・菓子・満中《まんじゅう》・餅など多様なものが届けられた。当主の胤仙が不在の時にも必ず、「古市留守」（その留守を預かる妻や家族ら）から「一瓶・一鉢」が届けられた。いつもは、たんに「祝着至極」と返事をするだけの経覚も、「古市留守」からの心配りに対しては、さすがに「留守中にもかかわらず、変わることなく、このように一瓶・一鉢を届けてもらって、ことに嬉しく喜んでいるところだ」と返答している。

さらに、正月十五日には「粥一鉢・久喜一器」、三月三日には「一瓶・赤飯・蓬餅（草餅・ハハコ餅）」、五月五日に「赤飯一鉢・一瓶・チマキ一鉢（枝チマキ・柏葉チマキ）」、七月七日は「素麺・一瓶・瓜一鉢」、九月九日には「赤飯一鉢・栗・一瓶」が、経覚が上洛中などの例外を除いて、毎年必ず届けられた。これらは、経覚の死に至るまで、ずっと続いた。そういう意味では、経覚は一貫して古市氏の客分であったわけである。

文安五年（一四四八）十一月十八日条には、「迎福寺の辰巳に一宇を建つ、古具足共なり、番匠これを召し仕う」とあり、経覚は迎福寺の傍に、自身の家一宇を建てた。「古具足」というから、まったくの新築ではなく、どこかの建物を毀《こぼ》ち取り、その建材や家具などを再利用するかたちの家であったと思われるが、これまで迎福寺の一隅を借りての仮り住まいから、その敷地内に別の一棟を建て本格的に自らの居所を整えたのである。

同二十一日、京都から下ってきた吉阿が語るところによれば、畠山持国は弟持富《もちとみ》を養子にして相続させると決めていたのに、石清水八幡で法師になるはずだった十二歳の実子を惣領に立て元服させるということで、これを聞いて京都の畠山館には「衆人群れ集まり門前市をなす」状態だという。この時に元服した十二歳の実子が畠山義夏《よしなつ》、後の義《よし》就《ひろ》である。

古市胤俊の戦死

文安六年も奈良の支配をめぐって、筒井勢と古市方との戦いは続いた。二月十六日、古市胤仙が奈良に攻撃をかけるという。経覚自身も岩井川まで出張っていって、両方の合戦を見物した。巳の刻（午前十時頃）には、この戦いは古市勢に不利であった。形勢不利で、「難儀だ」と判断した古市胤仙は兵を引いたが、西方から攻撃をかけた弟の古市胤俊は大将として敵方を追いかけ、合戦となった。敵方の陣中に深入りした胤俊は討たれ、古市方七人が討死、手負い数十人を出してしまう。

同じ日、越智家栄が十市を攻め、散郷十二郷を焼き払った。十市の若党二人と地下人三・四十人を討ったが、寄せ手側の越智も代官や若党四人、鳥屋の若党が四人、吐田・豊田の侍七人・矢負三人、布施衆の若党一人・侍分三人、それ以外に地下者《じげのもの》数輩も討たれた。

この記事を見ると、大和国人らの軍勢は、一族、若党、侍、矢負、下人、地下輩《じげのともがら》によって編成されていたことがわかる。国人らの軍勢には、家臣団や郎党・下人のほかに、それぞれの地域の地下人らが戦闘に加わっているのである。この日の合戦では、古市勢も越智勢も、いずれも負け戦であった。敵方はきっと古市に寄せてくるにちがいないと方々から連絡があったので、古市胤仙は馬場の夜番を命じ、北口にも番を置いた。十七日に古市胤俊の葬礼が執り行われた。葛城山の安位寺浄土院や、かの地の国人である倶志良も駆けつけ、古市一族とともに懇ろにその死を弔った。もちろん、経覚も胤仙の弟の死をともに深く悲しんだ。

古市子息との交流

経覚は、平群郡の立野で過ごした時にもそうだったように、古市でも多くの人びとと親交を結んだ。その中でも、古市胤仙の子息春藤丸との親密な交流は、経覚の日記の多くの記事からうかがい知ることができる。少しさかのぼってくわしく見ると、まず、安位寺から古市に到着した文安四年（一四四七）四月十三日、父の古市胤仙とともに現れた九歳の子息に会ったのが初対面である。五月十九日には古市城に招かれ、「子息小法師丸」から「馬一疋月毛」を進上された。七月十四日「古市小法師、燈爐一棚持参す、其の躰興有り、賞翫せしめ了んぬ」とある。また盂蘭盆の行事として、三日間にわたり古市一族や胤仙の執事鹿野園などが風流を催した時も、経覚は驚かされた。十六日の黄昏に、吉岡（胤仙の父、胤憲）が風流「天岩戸」を興行した、手刀雄《たぢからお》の明神・日神・天女が登場して演じられた芸能は素晴らしく、目を驚かす出来栄えであった。ここに九歳の小法師は囃手《はやして》として参加し、すでに非凡な才を見せた。近郷の郷民らも群集して古市里はおおいに賑わった。

春藤丸、危篤に

文安五年十月二十六日には「古市播州（古市胤仙）妻室の百ケ日」の法要が営まれた。春藤丸は十歳で母を亡くしたのだった。翌年の宝徳《ほうとく》元年（一四四九）六月二日、「播州（古市胤仙）息の春藤丸、腹の所労不快」との報が入った。四日には「病状は思いもよらず重篤だ」というので、経覚はその全快を一心に祈願した。五日になって「春藤丸所労火急」と聞き、再度祈願を立て、秘蔵の月毛の馬を神馬として進上した。真夜中になって「もうすでに難義だ」と伝えられ、迎福寺の久光上人も招請されるという緊急事態になった。この時、経覚は、

彼の春藤の事、年齢幼稚十一歳なりと雖も、心操ヲトナシクシテ、成長し人ニモ抜群の者なり、此の間、又手ナレ了んぬ、不便、中〳〵申し計らい無く、只迷惑の外、他無し、

と、日頃から慣れ親しんできた春藤丸に対して、「成長すれば、きっと人並外れた立派な者になったであろうに」と、並々ならぬ思いを書き綴っている。だが、幸いなことに暁になって「相違なく取り直し了んぬ」と連絡が入り、「歓喜比類無し、喜悦はなはだ少なからず」と経覚は安堵の喜びにひたった。

万死に一生を得る

十七日、春藤丸が快癒し、今朝は普通に食事もできたという。経覚は胤仙と共に「神妙、凡そ今度の存命、しかしながら冥慮の至り也」と喜び合った。しかし、それにつけても、去年は妻女が逝去、今春は弟胤俊が討死、そして子息春藤丸の重篤な病いと、立て続けに不幸な事が起こったことについて、胤仙は、自分が去る丑歳（文安二年）以来、奈良に反銭を懸けたり、郷内を焼き払ったことが神慮に違うことだったのではないかと

の思いにかられ、なんとか息子が「万死に一生」を得られるように願って、今後は決して奈良には手を出さず、ひたすら深く神仏の加護を祈念する決意を固めた。この時、経覚もそれに同調して、当年の元興寺領人夫役を免除した。

宝徳二年（一四五〇）四月十二日、春藤丸が経覚のもとを訪れ、伊勢参宮に出かけることになり、今日から精進屋に入るので暇乞いに来たという。「元気で早く帰ってくるように」と経覚は応えた。次の日、春藤丸が道中で着るための「織色の帷」を贈った。十四日、祖母と妹とともに、春藤丸は伊勢に向かって出発し、二十日に無事に帰還した。経覚には、みやげとして「御祓」などが届けられた。

春藤丸は、大和の有力武士である古市氏惣領の嫡男に生まれ、父胤仙が一族や家臣を統率しつつ、筒井方軍勢との戦いに明け暮れ、また越智氏と同盟を結んで連携し、さらに武士同士の対立の「中人《ちゅうにん》」として仲介に奔走したりするのを間近で見ながら、いつもどこか違うところに目を向けている少年だった。

## 風流への傾倒

宝徳二年の七月、古市では盂蘭盆の行事に伴って風流が催された。風流とは、念仏風流、念仏拍物《はやしもの》、風流踊りなどと呼ばれるもので、故事などに題材を取って扮装した人びとが、それに関わる作物《つくりもの》を伴って行列し、笠をかぶったり鳴り物で囃しながら踊ったりする芸能である。七月十六日には「綱引き、雪マロハカシ、色々売物」などの演目に加え、「有笠《ありがさ》ヲトリ（踊り）」が行われた。これは「子息の所行」とあるので、この風流の主導者は春藤丸だったようである。経覚の共の者も風流を演じ、龍守と如意賀が傘の下で舞い、春宮・乙松による獅子舞も登場した。十八日の風流では、棒持、鷺舞、猿楽、延年があり、乱拍子以下、舞い踊り、管弦や囃子などの音曲も賑やかで、これについて経覚は次のように記している。

> 凡そ、今日の儀以ての外に結構也、耳目を驚かせ了んぬ、仍て見物の貴賤群集し、凡そ立針の隙も無きもの也、両方の口を指すの間、奈良・田舎の者多くは入らずと雖も、見物衆当郷に満つると云々、所詮、近来の見事、

古市郷の北・南の両口を塞いで奈良や田舎の者が入れないようにしたのに、それでも見物の貴賤が群集して押し寄せた。これこそ今日の風流の近来稀な見事さを物語っていると、おおいに感嘆している。

## 三　筒井方との抗争と「神木動座」

古市胤仙、管領に見参

さて、子息春藤丸の「万死に一生」を祈願し、それが叶って重い病いから回復すると、以後は南都への攻撃をしないと誓った古市胤仙であったが、大和国で対立する二大勢力

の一方の旗頭として、結局は筒井方との抗争から手を引くことはできなかった。

宝徳元年（一四四九）六月二十三日、古市胤仙は経覚に、越智家栄が一昨日、室町殿（足利義成）に見参し御剣を賜り、大方殿（日野重子）からも小袖をもらったと語った。そこで十一月二日に経覚が上洛する時、胤仙も共に上洛し、管領畠山持国に礼参することになった。胤仙は六日に管領に見参、「用途五千疋・馬・太刀」を進上し、返報として「太刀・緞子二端・盆・馬月毛」を与えられた。この月毛の馬は、近来稀なる駿馬だという。翌日、この見参に尽力してくれた経覚への礼として、胤仙はもらった「緞子一端」を持参して感謝の意を表した。

### 古市止住の学侶・六方

宝徳二年正月二十六日、古市胤仙は越智家栄のところに行くので、暇乞いにやってきた。豊田頼英も同行するという。「しばらくは播州〔古市胤仙〕が留守なので、不測の事態が起きるやもしれない」と、経覚は古市の者たちに、よくよく用心するよう命じた。

八月八日、経覚の春日社参について、奈良の六方衆が「衆勘」を理由にして、これを阻止する動きに出てきた。経覚は、これは「彼の一類」（＝筒井方）の妬みによるものだと断じ、日記に「自分の威勢ばかりを専一に考える者どもだから、これまでも毎度、思いがけない災難に逢ってことごとく犬死してきたのだ。そのていたらくを見てきているのに、なおも、このような振る舞いに及ぶとは、自滅の道を歩んでいるのがわからないのか」などと、痛罵のことばを書き記している。しかし、憤懣やるかたない思いをしつつも、経覚は春日社への参詣を延期した。ここで社参を強行して奈良に入れば、どんな不測の事態が自分の身に起こるとも限らなかったからである。

寺門内部の対立は、「古市止住の学侶・六方衆」対「南都の学侶・六方衆」というように、それぞれの居住地の分裂にまで至っていた。八月二十八日に経覚は、古市居住の六方衆宗乗・堯弘・専秀・頼秀に古市一族・若党を加えた「甲《かぶと》百余り」の軍勢を南都に遣わし、六方衆議書状を書いた筆師の下人の家を破却し、九月二十一日には衆中沙汰衆の住屋を破壊させた。これに対して、奈良の学侶や六方衆は、九月に行われる興福寺の仁王講《にんのうこう》の大頭から、経覚を除外すると決めた。このように双方の対立は、興福寺の組織全体に大きな亀裂を生んでいく。

### 古市胤仙の再婚

十一月十三日の経覚の日記には、

> 今日は随分の吉日歟、所々に祝着の儀有りと云々、片岡妻女龍田英舜女を迎え、簀川妻女井戸妹を迎え、古市妻女吐田女を迎うと云々、

とある。先年妻を亡くした古市胤仙が、この日、新たに吐田氏の娘を妻に迎えた。後年ここに男子が生まれる。春藤丸にとっては異母兄弟の古市澄胤《ちょういん》である。

### 古市胤仙の母

経覚の日記には、宝徳三年（一四五一）四月二十八日に、次のような事件が記されている。

〔古市胤仙〕播州母儀、御社に参るの処、敵方罷り出で質物にせんと欲す、新薬師寺辺りまで少々罷り出で了んぬ、事の儀珍事〱、而るに彼の母儀、輿を白毫寺《びゃくごうじ》にこれ置き、歩行にて参り了んぬ、新薬師寺ノ前ヲ通ルト云うトモ、輿ヲノミあい待ちテ、歩行の者ニ目ヲ見懸けざるの間、無為に通り了んぬ、幸運至極比類無きもの也、比の辺りの儀に於いては、既に取り籠めらるるの由風聞の間、衆人仰天し、喩を取るにもの無し、而るに無為の条、誠に播州幸運歟、

春日社参に出向いた胤仙の母を人質に取ろうと、敵方が新薬師寺辺りに出張ってきていたが、母は白毫寺で輿を降り徒歩で参詣したので、敵方の目にとまらず無事であった。ところが古市郷にはすでに敵方に捕らわれてしまったとの風聞が伝わり、衆人仰天のありさまだったが、無事と聞いて経覚は「本当に胤仙は運が強い」と胸をなでおろした。翌日の二十九日には、奈良の城から軍勢五・六十が押し寄せ、波多森茶屋を焼き茶道具などを破壊したので、古市方から一族・若党が出て応戦した。ちょうど、胤仙は管領畠山持国に対面するため上洛中で、その帰路を狙って敵方が襲撃するとの雑説もあり、経覚は飛脚を走らせて胤仙に急を知らせた。そこで胤仙は迂回して河内路を通り、五月二日に古市に帰着した。それを聞いて経覚は、「路次無為《ぶい》、目出〱」と喜んだ。

### 春日神木動座す

九月一日、京都には春日神木が入洛するのではないかとの報が伝えられ、実際、二日

の暁には春日神木が別殿に動座した。その理由は、「南都領摂州河関」の関務を奪おうとする幕府の動きに抵抗し、その企てを阻止するためであった（『康富記』）。尋尊の「大乗院日記目録」は、

今度の関務をめぐる悪行は、徳本入道〔畠山持国〕の所行なり、随って大明神〔春日大明神〕種々の御託宣これ在り、三ケ年内に畠山一家滅亡すべしと云々、希代不思議の事共これ在り、近日畠山の権勢無双也

と、この関務をめぐる動きを管領畠山の画策によるものだと批判している。結局、七日に管領畠山持国が矛を収めるかたちでこの問題に決着がつくが、それは次のようなものであった（『康富記』宝徳三年九月七日条）。

一、兵庫河関については、永代これを南都領と認め、今後は煩いを成すことがない旨の御教書を出す。

一、南都から運上された荷が、河内で三荷、守護の畠山方から押し取られた。これに先立って、守護方の荷を奈良で押し取ることがあり、その報復として守護方から、これを押し取ったのだという。しかし、事情はそうだとしても、南都が大訴に及ぶに至っては、守護方から荷を返すべきだとの御成敗があった。

こうして神木の入洛は停止され、最終的に二十四日には「神木帰座し、寺訴悉《ことごと》く以

香具山で当方一揆

て無為」となった（「大乗院日記目録」）。これらの記事だけならば、幕府の管領畠山が、河上五ヵ関の関務を筒井方から奪おうとしたが、これに反対する興福寺側が「神木動座」という行動に出たため、幕府方がこれを断念したことになる。

しかし、この時期の経覚の日記の記事をここに加えてみると、もう少し複雑な様相が見えてくる。ただし、この時期の経覚の日記は、九月十日の途中からはあるが、それ以前の分がなく、しかも次に示すように欠損部分が多くて、くわしい事情をつかむことがむずかしい。

（前欠、九月十日条の途中から記事あり）

一、□方大衆これを沙汰す、諸山以下を催し□御帰座し奉ると云々、両門跡候人・諸院家侍以下まで悉《ことごと》く催し出し了んぬ、仍て裹頭《かとう》七八百人に及ぶと云々、衆徒又筒井罷り出づるの間、軍勢済々甲冑を帯びる者千人、

□（十）一日、丙午、

一、香具山に於いて、昨日十日、当方一揆衆徒豊田、古市、小泉、□清憲頼勝、六方使節重秀、光源、□（古市胤仙）播州両人評定の□

□（一）、□山学侶・六方・衆徒・国民、会□

□

□承諾せしめざる上は、向後□□□率爾の和睦の儀有るべからざる事□都鄙水魚の思いを成し、其の功有り□

一、学侶・六方・衆徒・国民、各別に書状を認め、京都に上し了んぬ、

九月十日の神木帰座の時には、興福寺六方大衆が国内諸山に命じ、両門跡候人や諸院家侍以下すべてを集めた七・八百人に及ぶ裹頭（頭を布で包んだ）僧侶の人勢を集結させ、さらに筒井をはじめとする衆徒らの甲冑を帯した千人もの軍勢が動いたことがわかる。この大勢力こそ、「神木動座」を実現させた具体的な力であった。他方、同じ十日には、経覚が「当方一揆」とする豊田・小泉・古市らの衆徒と学侶・六方衆が、香具山に集結して、自らの主張を実現させるために、学侶・六方・衆徒・国民らが、おのおの書状を書いて京都に伝えようとした。

「裹頭七八百人」「軍勢甲冑者千人」という勢力で「神木動座」を実行した側と、香具山に集結した「当方一揆」勢との力の開きは歴然としている。畠山持国と連携して、「兵庫河関《〔河上五ヵ関〕》」の関務を握ろうと画策した経覚や古市らの狙いは、大和国内の諸寺諸山を動かし圧倒的な勢力を結集して「神木動座」を実現させた光宣方の動きの前に、蹴散らされた格好である。

ここで、畠山が「神木動座」を収めるために約束した条々の二条目が、河内と大和で

質取りされた荷を返却する内容であった点も注目される。奈良での質取りが筒井方によるものだとすれば、河内での質取りには、畠山配下だけでなく越智や古市などが関与していた可能性もある。大和の二大勢力の対立の中心にあるのが、興福寺が摂津や河内に領有する関務の権益をめぐる抗争でもあったことが、ここによく示されている。

## 四　古市胤仙の死

方々に「語らい状」を

享徳《きょうとく》二年（一四五三）三月十一日、古市胤仙は奈良の城に夜討ちをかけた。亥刻（午後十時頃）に一番衆が忍び入り、丑刻（午前二時頃）に胤仙が動いた。ほどなく経覚のもとに、光宣の本拠の成身院に打ち入ったと連絡があった。方々に「語らい状」を遣わし、周到に準備したうえでのことで、すぐに十余人を討ち取り、当方には負傷者さえいないという。経覚自身も古市北口に出張り、西からの筒井順永軍の来襲に備えた。軍勢は奈良から引き上げる時に成身院を焼きはらい、胤仙は辰下刻（午前七時過ぎ）に帰ってきた。まさに夜戦である。

合戦連判状に加判

二十三日に古市方の合戦評定が行われ、豊田・小泉・古市が越智に出かけていって参加を呼びかけることとしたが、まずその前に、古市止住の学侶・六方使節両人として重秀・光英が誘引することになった。四月一日、胤仙と光英が越智から戻り、合戦について大概のことを決めたと伝えた。七日、合戦について「条々願書草案」を経覚が作成し、八日に清憲が清書、面々が加判した。経覚も判形をすえるよう面々から求められ、

衆徒・国民以下沙汰の連状に加判の条、先規太だ有り難きもの也、然れども、別して沙汰の儀に非ざるの間、無力、上判を居《（据）》ゑ了んぬ、

と、合戦連判状に加判した。衆徒・国民らの連判状に、前大乗院門主である自分が加判することなど前代未聞のことだとしつつ、経覚は「上判」を据えた。これも経覚らしい振る舞いと言わねばならない。十三日には、

### 「大将分」として出陣

予、今日は大将分たるの間、卯刻〔午前六時頃〕、岩井川得美須辺りに出で了んぬ、夜明け時分、越智・布施勢、小泉・豊田以下馳せ付け了んぬ、神妙〱、其の外、語らう勢共馳せ付くるの間、甲《かぶと》七八百これ在り、

とあり、経覚は「大将分として」出陣し面々の到着を待った。後になって筒井・箸尾・片岡・豆田勢以下が馳せ上り、こちらも甲七八百で北市に入った。当方勢は菩提院大鳥居南大門以西から餅木立唐辺に陣取る。しかし酉刻（午後六時頃）、俄に雨が降り、当方の陣の連携が崩れて急遽引き退くことになった。翌十四日、未刻（午後二時頃）に奈良から古市に攻撃がかけられたが、能登川辺で追い返した。続いて攻め入る者も多かったが、

紙屋定久・畑経胤《はたきょういん》・下村彦次郎・楠葉元次《くすばもとじ》らが応戦した。十五日は雨が降り、双六を打って遊び、十六日は故古市胤俊らの追善念仏が行われた。その後も雨が降り続き、合戦は停止された。

古市胤仙違例

五月十一日になって、初めて「古市播州〔古市胤仙〕違例《いれい》（病気）」の文字が経覚の日記に出てくる。十二日には豊田（頼英）父子が自らの手勢と古市勢を率いて奈良に打ち入り、中御門門の仕丁《じちょう》の家を焼いた。胤仙は病のため、古市勢を率いることができなくなったのである。以後、「播州所労」「播州違例、只同篇」「播州違例に付き、京都の医師大蔵卿と云う者、酉下刻〔午後七時過ぎ〕に下り了んぬ」との記事が続き、二十日には「播州祈禱のため、学侶・六方当所住、今日より十講これを修す」、二十三日「今朝、播州の脈、聊《いささ》か不快」、二十七日「播州祈禱のため、戒壇千手堂陀羅尼、去んぬる廿一日より発願、今日結願の由、巻数を出し了んぬ、予二百疋これ奉加す、面々心落とす也」とある。古市胤仙の病気平癒の祈禱のため、経覚が二百疋を奉加し、面々もこれに加わった（中川淳「中世史料に見える「心落」の語義とその変遷」）。

筒井方と和解す

経覚自身の日記は、当年六月から十一月十八日までのあいだが残っておらず、翌三年も正月から十二月半ばまで、ほぼ一年分が欠けており、日記からは古市胤仙の死とそれ以後の古市家中の動きを知ることができない。しかし、尋尊の「大乗院日記目録」享徳二年六月二十四日条に「胤仙入滅」とあり、また、翌享徳三年六月条に「享徳二年廿四日、古市胤仙入滅す、大明神御罰と云々、随って学侶・六方衆以下五个関務相論衆、悉《ことごと》く以て罷り出で、光宣と和与し了んぬ」とある。尋尊はここで、経覚と密接に繋がり古市に止住していた学侶・六方衆のことを「五个関務相論衆」と呼んでいる。彼らこそが「七人衆」であった。胤仙の死後、彼らは奈良に出てきて光宣と和解した。さらに、

廿一日（十二月）、安位寺殿（経覚）、講坊に入御す、文安二年以来今度始め也、光宣ニ御対面

とある。経覚は菊薗山城の自焼没落以来、初めて成身院光宣と対面したのである。この時のいきさつについて、経覚の日記では、「二十五日に講坊に行き宿泊し、二十六日の未刻（午後二時頃）に光宣律師の礼参を告げられる」とある。経覚は「近来はずっと、敵と味方に分かれて対立してきたので、きっと、当方では心中で思ってもみないような、互いに曰く言い難いさまざまな子細が多くあるにちがいない。それに加えて、目下のところは、とても面目無い思いでいるので、対面するのは何とか勘弁してはもらえないか」と応え、これまで敵味方として対峙してきた間柄であり、今更対面には及ぶまいと、経覚は光宣との対面を拒絶した。ところが、そこを尋尊が、「今後に色々と所存を残すのでは、お互いによろしくありませんから」と説得し、経覚は「まったくもって、遺恨や所存を残しているわけではなく、ただただ面目ないという思いばかりだ」と返答した。

すると尋尊は、「それならば是非に」と、もう一押しして、ここに経覚と光宣が対面する運びとなったという。二人の「和解」に、尋尊の尽力が大きかったことは確かである。経覚は、古市胤仙の死とともに、それまで自らが思い描いていたような大和国支配の実現を断念せざるをえなかった。

## 足利義教を供養する

ところで、経覚がその忌日に供養する人物を見てみると、親や兄弟、代々の大乗院門主、師範、乳母などがいる。三宝院満済の正忌には「年久しき恩人也、今更哀情を催すもの也」(『経覚私要鈔』文安四年六月十三日条)と懐かしみ、母の里である大谷本願院の存如が逝去したとの報に接すると「五十余年の知音、無双の恩人也」(同前、康正三年六月二十三日条)と記す。しかし、その中には、なぜ経覚はこの人を供養するのだろうかと、いぶかしく思える人物もいる。嘉吉三年(一四四三)から文明四年(一四七二)まで、正忌の六月二十四日はもちろん、月忌にも「普広院贈大相国忌日也、形の如く懃行これを修す」「普広院忌日也、少懃行これを修し訪らい奉り了んぬ」と経覚が供養を欠かさなかったのが、六代将軍足利義教である。大乗院門跡としての地位を失うきっかけとなったのは、義教による舞御覧費用への助成要請を拒否して、奈良から遠く離れた立野に追放されたことだった。「嘉吉の乱」によって、突然に復帰の道が開かれたが、それとて義教の霊を経覚が供養する理由にはならない。経覚の日記に、「恩人たるに依る也」「御意に懸けらるる故也」などの注記とともに連綿と記される記事を見るたびに、これは意外なことだという思いを抱かずにはいられない。

義教の死をきっかけに、経覚は立野からの帰還を果たした。「嗷々の乱入」「知者の一失」と評されるような行動であった。対立する諸勢力の均衡をはかりながら、その上に立って秩序を維持することが「天下の義者」と評された三宝院満済の流儀であった。しかし、それはもはや通用しない。義教のように、対立する勢力の一方に肩入れし、敵と味方とをはっきりと峻別しながら事を進めるやり方、それを経覚は門跡復帰の時に実行してみせた。「智者の一失」と非難されようが、経覚は諸勢力の抗争の中に、自らが「参加する」道を選んだ。そして、そうした生き方を選び取るきっかけが将軍義教との出会いにあったのだとすれば、それは満済や存如が経覚にとって恩人だという場合とはまったく意味あいが違うけれども、確かに、それもまた「恩人」と言えるのかもしれない。時代はすでに、そういうやり方しか通用しない方向に動き始めていることを、将軍義教との関わりと没落後の生活の中で、経覚は思い知ったのである。

# 第七　縁につながる人びと

## 一　九条家の家督相続問題

兄満家からの依頼

経覚が安位寺《あんいじ》を離れ、古市《ふるいち》の迎福寺《げいふくじ》に落ち着いてから一年半余りが過ぎた文安《ぶんあん》五年（一四四八）九月十四日、京都九条《くじょう》家からの使いとして嵯峨の教法院《きょうぼういん》蓮明がやってきた。兄の九条前関白満家が数ヵ月にわたって病が重く、ただ酒を飲んで命を永らえているようなありさまだという。「家督については、十歳の孫に継がせる旨の譲状があり、そのことを承知しておいていただきたい」という、祖母の一条局（満家の妻）からの書状も一緒に届けられた。

この頃、南都には敵方の筒井方軍勢が大勢陣取っているので、経覚はすぐには上洛できず先延ばしにしていたが、九条家にとって一大事だというので、二十五日の暁、板輿に乗って迎福寺を出発した。教法院と龍守丸が馬に乗ってこれに従い、般若寺までは古市一族や若党が警固し、木津から船に乗って川を下り、夕方には九条不断光院に到着した。不断光院は、九条邸のすぐそばにある尼寺で、代々九条家の女子がその長老の弟子として入寺する習わしであった。

上洛した経覚は、病状を尋ねるために人を遣わしたが、すぐさま来るようにと、しきりに兄から要請があったので、ただちに九条邸に参上した。その病状はとても重篤で、「御病相の様を拝見して、どうしたらよいものかと困惑してしまった」と経覚は記している。榼《たる》・松茸・柿籠を進上し、少盃の後、すぐにその場は退出した。翌二十六・二十七日と連日、九条邸に参ったが、病状はすでに「十死に一生」のありさまで、「自分の死後のことは経覚に万事を託すつもりだ」という。二十九日に参上すると、とにかく家領や遺跡については「ひたすら力を貸してもらえるように願うのみで、心から頼りにしている」と繰り返すばかりであった。経覚は仕方なく、兄の頼みを聞き入れた。「自分が幼少の時も、故僧正〔大乗院孝円〕がすべて取り計らってくれた。このたびもその嘉例にならってうまくやってくれ」と兄は懇願する。そこで、経覚は「御書」と「御置文一通」を預かった。

### 二人の若君に譲状を

十月一日には、家督を継ぐことになっている孫の十歳の若君に会った。ところが、四日に再び経覚が九条家に参上すると、

御遺跡の事、既に十歳の孫相続有るべきの由、譲状を進《まい》らせらるるの処、又四歳の

実子にも、持つべきの由、御状を進らせらると云々、

という驚くべきことがわかった。なんと満家は、一方で十歳の孫に家督相続を認める譲状を出しながら、他方で四歳の実子にも家督を継がせる旨の書状を渡していたのである。二人の若君の母はともに、ここは何としても経覚に決定してもらわねばならぬと強く求める。思いもよらない事態に納得できない経覚は、兄に「一定せらるべし」(どちらかに決めてください)と迫った。しかし兄の返答は「猶、思い定められず」(それでもなお、決めることができないのだ)とのことであった。こうしたやりとりに、経覚は「慮外《りょがい》極まり無きもの也」とあきれ果てた。しかし、この問題をこのまま放置するわけにはいかない。

十月五日の日記には、

御遺跡の事、両若公相論、外聞と云い、実儀と云い、沙汰に及ぶべきの条然るべからず、且つがつ殿中の御沙汰は篇々、人以て正体無く存ずべき事也、早く思食《おぼしめ》し定められ、一定せらるべき旨、再三申し入ると雖も、猶以て無沙汰せらるるの間、所詮、御許容有るべくば意見申すべし、

と記されている。家督をめぐって両若君が相論し互いに争うという事態になり、それを聞いてあれこれと取り沙汰されるようなことになれば、「外聞と云い、実儀と云い」、まったくよろしくないことである。このように双方に家督を認めた兄のやり方は矛盾に満

ちたもので、人がこれを聞いたら正気の沙汰かと疑うだろう。だから早く決心して相続者をどちらかに決めるよう再三申し入れているのだが、まったく兄からは返事がない。こうなったからには仕方がない。もし兄が許容してくれるのならば、自分がここで意見を申し述べることにする。これが経覚の思いだった。

## 経覚の意見

ここで経覚が考えた意見は、じつに明解なものであった。両方の若君に安堵を約束しながら、どちらか一方がその約束を取り消されるのでは不憫であり、必ずやそこに遺恨を残すことになる。筋としては、四歳の若君が実子であり、遺跡を継ぐのが当然であるから、ここは筋として四歳の若君への相続を決定事項とする。ただし、考えてみれば四歳というのはあまりにも幼なすぎるので、まずは年嵩の十歳の若君がいったんは相続することにして、必ず将来には家門を四歳の若君の側に譲り渡すことを確約しておく。これが家門の無事安泰を願う経覚の解決策であった。

病床の兄満家は「この意見は、これまで自分では思いつくこともできなかった妙案だ、神妙神妙」と喜んで、これを受け容れた。経覚は、「短慮愚昧の意見であり、もし後悔なさるようなことがあってはいけないので、よくよく人々に相談してみてからにして」と何度も申し入れたが、兄は経覚のこの意見にただただ満足し、結局この趣旨で、公家伝奏の中山定親《なかやまさだちか》に、綸旨《りんじ》の発給を願い出ることになった。両若君の母たちも、この難問を解決した経覚に対して、ともに感謝の意を表した。

この日、もう一人、九条家の人の中に動きがあった。

前関白殿の嫡男、出家せられ了んぬ、病者たるに依る也、廿八歳也、戒師教法院、予、直裰《じきとつ》を進らせ了んぬ、

と経覚の日記にある。満家の嫡男（加々丸）が出家した。十歳の若君の父で、二十八歳になるのだが、病者であり元服もしていない。戒師は教法院が務め、経覚が直裰を与えて、無事に出家の儀を取り行ったという。また十日には、満家の姫君が不断光院吉田長老の弟子として出家した。

大事を終えた経覚は、再三にわたって来訪を要請してきた三宝院義賢《さんぼういんぎけん》のもとに出かけ、数刻雑談した。九日には、母の里である大谷本願院に赴き、円兼（存如）に用途三百疋を渡し、風呂に入ってくつろいだ。また一条兼良《いちじょうかねよし》を訪れ、折紙五百疋を贈って対面した。「聊《いささ》か申す旨有るに依る也」と書いているので、大乗院門跡尋尊《じんそん》のことで、父の兼良に何か申し入れることがあったのかもしれないが、その詳細はわからない。この時、経覚五十四歳、存如五十三歳、義賢五十歳、兼良四十七歳、四人は、ほぼ同世代である。存如と義賢は、経覚にとって気のおけない友人のような相手であり、また一条兼良に対しては、その博学と見識に一目置いて畏敬の念を持って接した。

経覚は十月十一日の酉刻（午後六時頃）に古市迎福寺に帰着した。京都には十七日間にもわたる逗留となった。病状重篤だった兄の満家は、翌年の宝徳《ほうとく》元年（一四四九）五月四日に死去した（「大乗院日記目録」）。五十六歳であった。経覚の日記は、この年の四・五月が欠落しているため、兄の死に際して経覚がどのように動いたのか、その詳細はわからない。ただ、六月二日に古市胤仙《ふるいちいんせん》の子息春藤丸の「所労火急」という事態が起こったため、六月十二日の中陰の儀には参洛していない。

　一、今日、前関白殿、尽七日也、今日中陰の儀結願すと云々、
　初七日家督沙汰す（一条局計略歟）、第二七日茶々若公（春日局計略歟）、第三七日北殿、
　第四七日在豊卿・実世朝臣沙汰す、第五七日観音懺法（建仁寺僧衆）、
　第六七日愚身沙汰し了んぬ、尽七日豊安父子申し沙汰し了んぬ、
　今度、経供養の儀無きの条、無念也と雖も、家門計会比類無き上は無力の次第歟、

初七日は家督を継いだ孫にあたる若君（成家《しげいえ》、後に政忠《まさただ》）が、二七日は実子の茶々若君（後の政基《まさもと》）が、三七日は北殿（前年に出家した加々丸）が、四七日は唐橋在豊と八条実世らの家司《けいし》（家来）が仏事の費用を出した。五七日は建仁寺僧衆による観音懺法《かんのんせんぼう》が行われ、六七日は経覚が、尽七日は家司の石井豊安・在安父子が費用を分担している。この記事の最後には、兄の中陰の儀では経供養が行われなかったが、九条家の家計がたいそう逼迫

している現状では、これも致し方のないことだ、と書き記している。多くの家領を領有してきた摂関家であっても、この時期には各地庄園からの年貢収入は減少の一途をたどり、家門の財政は大きく揺るぎ始めていた。

その後、上洛した経覚は七月十四日に、二人の若君を同道して一音院の九条家墓所に参った。そこには三縁院殿（九条道教）・後報恩院殿（経教）・後己心院殿（忠基）・後三縁院殿（満家）そのほかに姫君たちの墓があった。

### 九条家を支えて

宝徳二年（一四五〇）正月、経覚は九条家の一条尼公・春日局・堀川局、さらに「廊御方故殿（満家）母儀」に鏡・柿などを贈った。この時期の九条家で「廊御方」と呼ばれているのは故殿の母、つまり死去した九条満家の母である。満家や経覚の父九条経教が遺した「九条教経遺誡」の時期（巻末系図（1）参照）には、四歳の若君（後の満家）の母、別当局であった女性ということになる。一条尼公は故満家の妻、春日局は茶々丸（後に政基）の母、別当局が政忠の母である（巻末系図（2）参照）。この頃、貴族の妻たちの女房名は、当主が代替わりすれば、それに伴って変えられたのである。

四月四日、これからも何かと上洛してもらうことも多くなるからというので、家門（成家）から「顕行院の事、宿坊として一期の間、自専すべき由」の奉書が届いた。さっそく二十四日に、故九条満家の一周忌作善のため上洛してほしいと要請があり、経覚は翌日に木津から船で上洛し、すぐさま九条家に入って一周忌法要の万事を取りはからっている。六月十五日、九条家家督の成家が中将に任ぜられたとの報があり、八朔には成家と若君（茶々丸）から進物が届いた。十二月十三日に家司の唐橋在豊が「九条殿中の年始・歳末」のことを相談するため古市に下向し、そこで九条家領若山庄の年貢についても相談した。とにかく、家督を継いだ十二歳の若君と、次の当主になるべき六歳の若君、この二人だけでは万事何事も進んでいかないので、結局は経覚が取り仕切るよりほかになかったのである。

九条家領越後国白川庄は近年有名無実で、年貢もわずかに三千疋に減少してしまっていたが、越後守護上杉と畠山持国の家臣誉田全宝が繋がりを持ち、その全宝と古市胤仙が「無双の知人」だというので、経覚は古市を通じて越後守護上杉方へ働きかけることにした（『経覚私要鈔』宝徳四年四月二十六日条）。また九条家領尾張二宮では、代官の織田豊後が、あれこれと道理にあわない無理難題を庄民たちに要求しており、「惣庄同心逃散《ちょうさん》（庄民の全員が同心して村から出奔する）」という事態を招いていた。現地の百姓らからの申状《もうしじょう》を石井在安が持参してきて、経覚とこれへの対策を講じた（同前、享徳二年三月朔日条）。後日、織田豊後が大勢を率いて庄家《しょうけ》に打ち入る事態になったが、これについても、どうすればいいのかと経覚の上裁を仰いでいる（同前、四月二十七日条）。

室町殿の御成

康正《こうしょう》三年（一四五七）正月二十日には、北殿（加々丸）が死去した。政忠の父である。その年の五月三日、上洛途上の経覚のもとに、室町殿（足利義政）が深草祭見物のため九条家に「御成《おなり》」との一報が入り、しかも、「榼を二十荷ばかり何とかして送ってほしい」と要請してきた。今は上洛する途中であり「凡《およ》そ迷惑仰天、比類無きもの也」と歎きながらも、経覚はその場ですぐに供をしていた畑経胤《はたきょういん》を呼び、ここから即刻引き返し、榼・柑子を調達して必ず明日には出立せよと命じ、自身はそのまま九条新亭に向かった。

九条家では、当主も家来も、ただただびっくり仰天するばかりのありさまだったが、日野勝光《ひのかつみつ》が一献の準備は引き受けてくれることになったので、経覚は番匠二十人ほどを集めて家屋の修理にあたらせ、引き出物には馬・太刀を準備した。四日、屏風などは日野勝光邸から、畳・茶具足は飯尾為数《いのおためかず》邸から調達してもらい、家門（政忠）へは経覚が五千疋を助成することになった。「但し折紙也、追って進《まい》らすべし」と、さすがに即座に五千疋の銭を調達することはできず、「折紙銭《おりがみせん》」での助成ではあったが、とにかく経覚は当座の対応に追われた。そのうえ、賀茂競《くらべうま》馬見物の後で将軍が九条邸に入御する予定であったのに、先に深草祭を見物することになったと、将軍側近の斉藤新右衛門尉から急遽連絡があった。経覚は「いよいよ仰天、比類無きもの哉」とあわてて、「一献などの料理の準備に、今日からかかるように」と命じた。

五日の午初点（正午前）に室町殿が到着した。九条政忠は棟門北脇辺で迎え、将軍義政が「寝殿の当間の辺に御座」すると、これに参会した。列座衆は関白二条持通《にじょうもちみち》・三条実雅《さんじょうさねまさ》・日野勝光・烏丸資任《からすますけとう》・滋野井教国《しげのいのりくに》・冷泉永継《れいぜいながつぐ》・烏丸益光と、大名の一色義直《いっしきよしなお》・京極持清《きょうごくもちきよ》であった。「三献の外二・三献」「湯ツケ・素麺・満中の外八献」が用意された。経覚自身は「老情、事の外の間、斟酌」（まったくの老躰にて、御対面はどうか差し控えさせていただきたい）と申し入れたが、「如何様《いかさま》お目に懸かるべし」と日野勝光が取り計らい、経覚も公方の前に参上することになり、直接盃を賜った。翌六日に、九条政忠は室町殿に赴き、将軍義政と対面。「愚老、同じく御対面」と、経覚も将軍に対面した。

帰り道、日野亭に向かい、このたびの公方御成に種々の配慮をしてくれた礼として雑紙五十束を遣わした。退出の時、勝光は庭中に下って自分に礼節を尽くしたと、経覚はわざわざ日記に書いている。いくら将軍に重用されて権勢を振るう日野勝光とはいえ、日野家はずっと九条家に仕える家来の家柄であるとの思いを、経覚は強く持っていたからである。その後、三宝院に向かい、准后の義賢と会った。八日には、一条兼良が公方御成を賀して使者を送ってきた。経覚は「不慮の大儀迷惑せしむるの処、時儀等快然の間、祝着極まり無きもの也」と、無事に事が終わり、「将軍のお覚え」もめでたかったと満足している様子を伝えた。

長禄《ちようろく》三年（一四五九）二月十二日、唐橋在治が古市に下向し、

九条若公故関白息、十五歳、来たる十六日に元服有り、愚老罷り上り見計らうべし、

と要請した。経覚は体調が悪くて参洛は難しかったが、「故関白（九条満家）の懇ろな遺命」（言い遺した命令）でもあり、必ず上洛すると返事をした。父の満家が死去した時は五歳だった子息の若君も、いまや十五歳になり、元服の時期を迎えたのだ。十五日、「故関白がくれぐれもと憑み置かれた事」だからとて、酉下刻（午後七時頃）に九条新亭に到着した。ところが元服当日の十六日になって、急に室町殿に不都合が生じたため、二十三日に延引となった。「迷惑極まり無きもの也、無用に上洛するもの歟」（本当に困ったことになった。この上洛は無駄足だったではないか）と経覚は嘆き、それほど長く在京するわけにはいかぬと、十九日に古市迎福寺に帰ってしまった。二十三日の日記には「今日若公元服せらるる歟、如何」とあるのみで、結局、経覚は若君の元服には立ち会わなかった。

九条政基の元服

後日の「若公元服次第」によれば、「加冠は大納言政忠、理髪は勘解由小路高清、御冠・御衣は禁裏より賜わる。事が終わって参内し、さらに室町殿に参る。いずれも大納言政忠が同行した」とある。この時、元服した若君が九条政基である。彼は後年、九条家領和泉国日根野《ひねの》庄入山田《いりやまだ》村に下向して、戦国時代の村落の姿を知るうえでとても貴重な日記「政基公旅引付《まさもとこうたびひきつけ》」を書き残すことになる。

元服した政基は、長禄四年（一四六〇）三月に三位少将から右中将に昇進、六月には権中納言、寛正二年（一四六一）左大将に任ぜられた。政忠の方は、家督を継いだ後の宝徳二年（一四五〇）六月に右中将、同四年十月に権中納言。享徳二年（一四五三）十月に権大納言、長禄四年十二月に左大将、さらに寛正五年（一四六四）七月には内大臣に昇進している（「公卿補任」）。政忠の側には祖母の一条局（満家の妻、加々丸の母）、母の堀川局、妻の新中納言局（父は唐橋在豊）が従い、政基の方には養母春日局、実母左京大夫がいた。

政基は寛正五年六月二十六日に、

今日、端御所大納言殿、資世宰相の妹を娶ると云々、子刻〔深夜の零時〕ばかりに参り申すと云々、

板輿風情の行粧也、

と武者小路資世の妹を妻を迎えた。「板輿風情の行粧」とは、大和国人たちの婚礼の様子を見知っていた経覚にとって、たいそう地味なものと思えたのではないだろうか。この「端御所」は、当時二十歳の政基が九条邸内で居住していた場所を示すが、いかにも邸内の中心からはずれた空間を占めている政基の位置を象徴しているように見える。

しかしながら、あまりに幼な過ぎるからと家督相続を先に延ばされていた若君も、いまや十分に成人し、政忠と政基のあいだには種々の問題が生じていた。



寛正四年八月二十四日の経覚の日記には、

幕下〔九条政忠〕と大納言殿〔九条政基〕、所論の子細有るの間、今日、両方を教訓せしめ畢んぬ、

とある。さらに二十五日には、昨日の教訓だけでは事が収まらず「落居し難い」事態になった。「一日も在京難治」とする経覚に対し、政基はなんとか留まってくれるようにと種々様々に懇望した。「下向せざれば叶うべからざる子細これ在り」と無理矢理に下向した経覚だったが、これで事が収まるとは思っていなかった。決着をつけねばならない時期が来ていることを、経覚も十分に承知していた。

九月末に再び上洛した経覚に対し、十月二十一日に「端局で夕食有り」と政基から饗応したい旨の誘いがあった。その場には不動寺と唐橋在治が連座し、切り出された話題が、政忠と政基とのあいだの「料所相論」の問題である。経覚が、ここのところ政忠に対して種々教訓し、料所については大略了承をとりつけたが、まだ明確な返事を得られていないことも残っていた。政基は、さらに二十三・四日と連続して「端御所」で経覚に夕食・粥などを振る舞い、詰めの話し合いがもたれた。その内容は経覚の日記に具体的に記されていないが、「料所相論」に関する問題であるのは確かである。政基の訴えを十分に聞き置いた上で、その後の経覚は九条家の人びとと親しく交流しながら穏やかに日々を送り、そして、奈良に下向する直前の十二月二日、この相論に裁定を下した。

大将殿〔九条政忠〕と大納言殿〔九条政基〕料所相論の事、色々計略せしめ了んぬ、大略申し定むる分弐千疋、

此の内、田原庄千疋・駅里庄千疋也、当年先ず千疋に於いては殿中より進らせらるべしと云々、田原綿五屯代五百疋、宇那江村上分五百疋分、進らせらるべしと云々、

と、所領年貢のうち政忠から政基に引き渡すべき分を決定した。翌三日には、政忠からこの裁定に従う旨の状を出させ、次に経覚がこれを政基のもとに持参して、その決定に異存はなく承諾するという一筆を書かせ、ここに双方から出された二通の証状を経覚が預かるというかたちで、この相論に決着をつけた。日記には「無為落居、先ず以て目出」と記されている。ひとまず二人の料所相論はこれで収まった。しかし、まだ二人のあいだの家督譲渡問題は残されたままであり、経覚は近いうちに、これにもまた決着をつけなければならないと自覚していた。

寛正六年（一四六五）の経覚の日記には「内府〔九条政忠〕所労、又再発するの間、清水不動堂に参籠すべし」（二月朔日条）、「九条内府所労、祈精のため清水寺不動堂に今日より参籠」（二月四日条）、「九条殿清水不動堂に参籠」（二月八日条）、「九条殿清水より退出せらる」（二月十一日条）と、政忠の体調不良の記事が目立つ。しかし、三月一日に上洛した経覚を政忠が迎えに出ており、四日には室町殿主催の花頂・若王子の花見に、経覚とともに政忠と政基や女房たち、家来らがそろって参加している。また二十日の連歌会、さらに二十九日の石山寺参詣にも、政忠と政基が一緒に出かけた。これ以後は十月二十日まで経覚の日記

が欠落しており詳細は不明であるが、「公卿補任」は政忠について、

　同〔寛正〕六年三月廿四日、大将を止める、長病に依り未だ拝賀せず、
　九月日、隠居す、家門の事に依る也、

と記しており、三月に政忠は大将を辞し、九月に隠居。このようにして九条家の家督は政基が継ぐことになった。この家督譲渡がなされた時、政忠は二十七歳、政基は二十一歳になっていた。

同年十二月五日、上洛して九条新亭に到着した経覚は、

　先ず内府〔九条政忠〕の御所北の対に参り了んぬ、次いで大納言殿〔九条政基〕御方に参り了んぬ、新儀たるの間、小折紙百疋を進らする也、

と記している。すでに家督の交替がなされ「新儀」となったこの時、九条亭において政忠は「北の対《たい》」に住しており、新当主となった政基の居所は「殿中《でんちゅう》」となった。無事に家督相続が終わり、経覚はやっと積年の重荷を一つ下ろすことができたのであった。

## 二　東大寺東南院の門主

ところが、経覚にはもう一つ頭の痛い問題があった。すでに述べたように、加賀小坂

殿（実厳）の子息は、正長元年（一四二八）十一月に九条満教（満家）の猶子となって大乗院に入室し、尋実と名乗って経覚の「附弟」（弟子で後継者）となったが、永享十年（一四三八）に経覚が失脚すると同時に、加賀に隠居した。この実厳のもう一人の子息は、同じく九条満教の猶子として、正長二年に東大寺の東南院に入室している（『満済准后日記』六月二十七日条）。この東南院珍覚は、文安元年（一四四四）七月から同四年十二月まで東大寺別当の地位にも就いた。

文安元年二月に経覚は二月堂に参籠するが、その際に、珍覚は錬行衆の参堂を見物するのに最適な正面の「局」（仏堂の中の一空間で、人が参籠するための場）を用意し、食事や茶湯でもてなしてくれた。退出時も「一献以下種々」で饗応し丁寧に対応してくれた。また、経覚が奈良から遠く離れた安位寺で二度目の越年を迎えていた文安四年正月には、わざわざ嵯峨教法院を遣わして手紙を届けさせ、同年九月の興福寺による東大寺攻撃の際には、経覚が「寺務坊」（東大寺別当の坊舎）の安否を心配して珍覚に書状を送るなど、二人は互いを気遣い合った。

東南院珍済

宝徳元年（一四四九）六月十二日は、九条満家の中陰結願の日で、珍覚も上洛していた。その後、珍覚は石山寺の参詣に出かけ、その帰路に突然隠居すると言い出した。古市にもどっていた経覚のもとに、東南院の北面の侍である覚専が駆けつけて、事の次第を伝えた。門跡の「附弟」も決めずに「遁世」するなど、はなはだもって不都合極まりないことだと経覚も驚くが、東南院の門弟候人らが種々に宥めた結果、なんとか事は収まった。

宝徳三年十二月十九日、古市の経覚のもとに、教法院と唐橋在治が来て、
九条若公、東南院の附弟として、一昨日十七日下向す、其の共として両人罷り下ると云々、若公は山上房官の所に先ず置かると云々、当年は入室然るべからず、節分以後入室有るべしと云々、

と伝えた。珍覚の「附弟」として九条家の若君が入室することになった。この若君は政忠の弟で、珍済と名乗ることになるのだが、これがまた、なかなかに風変わりな若者で、経覚があれこれと苦労しなければならなくなる。

康正二年（一四五六）二月十七日、九条政忠からの申し入れを受けて、経覚は東南院の坊官宰相公と北面覚専を呼び出して、院主の「借物」について尋ねている。前院主珍覚か現院主の珍済か、いずれにしても東南院全体にかかわるような「借物」（借金）をしてしまっているようなのである。尋尊の日記『大乗院寺社雑事記』康正三年三月二十日条に、次のような記事がある。

東南院の御前に於いて、坊官所永深寺主・修学者相宰《（宰相カ）》公、博奕を打つ間、当寺の官務

衆徒の沙汰として、永深の中間の宅を破却、幷に其の身を罪科す、相宰公も同じく罪科すと云々、以ての外の次第也、

東南院門主珍済の前で坊官所永深と修学者宰相公祐済が博奕を打ったので、興福寺の官務衆徒が二人を罪科に処したというのである。何とも奇妙な話である。東南院門主の御前で坊官（院家の家政を担う僧）らが「博奕」を打つこと自体、通常はありえない話で、事の次第は不明だが、とにかく東南院門跡珍済とその坊官たちとのあいだには、尋常ではない対立や軋轢があることをうかがわせる記事である。

『経覚私要鈔』同年四月十八日の日記には、

東南院珍済禅師、この間夜々丑時歟、大仏殿幷に八幡へ参らると云々、大仏殿参詣は強《あなが》ち苦しかるべからざる歟、然れども当時世上物忩の折節也、故実有るべき事歟、次いで八幡宮参詣は重服《ちょうぶく》の時分也、頗る物狂《ぶっきょう》の至り歟、

とあり、東南院門跡珍済の不可解な行動が問題となっている。東大寺大仏殿への参詣は世上物騒の折柄やめた方がいいし、父の北殿が死去して重服の身で、真夜中の丑時に八幡宮に参るとは正気の沙汰ではないと心配している。

長禄二年（一四五八）九月二十一日に、珍済は「東南院に弥勒像がある。法隆寺では仏堂を建てたが本尊がないので、これを欲しいという。遣わそうと思うが、いかがなものだ

ろうか」と経覚に尋ねてきた。経覚は、

冥顕と云い、人口と云い、存知し難きの間、是非を申し難し、

と返事をした。「神仏の冥慮や現世の判断、さらに人の口にのぼってどのように語られるか、いずれも自分たちでは知りえないことだから、是非の判断はできない」と述べたのである。寺の大切な仏像を、いとも簡単に譲り渡そうとする珍済の真意を計りかねたのであろう。

経覚を頼る珍済

珍済は、東南院の領地で生じた問題や、院家内で坊官以下の人びとを掌握することに、ほとんど関与する気がなかった。東南院領今在家の百姓らへの年貢催促や、東南院坊官永深の罪科免除の問題にも、とにかく経覚に頼りきりであった。また、前門主珍覚が預けておいた材木を按察得業が勝手に処分している問題でも、それを咎める東南院主の奉書を経覚に出してほしいと求め、結局、東南院領梁瀬庄給主に坊官の永深を安堵する奉書も、畑経胤が書いている。さらに、東大寺三論宗徒から東南院が本地供料を無沙汰しているとの訴えがなされ、経覚の前で門主珍済と門下使節永深らが問答する、といった具合で、要するに、東南院門跡としての職務を何一つ果たせていないのである。

経覚は長禄三年（一四五九）正月二十九日の日記に、

東南院の事に就き、夜前悪夢を見了んぬ、心元無きもの也、

と書き付けるほどで、珍済が引き起こす数々の問題は心労の種になっていた。しかし、珍済は種々の物を持参しては足繁く経覚のもとを訪れ、風呂に入って夕方まで過ごしていったり、経覚が元興寺観音堂など所々の観音に参詣した際など、たまたま東南院北門前で珍済に出会うと、自分の坊に立ち寄るよう招引するなど、何かにつけて経覚を頼りにし、親しく関わってくるものだから、経覚も無下に突き放すことはできなかった。

珍済を奈良に下向させる

珍済は困った問題が起こると、兄政忠や母のいる九条家に逃げ込んでしまった。長禄四年二月朔日、九条南坊斉尊が古市に下向し、経覚と面談した。翌二日に経覚は「肝心なことは、東南院を急ぎ奈良に下向させることだ。明日迎えを遣わすから、急いで出発させるように」と九条家に申し渡し、三日に迎えの輿を九条家まで送った。東南院院主と候人らとの対立は、尋尊の耳にも入っており、『大乗院寺社雑事記』二月五日条に、

東南院禅師、昨日京都より下向し、安位寺殿に居らると云々、去月上洛、門跡候人等催促を致す故歟、門跡に居られずして安位寺殿に居らるる条如何、然るべからざる事也、惣じて彼の院家、近年正体無し、先の門跡の所行也、院家領大略不知行と云々、仍って九条殿として御計らいの子細これ在り、奉行南院済尊僧都也、今度候人ら、済尊を訴え申し入ると云々、両方の相論覚悟の儀無きもの也、

とある。奈良に下向してきた珍済は東南院に入らず経覚の住む古市にいること、前門主

てしまっていること、九条家では九条南院の済尊を奉行として事にあたらせてきたが、東南院の候人らがその済尊の支配に異議を唱え、相論になっていることがわかる。

### 東南院門徒の集団運営に

事態の深刻さを了解した経覚は、二月九日に、次のように決着をつけた。「候人以下が連署して下用の未払いを訴えているが、これは全体として東南院門跡の困窮によって生じた問題であり、必ずしも珍覚や珍済の責任ではない」としたうえで、「今後は按察寺主永深や実相坊良重・安楽坊実順両得業、宰相公祐済の判形をもって年貢収納にあたり、この四人が門跡に伺候して万事を奉行するように」と命じた。つまりは、東南院家の支配全般について、東南院の門徒候人らによる集団運営体制を認めたのである。

寛正五年（一四六四）十月十六日の経覚の日記に、「東大寺別当の事、去んぬる十四日、東南院覚尋補せられ、宣下を被むる」とある。なんと、東南院主として何らの役目も果たせていない覚尋（珍済から改め）が、東大寺別当にも就任したのであった。しかし経覚が死んだ後、文明年間（一四六九〜八七）になると、東南院家は「門跡錯乱」という事態になり、九条家以外から院主を迎えようとする動きも表面化するなど、経覚の生存中は何とか形を保っていた東南院家は大混乱に陥った。これは、経覚が存命中は「調停者」として大きな役割を果たしていたことを如実に示すものである（西尾知己『室町期顕密寺院の研究』）。

加賀国小坂に住む実厳が、享徳四年（一四五五）閏四月一日に死去した。その子息が東南院珍覚である。また同じく子息の尋実は、大乗院家の後継者となったが、永享十年（一四三八）の経覚失脚時に奈良を追われ、加賀に戻った。その尋実が、寛正三年（一四六二）七月十二日に経覚に書状を出した。届けたのは不動寺なる人物である。この不動寺聖円は、実厳の弟で、兄と同じく禅僧であった。尋実と珍覚にとっては叔父にあたる。不動寺が経覚の日記に再三登場するようになるのは、珍覚が「院主借物」などの問題を残したまま、珍済に東南院主の座を譲り渡して「前東南院」と呼ばれるようになった康正二年（一四五六）以後のことである。奈良東大寺の東南院から京都の九条家に移った甥の珍覚とともに、不動寺は九条家に戻ってきたのかもしれない。

康正三年五月十三日「早旦、大谷〔本願院兼寿〕に向かう、不動寺同道す、大聖院・経胤・元次を召し具し了んぬ」とあるのをはじめとして、不動寺はしばしば経覚に同道して、東福寺・清水寺参詣など各所に出かけている。九条家での祝儀の席には、政忠・政基とともに並んで、女房や家司と同席した。女房の石山詣や不断光院尼衆の室生寺参詣にも同行した。古市にも何度も下向し、経覚とともに尋尊を訪れて交流を深めたり、両者のあいだの使者として動いたりした。尋尊の日記にも「不動寺殿」として何度も登場し、大乗院家の上北面らとともに、伊勢参宮や春日社参籠に加わっている。寛正二年（一四六一）四月二十日、経覚に姉の慈心寺尼が九日に他界したことを知らせたのも不動寺である。九条教経の末の子供として生まれた経覚には兄や姉たちがいたが、今となってはほとんどが他界し、わずかに慈心寺尼だけが残っていた。その姉も入滅と聞いて、経覚は心細く思ったのだった。

寛正四年七月十五日、経覚は、不動寺とともに九条家の一音院墓所に参った。九条道教・経教・満家・忠基と九条家代々の墓を示した後で、不動寺に「慥《たし》かには存知せざるが、中山右府の墓は南端也」と語って聞かせた。中山右府とは九条教嗣、不動寺聖円にとっては父である。

## 三　大谷本願院の蓮如

本願院円兼（存如）が逝去

経覚は、母の里の大谷本願院とも交流した。康正三年（一四五七、「長禄」と改元）六月二十三日に古市の経覚のもとへ、本願院の円兼（存如）が十八日に逝去したとの知らせが届く。経覚は「五十余年の知音、無双の恩人也、周章〳〵」と歎き、二十七日には吉阿を上洛させ、息子の兼寿（蓮如）らに「周章の次第、御心中に劣るべからず」との書状を送っている。ほぼ同年の存如とは長く深いつきあいがあり、「無双の恩人」と言えるような間柄であり、子息兼寿は当時四十三歳であった（金龍静『蓮如』）。

思いがけず兼寿（蓮如）に会う

長禄四年（一四六〇）三月二十日、京都の東福寺菩提院に花見に出かけた経覚は、思いがけなく賀茂川の川辺で兼寿に出会った。兼寿からは是非とも来訪するよう要請があり、二十二日に大谷に出かけ、種々のもてなしをうけた。さらに二十三日に兼寿が九条邸を訪れ、二人で盃を交わした。また寛正三年（一四六二）三月九日の記事には「大谷兼寿僧都来る、柳一荷・折二合《芋餅》賜わり了んぬ、素麺以下対合せしめ、一献進らせ了んぬ」と記されている。この時期、経覚は体調を崩していたのだが、四月三日、兼寿は秘薬を持参して見舞ってくれた。五月七日には風呂を立てるからと誘いがあり、九日には東山本願院に向かった。

薪猿楽の見物に

奈良でも出会いがあった。寛正四年（一四六三）二月八日、薪猿楽を見物するために奈良に下向してきた兼寿一行の侍肥前と、興福寺の南大門で楠葉元次がばったりと行き逢った。これを聞いた経覚は、すぐに元次を彼らの宿所の手害郷に遣わし、翌九日に尋ねてくるようにと誘った。十一日には金晴・金剛両座が大乗院に参って猿楽が始まり、興福寺別当の経覚、大乗院門跡尋尊と若君（政覚）、東北院俊円、松林院兼雅、東門院孝祐らが御前衆として最前で見物した。経覚が招待した大谷の「兼寿僧都兄弟《〔応玄〕》幷に子息・若党等十人ばかり」は九間の東間で見物した。十三日にも兼寿たちは、同じ九間の東際に十人ほどで見物し、そこで皆に一献が振る舞われた。十四日の上洛に際しては、経覚が舟の手配を命じ、畑経胤が多賀《たか》（京都府綴喜郡井手町）まで同乗して、兼寿一行を見送っている。六月七日に経覚は、尋尊とともに本願院を訪れ饗応を受けた。

しかし、本願院とのこのような平穏で親密な付き合いは、本願院を取り巻く事態が急変したために途絶えてしまう。寛正六年正月十二日、

山門馬借、去んぬる十日祇園に閉籠し、早鐘以下を槌き了んぬ、昨日十一日、本願院に押し寄するの間、迷惑言語道断と云々、然れども青蓮院より色々と誘わるるの間、三千疋の用脚を出し落居すと云々、無导〔碍光〕講衆のこと故也、

と経覚が日記に書いているように、山門の神人らが本願院を襲撃し、いったんは青蓮院の仲介で三千疋を出して難を遁れた。しかし、三月二十二日に再び、

無导講衆の事に就き、山門より東山本願院を悉《ことごと》く破却せしむと云々、不便の次第なり、昨日より犬神人罷り向かい壊ち取ると云々、亡母の里也、歎きて余り有るもの哉、本人兼寿僧都は摂州に住すと云々、先日音信《いんしん》すと雖《いえど》も返事無し、若《も》しくは通ぜざる歟、如何、

と、兼寿（蓮如）の無碍光衆の隆盛に危機感をもった山門延暦寺が、軍勢を差し向けて大谷本願院を破却した。「寛正の法難」である。二十八日になって、やっと兼寿から書

状が届き、経覚は「度々状を遣わすと雖も返答におよばざるの間、憂望極まり無きの処、音信比類無く承悦」と安堵した。十二月九日には、上洛中の経覚のもとを兼寿が訪れ、十八日にも酒を酌み交わす機会があった。しかし、これ以後、数年にわたって音信がとれなくなってしまう。

# 第八　大乱前夜の動き

## 一　興福寺別当の地位

**古市胤仙没後の大和情勢**

康正《こうしょう》から長禄《ちょうろく》・寛正《かんしょう》にかけて（一四五五〜六六）は、各地で戦乱が続き、土一揆《つちいっき》が蜂起して通路を塞ぎ、その中で大飢饉が起こって、おびただしい数の死者が洛中にあふれ、社会の秩序全体が大きく変動していく時期であった。経覚を取り巻く世界も、その例外ではない。

享徳《きょうとく》四年（一四五五、「康正」と改元）分の経覚の日記は残っていない。ただ、この頃から尋《じん》尊《そん》が日記『大乗院寺社雑事記《だいじょういんじしゃぞうじき》』を書き始めており、そこには古市胤仙《ふるいちいんせん》亡き後の大和国内両勢力の対立の様相が記されている。七月一日条には、「畠山義就《はたけやまよしひろ》と同弥三郎の合戦が近日何度もあったが、弥三郎方が優勢で、光宣《こうせん》律師はそれに味方するため田舎に下向した」と書かれている。しかし、翌日の二日には「弥三郎、合戦に負け」「光宣・筒井〔筒井順永〕・箸尾《はしお》・片岡以下迷惑せしむ」と形勢が逆転した。二十日に、畠山義就が幕府の命令と称して、弥三郎方に味方する箸尾・片岡・筒井勢を攻撃したので、八月十九日には次のような状況になった。

一、箸尾、筒井以下退散す、光宣律師同じく行方知れず、
一、七大寺開門、越智《おち》以下伊与《いよ》に引汲方《いんぎゅうがた》の沙汰也、
一、鬼薗山《きおんざん》城、此の間、光宣住し了んぬ、退散の上は門跡《もんぜき》に破り取り了んぬ、彼の山は院中の故たる間也、

まず箸尾・筒井方は退散し、光宣は行方知れずになった。興福寺など七大寺の開門は、越智氏をはじめとする義就方に味方する勢力による行為だという。鬼薗山城は、経覚らが自焼《じやき》没落して以来ずっと光宣が占拠していたが、筒井方が奈良から退散し光宣も行方知れずになった今となっては、もともと禅定院内の山だったのだから大乗院門跡に取り戻すことになり、二十日に城を「破り取」り、十月十四日には堀などをすべてを官符衆《かんぷしゅ》徒《と》らが埋めた。このように、筒井方が退散させられた後に、代わって奈良を押さえたのが、秋篠尾崎・高山奥・豊田・小泉・古市の面々であった。

ところで、大乗院門跡の居所である禅定院内に築かれた山城について、経覚の日記には木薗山城・菊薗山城と出てくるが、尋尊の日記では常に鬼薗山城と表記されている。「木」「菊」と「鬼」、声に出してみると、どちらも同じように聞こえるのだが、これが

菊薗山か鬼薗山か

文字として表記されると印象がまったく違う。大乗院門跡の後継者として入室以来、院内の山として慣れ親んできた経覚にとっては、激化する敵方との対立の中でそこに城を築き、最後は攻められて「自焼没落」する羽目になった場所である。他方の尋尊にとっては、自身がまったく預かり知らぬ間に院内の山に城が築かれ、前門主経覚が敗走した後は光宣が長くこれを占拠し、古市勢の奈良攻撃においては激しい合戦場になった。このような経緯を考えると、経覚と尋尊とでは、この山に対して、おのずから違った印象があるのは無理からぬことで、それが、「菊薗山」と「鬼薗山」という表記の違いとして顕在化したとしても不思議はないのかもしれない。

尋尊、興福寺別当に

康正二年（一四五六）正月二十一日は、雪が四・五寸（約一二～一三チセン）も積もった。新たに僧正となった尋尊が眉間寺《みまでら》に雪見に行くと知らせてきたので、経覚も供の者に酒などを持たせて、そちらに向かった。「両寺の伽藍《がらん》、四山の眺望、絵に書くとも筆及び難きもの也」と、興福寺・東大寺の両伽藍が並び立ち、山々に囲まれた奈良の町の雪景色の見事さに経覚は驚嘆した。その後は禅定院で尋尊と盃を交わし、戌下刻（午後九時頃）に古市に戻った。

正月晦日、尋尊は、自身が興福寺別当（寺務）に就任するための計略をめぐらせ、北面の堯懃（賢秀）を京都に上し、「大乗院門徒事書《ことがき》」を南都伝奏《なんとてんそう》の万里小路時房《までのこうじときふさ》のところまで届けさせ、また大乗院門徒らは興福寺衆中に牒送して、衆中事書を捧げるようにと画策した。尋尊の父一条兼良《いちじょうかねよし》も、将軍家の女中に申し合わせて、尋尊の寺務職所望を伝え、将軍から内諾を得ることに成功する。

経覚もまた日野勝光に計略を申しつける所存であったが、一条兼良の籌策《ちゅうさく》で事が進んでいると知って、使者の上洛を取りやめた。二月八日、かねてから権別当《ごんのべっとう》修南院光政に次期寺務が約束されていたのを撤回し、大乗院尋尊を寺務に補任《ぶにん》すべしと執奏する旨、室町殿が約束したというので、経覚は「祝着《しゅうちゃく》極まり無し」「目出〳〵」と喜んだ。

ところが十日になって、万里小路時房が「門跡が権別当を閣《さしお》いて補任されたのが十一ケ度、権官が両門跡を閣いた例が二十ケ度、先例繁多により権官に理運」と紙面に載せて、権別当修南院光政の方が有利だと知らせてきた。しかし、先例をめぐる議論なら尋尊もひけはとらない。自分が調べたところ、両門跡が権別当を差し置いて補任された例が五十余ケ度に及ぶ旨を注進するつもりなので、経覚にも万里小路時房に出す事書の草案を書いてほしいと頼んできた。経覚は「老眼を助けて終夜これを綴」り協力した。まさに、尋尊の別当就任に向けて、総動員がかけられたかっこうである。

### 一乗院教玄の抵抗

十二日に一条兼良から、尋尊の寺務就任は決定したが、現在の寺務である一乗院教玄が辞退するかどうかが問題だと連絡があった。尋尊は二月十七日に禅定院で「長者宣《ちょうじゃせん》」

（興福寺は藤原氏の氏寺であり、その別当の任命には、藤原氏の氏長者が御教書を出す。それを長者宣という）を受け取り、正式に興福寺別当に就任するのだが、一乗院教玄が寺務職辞退を承知せず、さらに前寺務が辞退する以前に出された「長者宣」は無効だと訴えた。これをうけて、烏丸資任《からすますけとう》・飯尾為数《いのおためかず》と一条兼良が問答に及ぶ事態となった。

### 一条兼良の奔走

奈良では大乗院門下の集会《しゅうえ》に八十余人が結集して連署し、経覚も「京都の儀、心元無し」と自ら上洛することを決意する。経覚が古市を出て能登川辺にさしかかった時、京都からの飛脚が馳せ来たり、辞退以前の宣下であっても問題はないとの仰せがあったという。その足で経覚は禅定院に向かい、大乗院門徒らに事の次第を披露した。

その後、上洛した経覚のもとに、一条兼良から、「ここで両門跡確執となれば、今は没落している筒井方が時を得たりとばかりに復活してきて、大和国内は再び対立が激化し「国の錯乱」になるだろう。畠山義就を通じて今参局《いままいりのつぼね》（義政の乳母）にはたらきかけ、一乗院方からの訴えを室町殿が取り上げないようにすべきだと、奉行の飯尾為数が申している」と知らせてきた。さらに兼良は、将軍義政の母大方殿（日野重子）からこの問題に関与しない旨の返事を得、また烏丸資任にも働きかけて、一乗院教玄からの訴えを執奏しないことを約束させた。

ところが、三月になっても教玄は在京して、あくまでも争う姿勢を崩さない。経覚は

「三十日間、双方が寺務としての行動を停止し、その後で一乗院が辞状を出し印鎰を奉納するのではどうか」との打開案を提示したがうまくいかず、南都伝奏の万里小路時房も折衷案を出した。それには教玄の父である鷹司房平《たかつかさふさひら》の懇望を受けて「七郷人夫を三十日間は一乗院が召し仕う」などの内容が含まれていたので、経覚など大乗院方が拒絶し、そのため万里小路時房は南都伝奏の職を辞することになった。大乗院尋尊と一乗院教玄の対立は、その出身母体である一条と鷹司の両家門をはじめ、幕府の意志決定に関与するさまざまな勢力を巻き込んで複雑な動きを見せた。尋尊の興福寺別当就任には、このように紆余曲折《うよきょくせつ》があったのである。

経覚は四度、寺務に就任

一方、経覚の寺務就任をふり返ってみると、応永《おうえい》三十三年〔一四二六〕二月七日、三十二歳で初めて興福寺別当になり、永享《えいきょう》三年〔一四三一〕八月二十四日、三十七歳で再任、そしてこの後の寛正二年〔一四六一〕二月二十二日、六十七歳の時に三度目、文明《ぶんめい》元年〔一四六九〕には七十五歳で四度目の興福寺別当になっている。

日野は家門の下僕

この三度目の寺務就任時には、前年から経覚自身が内々に伝奏の日野勝光に申し入れて、十月二十六日に将軍義政が朝廷側に執奏する旨の奉書を得た。十一月十二日に経覚が室町殿に礼参し、翌寛正二年二月二十二日に正式に宣下があった。ここに至る交渉には日野勝光の力がおおいに与っていたのだが、寛正二年の正月、樽《たる》を贈った時の勝光返状に「恐惶謹言」とあった点について、経覚は、九条家の家僕の身の日野が、しかも大納言の身で過分だと憤った。

## 二　土一揆とのかかわり

南山城での対立と抗争

さて、『経覚私要鈔《きょうがくしようしょう》』の長禄元年（一四五七、康正三年九月に改元）の記事を見ると、南山城での戦闘の様子がよくわかる。

九月二十三日に畠山義就の内者《うちのもの》誉田遠江入道（全宝）が、甲《かぶと》二百ほどの軍勢を率いて、南山城の戸野（京都府城陽市富野）・寺田（城陽市寺田）に陣取った。これは、この地の武士である木津や田那邊別所を退治するためであった。木津には、管領細川勝元《かんれいほそかわかつもと》が扶持する「山城衆十六人が連署し一揆」して集結していた。二十七日には、畠山義就の命を受けて、大和の越智家栄《おちいえひで》が人勢を率いて奈良に到着し、二十八日には他の大和の軍勢も続々と奈良に集結してきた。

一方、京都には管領細川方の軍勢が結集し、二十九日に多那部（京都府京田辺市）で細川方の西岡《にしのおか》勢までが加わって、誉田方の軍勢と合戦した。「西岡」とは、桂川の西側の西山までの地域である。この戦いでは、細川方の木津や狛が敗北を喫した。経覚は、越

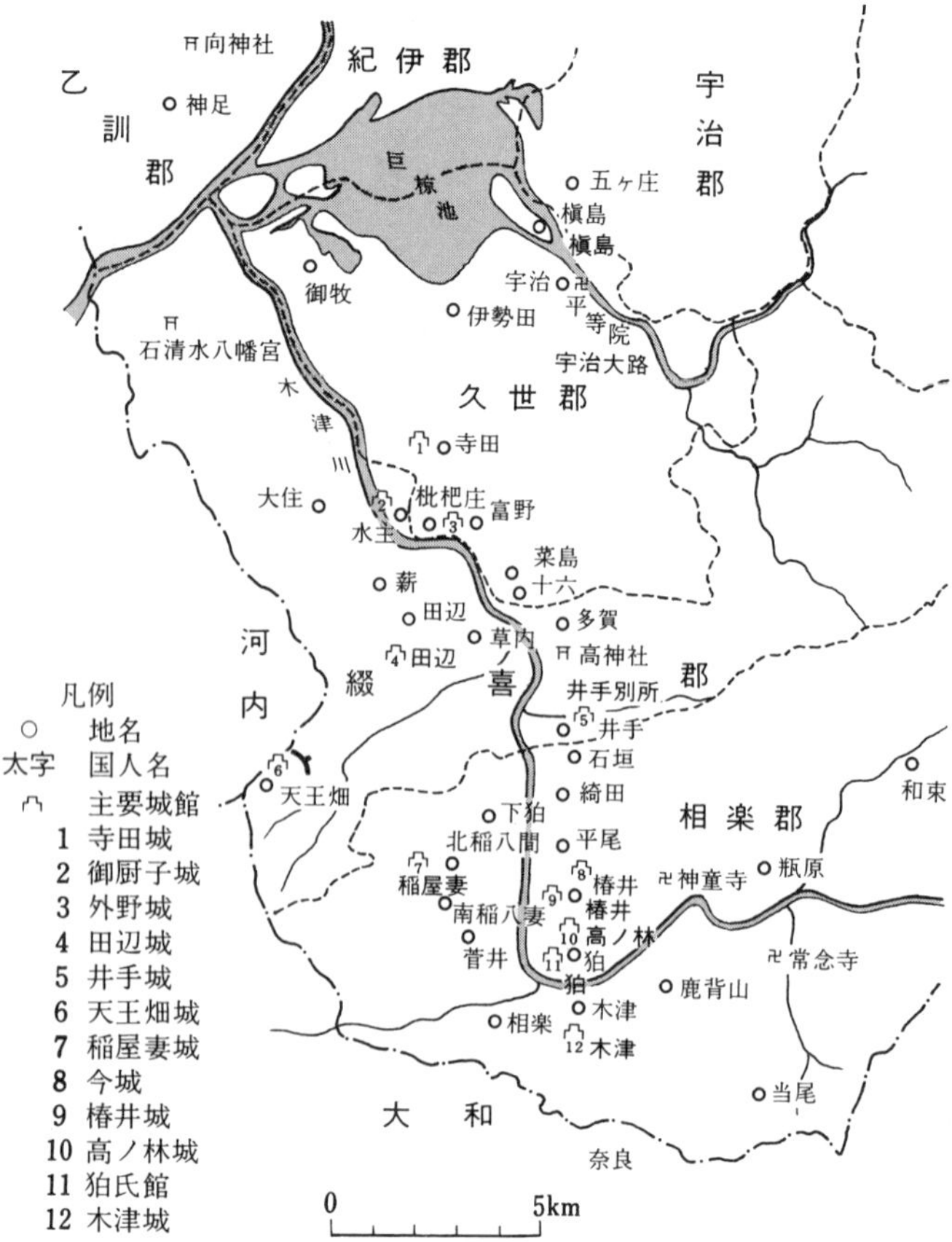


南山城の国人分布図

出典：日本史研究会・歴史学研究会編『山城国一揆』（東京大学出版会，1986年）（京都府立山城郷土資料館『山城国一揆とその時代』所収の図に小島道裕氏が加筆）

智に戦勝祝いとして榼一荷・白壁一合を送った。越智は誉田と合流し、山城母祖森に陣取るが、幕府の退去命令が出たため「越智・古市一手」になって陣を引いた。この時、経覚は「幸運の至り也、凡そ当国勢、他国に向かう時無為の条、其の例甚だ少なき者哉」と、越智・古市の無事帰陣を喜んでいる。

南山城での合戦が一段落した十月四日、経覚は辰刻（午前八時頃）に古市迎福寺《げいふくじ》を出発し、酉刻（午後六時頃）に九条新亭に到着した。畑経胤と楠葉元次が馬に乗って付き従った。輿舁《こしかき》二人と人夫については、東南院珍済の助力を得た。七日に三宝院《さんぼういん》義賢《ぎけん》に榼一荷・柿籠一つを贈った。すぐ返報があり、明日にも来訪するようにと誘いがあった。翌日は来客の先約があったので断ったが、八日に再度義賢から書状が届き「明日、必々来臨あるべし」とのことで、九日、巳刻（午前十時頃）に板輿に乗り、吉阿一人を供に三宝院に向かった。これは前日に盗難事件が起こり、その盗人が稲荷社の者だと判明したことから、九条家も襲撃される恐れがあると考えて、畑経胤と楠葉元次を九条邸に残してきたのである。義賢と対面して饗応を受け、晩景には九条家に戻った。

### 土一揆の蜂起

十月九日から、洛中では「徳政と号する」土一揆の動きが活発で、京都に通じる東からの通路が封鎖された。山科《やましな》の郷民らが動いたのである。十一日に土一揆は法性寺《ほっしょうじ》に乱入して質物《しちもつ》以下を奪い取った。洛中の土蔵《どくら》が寄せ集めた軍勢は因幡堂に集結し、法性寺の土一揆勢を攻撃したが、一揆勢は各所から大勢が集まってきており、その勢力は強大で、終夜、早鐘の音が鳴り響いた。十五日、管領細川勝元が、「木津・多那部以下の八頭」と宇治大路らの山城衆、それに平等院衆徒らを加えた勢力に宇治橋を引かせ、土一揆勢の侵入を防ぐという。これを聞いた経覚は、「山城守護の畠山義就が、土一揆蜂起を沈静化できないとは面目ないことで、これでは、細川勝元が当国の守護と言うべきではないか」との思いを洩らした。

しかし、洛中での土一揆の動きはまったく鎮まらなかった。二十一日に七条辺に押し寄せ、時（関）の声をあげ、二十五日には東寺に陣取り、因幡堂に結集した土蔵方勢と合戦し、七条堀川で火を付けた。二十六日、土一揆は大宮を上に攻め上り、五条辺で土蔵方軍勢と合戦し、これを撃破した。「土一揆、京中乱入とて諸方騒動比類無きもの也、早鐘・時の声、止む事なし」「所々の為躰《ていたらく》、安所なし」というありさまだった。

二十七日に土一揆を払うため、細川の内者六十騎が出て合戦したが、「安富二郎左衛門尉以下十一人、蔵方大将梅墻」が討たれて引き退いた。七条以北四条以南が焼かれ、公方勢（将軍直属の軍勢）も出動して土一揆に応戦するが、これも叶わず引き退いた。四条大宮の角に火がつき、西風にあおられ、東方に焼け広がった。

下として上を計らう

下として上を計らうの条、下極上《〔下剋上〕》の至り、狼藉所行未曾有のもの哉、黒鼠牛腸を食

> らうべきの由、野馬臺に見ゆ、明文偽りに非ざる哉、今日、土一揆を払わんがために罷り出る大名、管領細川は申すに及ばず、山名大夫〔山名教清〕・同相模守〔山名教之〕・一色〔一色義直〕等也、一色内者多く打たると云々、不可説也、土一揆の分際を払い沙汰せずして、武家の為躰無きが如き歟、

と、経覚は未来記「野馬臺詩《やまたいし》」の一文「黒鼠が牛腸を食らう」を想い起こしながら、「下の者が、上の者をないがしろにして、物事を取り計らうことこそ、下剋上の極みである」との思いを綴り、「土一揆の分際ごときを打ち払えないようでは、武家たるものの資格などない」とまで、言い放っている。

しかし、土一揆勢は、なかなかに手強かった。十一月朔日、京都の口々は土一揆に塞がれ、物資の流入が途絶え、「商売物全き分これ無し」という事態に陥る。「山城馬借等、卅三間堂辺に於いて時を作り」、入京するや、すぐに質物の取り出しに走った。「田舎者はただ取り、竹田・九条京中の者は十分の一で」質物を請け出せることになり、二日には、経覚が召し仕う吉阿も、質物の硯《すずり》・文台《ぶんだい》を本銭の十分の一で取り戻している。土一揆は、このようにして所々の土倉の質物を奪い取ると、三日には分散して沈静化の方向に動いた。

次に土一揆は奈良に向かった。九日、奈良を攻めるために、南山城の土一揆が通路を

塞ぎ、十七日には奈良の北方を攻撃し、町の北口に火を懸けた。南からは布留《ふる》郷などの土一揆勢が出陣、西からは田原や高山（生駒市高山町）・西大寺引田（奈良市疋田町）の土一揆が攻撃をかける。十八日、観禅院の早鐘が槌かれた。奈良へ通じる道は一揆勢に封鎖され途絶してしまった。

このような状況下にもかかわらず、経覚は京都から古市へ帰ることを決めた。十二月七日に九条新亭を出発、畑経胤と覚朝が乗馬で、九条家の石井河内守在安と馬屋の者二・三人が菜嶋（京都府城陽市奈島）まで従い、また、狛（木津川市山城町上狛）の中村らが迎えにきた。脇森辺で尋尊が手配した大乗院北面の侍たちが合流し、小泉の代官が三騎、手勢二・三十人を率いて付き従った。彼らは木津を通ることができず、賀茂（木津川市加茂町）を回ってここまで来たという。そこで「路次の事、色々評定」した。しかし、経覚は次のように主張して譲らなかった。

馬借の分際《ぶんざい》に依り、途を違えるべきの条、外聞と云い、実儀と云い、然るべからざるの間、木津の大弐房に触れて通らんと欲す、

結局は、木津を本拠とする木津大弐房と中村の仲介により、土一揆勢は塞いでいた通路を開き、経覚一行は無事に奈良に戻ることができた。経覚は「尤も本意也」「悦ぶべきもの也」と、おおいに満足した。

十二月十日の記事には、

山城馬借、目安を捧ぐるの間、沙汰衆に遣わし了んぬ、去る七日下向の時、通路を塞ぐと雖も、愚老通るの間、路を開きて通し了んぬ、結句送るの条神妙の間、其の色に感じ披露に及び了んぬ、

とある。「土一揆勢が通路を開いて経覚一行を通し、さらに奈良まで送り届けたことは甚だ神妙である。それを意気に感じて、土一揆勢が自らの言い分を書いた「目安」（申状）を、興福寺の衆中沙汰衆に遣わした」と言う。さらに経覚は十九日に、これを京都の九条政忠にも届けた。

外聞実儀

ここで経覚が、賀茂に迂回することを不本意とした理由は、馬借（土一揆勢）ごときの分際の者が道を塞いでいるからといって、それを恐れて迂回したとあっては、「外聞と云い、実儀と云い、然るべからず」という点にあった。この「外聞実儀」は、これまでも経覚が物事を決する時の重要な判断基準をなしている。たとえば、兄の満家が二人の若君に家督を譲ると約束してしまって、双方の母が相論するに至った時、「御遺跡事、両若公相論、外聞と云い、実儀と云い、沙汰に及ぶべきの条、然るべからず」として、兄に代わって自らが解決策を提示したことがあった。「外聞実儀」とは、世間の評判も実際の内実も、ともに満足させるべきだというもので、室町・戦国時代の史料などには

数多く出てくる。その後には、「然るべからず」（よろしくない）、「穏便ならず」（穏やかではない）、「面目無し」（恥ずかしい）、「珍重」（めでたい）、「本意に非ず」（望むことではない）、「曲事」（道理に背く、けしからんこと）などの語が続き、当時広く物事を判断する際の基準となっていた。

この京都から古市への帰路においても、経覚の行動を決定づけたのは、「外聞」「実儀」をともに満足させるにはどうすべきかという点にあった。経覚は、「分際」とか「分限」によって秩序づけられている中世身分制社会にあって、まさに最上位の場で生きてきて、それを誇りにもしている。だからこそ、「馬借の分際」に恐れをなして迂回するなど、「外への聞こえ」だけでなく、自分自身の信条からしても許容できない。そこで土一揆勢に顔の利く木津の大弐房に仲介させ、道を開かせて無事に通行できた。

木津をはじめとする南山城の武士たちは、細川方の被官になったり、畠山方の被官になったりしていながら、同時に、土一揆勢として結集している地侍や百姓らとも密接な繋がりをもち、互いの顔を見知っている関係を作り上げていた。土一揆勢は経覚一行を通しただけでなく、さらに奈良まで送りつけた。それから先の奈良までの通路を塞いでいる土一揆勢に道を開けさせるには、顔を見知っている者たちが同行する必要があったからである。

一方、土一揆側は、自分たちが何を求めてこうした動きに出たのかを訴える「目安」を経覚に託した。経覚が持っているパイプを通じて、上に対して自己の主張を伝える機会を得ようとしたのである。もちろん、経覚が実際に、興福寺や幕府側に「目安」を届けるかどうかは彼自身の判断に委ねられており、それを確かめるすべは土一揆側になかったと思われるが、経覚はそれを実行した。「外聞実儀」の観点からも、そうしないわけにはいかなかった。このように見てくると、「外聞実儀」はバランスのとれた合理的な判断をもたらすものであったといえる。

## 三　両畠山の対立と大和勢

天候不順

この時期は天候不順が続き、さらに疫病が発生して人びとを苦しめた。経覚の長禄二年（一四五八）の日記にも、

四月二十二日「近日、奈良・田舎で疫病倍増す」

四月二十五日「去年の旱魃に依りて歟、地、事の外かわきて水更に堪えず」「事の躰、炎旱の瑞有り、衆人怖畏を懐くもの也、なかんずく、奈良中の疫病、風に靡く草の如く、凡そ以ての外の事也、此の病を受くる者、大略黄泉に趣（赴）く、不便の

次第也、」
六月二日「日々青天、炎干の基」
六月四日・六日・七日と「祈雨」するも「一切雨降らず、」
六月十日「旱魃比類無し」
七月五日「残暑比類無し、蒸すが如し」
七月六日「炎旱、今の如くんば甚だ珍事」
とある。ところが、次は一転して長雨が続く。
七月二十五日「甚雨」
八月二十一日「昨日より甚雨、今夜終夜降り通し了んぬ」
八月二十四日「初夜の時分より風雨、相副えて四時分より大風吹き了んぬ、近比の風也」
八月二十五日「夜前の風、以ての外に吹くの間、民間舎屋、所々の大木、多く以て吹き倒れ了んぬ」
九月九日「夜より風、甚雨」
と激しい風雨が続いた。しかし、すぐに、またもや、
九月二十一日「旱損の躰、以ての外」

十月十九日「数十日に及び、雨下らざるの間、井水乏しく」と渇水になり、十一月三日には「厳冬極まり無し」と早くも冬の寒さが到来する。めまぐるしく変わる天候に、人びとは翻弄された。

畠山義就方の大和勢

この長禄二年の九月二十二日、古市春藤丸が古市勢の出陣を告げるため、経覚のところにやってきた。石清水八幡神人の片野禁野の者どもが、勝手に新関を立てるなどの濫妨を繰り返しているので、幕府が山名持豊《やまなもちとよ》と畠山義就に治罰を命じ、大和からも三手に分かれてこれに参陣することになったという。その三手とは、次の者たちである（『経覚私要鈔』長禄二年九月二十二日条）。

越智弾正忠家栄、守護代中村卜一手、
秋篠・小泉・豊田・龍田・平群衆一手、岩舟越たうけより西面ニ陣取るべし、
鷹山奥・古市・番条一手、鷹山打越ニ牧郷ト云ふ所ニ陣ヲ取るべし、

筒井方の復帰

他方、筒井方にも動きがあった。『大乗院寺社雑事記』の長禄三年五月晦日条に、

一、夜に入りて、御教書到来し了んぬ、
成身院《じょうしんいん》・筒井・箸尾等の事、宥免せらるる上は、帰国并びに知行分、元の如く相違有るべからず、若《も》し異儀の族有らば、両方無為の様に計略を廻らさるべし、尚以て御成敗に背き緩怠を致さば、何れ為《た》りと雖《いえど》も堅く罪科に処せらるべき旨、

衆徒・国民等に下知せしめ給うべきの趣、大乗院家に申し入れらるべきの由、仰せ下さるる所也、仍《よっ》て執達件《くだん》の如し、

長禄三年五月廿七日　　右京大夫　判

松林院僧都御房

と見え、管領細川勝元が奉書で、没落していた光宣《こうせん》や筒井・箸尾らの復帰を宣言した。これに異議を差し挟んで抵抗することがないように、大乗院門跡尋尊から衆徒・国民らに下知するようにとのことだった。六月一日条には、「光宣律師・筒井・箸尾の入国に細川勢を相そえ」とあり、細川勝元の全面的な支援を受けての復活だった。

六月三日条には「河内勢、今日越智合力のため当国に入るべき歟の由風聞す、光宣今日田舎郡山に下向すと云々」と見え、越智に合力して河内から畠山勢が大和に入り、それに対抗して、奈良にいた光宣が筒井の本拠郡山に下向し、ここに越智方と筒井方の抗争が再び激化することになる。

河内国では、他界した弥三郎の跡を、舎弟の畠山弥次郎政長が嗣ぎ、引き続き畠山義就との対立が続いた。

### 義就追討の人数

長禄四年九月二十三日、畠山義就の幕府への出仕が止められ、その追討が命じられた。義就は馬上三百騎の軍勢を率いて京都を離れ、河内国の若江城へ出奔し、二十四日には、

代わって弥次郎政長が幕府に出仕する。この政長が畠山の惣領となって、京都の畠山屋形に移るだろうとの説が流れた。閏九月六日には、畠山義就を追討するための人勢が定められた。それは、まず管領細川勝元の手勢、和泉国の両守護（いずれも細川氏）、播磨と淡路の軍勢、伊勢国司北畠氏の手勢と関・長野勢、伊賀守護とその国人衆、それに大和衆と奈良の軍勢、さらに加えて、紀伊・河内の国人とその被官衆、紀伊国内では玉置氏・湯川・山本勢、摂津・紀伊・河内の寺社勢力、鵜飼・望月勢、細川讃岐守や阿波国の軍勢、さらに近江国の京極・六角の両佐々木勢、美濃の土岐氏の軍勢まで、とても広い範囲の守護・国人・寺社の勢力である（『経覚私要鈔』）。ここに「大和衆　南都」と記されている勢力こそ、経覚にとっては「敵方」の軍勢ということになる。

閏九月九日、畠山義就を追討するため、畠山政長軍が大和を通って河内に向かい、筒井一党がこれを迎えるとの情報が流れた。これを聞いて経覚は、さっそく女輿《おんなこし》（女性用の少し小ぶりの輿）に乗り、供の者二人だけを連れて般若寺に向かった。

　其の身、上□（下）□□（小）袴・アミ笠を着け了んぬ、馬廻は二・三十人これ在り、先ず
　大和衆筒井以下悉《ことごと》く先陣、

と、経覚は自分の目で見た畠山政長の姿や、その先陣をつとめる筒井勢の様子などを日記に書き付けている。密かに女輿で出かけるとは、好奇心旺盛な経覚らしい行動である。

### 義就方と政長方

経覚は閏九月十三日には上洛し、九条新亭に向かった。義就退治を命じられた大和の面々のうち、越智・鳥屋・番条・小泉・万歳・高田方は幕府の命令をきかず、畠山義就に味方した（『大乗院寺社雑事記』閏九月十五日条）。他方、龍田に向かう畠山政長軍には、成身院光宣が同道した（同前、閏九月十六日条）。

### 手をすり膝をすり

京都の経覚のもとには、十月十日に尋尊からの飛脚が「今朝、義就方が河内から大和に乱入し、龍田にいる政長方まで押し寄せ合戦になった」と知らせ、また楠葉元次の小者も奈良から上洛して「立野はことごとく焼き払われた」と伝えた。それを聞いた経覚は十一日に、身近に仕えている立野元兼を立野へ下向させることにした。立野一族の様子が心配だったからである。古市春藤丸からも、「義就軍が龍田に押し寄せ合戦となり、その先陣を担った越智家国・彦三郎・同末子彦左衛門らは討死にした。これは政長軍の後攻を務める筒井順永が惣勢五百ほどで攻撃をかけたためだ」との連絡が入った。

この合戦では、誉田全宝・遊佐国助など畠山義就の重臣らが討死した。義就自身の安否も、信貴山《しぎさん》に上ったとか、河内嶽山《だけやま》（大阪府富田林市嶽山）に引き籠もったとか、あるいは行方知れずなど諸説が乱れ飛び、確かなことは不明であった。経覚が召し仕っていた峯右京亮は、越智彦三郎の親類ということで、暇も乞わずに留守中に参陣し、討たれてしまったとのことだった。同じく彦三郎に扶持されていた弓阿も、その安否を尋ねるため戦場に行き、討ち殺されてしまったという。これまでずっと身辺近くで仕えてきた弓阿の身を案じ、経覚は、このように歎いている（『経覚私要鈔』十月十二日条）。

遁世者の事たるの間、手をもすり、膝をもすりて遁るべき処、踏み殺さるるの条、無策の至り也、

遁世者なのだから、手をこすり合わせ、膝を地べたにこすり付けて懇願すれば、その場を遁れることができたであろうに、踏み殺されてしまったとは、まことに残念だ。きっと手立てがあったに違いないのにというのが経覚の思いであった。しかし、十五日になって、弓阿も峯も存命とわかって、経覚は安堵した。

## 四　寛正の大飢饉

京中に死人満溢

翌寛正二年（一四六一）は正月から連日、京都でのすさまじい飢饉のありさまが伝えられた。経覚は日記の正月二十二日条に、「京都では乞食が数万人にのぼるという。元日に室町殿より銭六文を施した。二日にも実施されると定められたのだが、人数があまりに大勢だったので、準備した銭は全部使い果たしてしまったという。ところが、また今月十六日に、何とか歩行できるほどの者は講堂《革堂》に集まれと触れられ、乞食が大勢群れ集った。

一条道場の聖が差配し、人別五十文宛が施された。一万人も集まったというから、大概を算用すると五十文宛で五百貫文もの費用がかかったはずで、いったい、この施主は誰なのだろうか」と記し、この多額の銭は誰の布施によるものかと、経覚は思いをめぐらせている。

正月二十九日には、嵯峨教法院蓮明の使者恵林房が古市に来て、次のように語った。

京都の乞食、町々に死去の事、其の数知れず、日夜朝暮餓死する間、取り捨つる事これ無し、仍て一条より九条に至る、朱雀より朱雀に至る、東西南北の京中に死人満溢す、嗚呼何なる年哉、長禄四年冬より寛正二年春に至り、京中において死者幾千万哉、

京中に死骸が充満しているありさまが伝えられたのであった。

六角堂の北で施行

また、経覚は二月七日条に、楠葉元次が語ったこととして、「将軍義政の夢に、死んだ父の義教が出てきて、自分が絶え間なく呵《さいな》まれている苦痛から救い出そうという思いがあるなら、京都の町に今あふれかえっている乞食の施行《せぎょう》にあたってほしいと懇願したので、莫大な費用をかけて六角堂で大規模な救済活動がなされている」と記す。三月二十六日条にも、都のありさまが次のように記されている。

諸国の者どもが乞食となって、京都へと上り集まってくる、去年の十月頃から、こ

うした人びとが洛中に充満し、その数は幾千万を下らず、もはや数え切れないほどだ。正月一日からは、室町殿（将軍義政）から、五・六日にわたって食べ物などの施行がなされた。しかしながら、飢えた人びとの数があまりに多いので、早々に、これを中止してしまった。その後に、願阿という者が、衆人に勧進して、六角堂の北に一町分の仮屋を打ち建て、そこに乞食を入れ置いて、毎日二度、粥・味噌汁を施行したが、これを食しても死んでしまう者どもが、毎日三百人・五百人と出てきて、そこで施行を続行する気力もなくなり、中止のやむなきに至った、その間にも、施行する側の願阿の弟子二人が死去し、また、願阿も万死に一生を得るという重病に陥ったため、結局は施行を止めざるを得ない事態に追いこまれた。こうした死人たちの死骸は、五条の河原に堀を掘り三町ばかりにわたって埋めたが、それでも追いつかず、京都の少路のあちらこちらに死骸を埋めているようなありさまで、およそ、このような事態は、先代未聞のことだとうわさされた。

義就追罰の御内書

二月には、畠山義就の追罰を命じる将軍義政の御内書が大乗院に届き、「和州衆徒・国民らに下知を加えらるべく候、若し難渋の族《やから》有らば、注進に随い厳科に処すべく候也」と伝えた。しかし、和州の衆徒・国民らはその命令に従わず、越智からは、畠山義就が籠もっている嶽山城で「ヲトナ衆十頭分」は自弁で兵糧を保持しているが、それ以外の兵の兵糧千人分は、越智方から鋭意これを運び入れていると連絡してきた。越智をはじめとする大和勢の援助を受けながら、義就の軍勢は時期の到来するまで、雌伏の時を過ごしたのである。

### 召し放てば敵になる

同じ寛正二年の二月二十二日に、経覚を興福寺別当に任じる旨の宣下があった。三度目の別当就任で、六十七歳の時である。先にも触れたように、前年から日野勝光が将軍に働きかけて実現させたものである。この時、経覚は、会所目代に兼乗、公文目代に継舜、通目代に奘舜、そして修理目代には光宣を補任した。実は、この光宣の修理目代補任には経緯がある。正月十五日に光宣から、「このたび別当に就任されると聞きました。おめでとうございます」と言ってきた。経覚は、「媚びてきたのだろうか」「何を考えているかわからんぞ」と警戒したが、まずは、「ありがとう」と伝えるよう尊藤に命じた。その後、音沙汰がないので、三月朔日に経覚は、京都にいる光宣の宿所に使いをやって、

在京の辛労、察し遣わす者也、就中今度寺務に居する時分、住寺せず在京の間、万事力落とし

と伝えた。「自分は別当の地位に就いたが、光宣が興福寺内に住まず京都にいるので落胆している」というのである。光宣と経覚、長年にわたる宿敵どうしは、ここでも互い

に腹の探り合いをした。三月二十日には、光宣から修理目代を辞する旨を伝えてきた。すると、経覚は急いで飛脚を京都の光宣のもとに遣わし、説得にあたる。そして三ケ庄・安吉庄の知行を光宣に安堵することで、やっと、修理目代に留まることを承知させた。この経緯について経覚は、

愚老の媚の為にこれを遣わすもの也、召し放たば敵になるべき間、此の如く相計らい了んぬ

と記しているように、ここは自分の方が下手に出て、相手にへつらってでも、前寺務のもとで修理目代だった光宣を、自分が寺務になった時にも留任させるのが得策だと考えた。それというのも、やはり光宣は、「完全に敵に回してしまっては相当に手強い相手だ」と、経覚も認めていたからである。

六月二十一日、稗田から古市に連絡があった。畠山義就をはじめとする嶽山衆《だけやましゅう》が広川（大阪府南河内郡河南町弘川）に夜討ちをかけたが、畠山政長も成身院光宣も無事だという。義就方の須屋兄弟・子息ら、政長方の神保らが討たれ、大和勢の布施・片岡・樫原や平群の嶋岡・「ソム〳〵」（曽歩曽歩）などに死傷者がでた。

## 義就のゆくえ

寛正三年も河内国での合戦は続いた。四月には、畠山政長への援軍として山名弾正（是豊）や細川讃州（成之）、それに大和衆らが加わって嶽山城を攻撃するが、これには高

野山の勢力が義就方に加勢して盛り返した。しかし、堅固な嶽山城も寛正四年の四月には落とされ、畠山義就は再び行方をくらました。高野に遁れたとも、粉河《こかわ》に陣を張っているとも伝えられたが、その後の消息は途絶えてしまう。

寛正六年正月になって、越智方の者が、「ここから三日の行程の熊野北山に義就はいる。熊野三山の大衆らは、義就が上洛するなら自分たちも同道するつもりだと、神水を交わして結束を固めている」との情報を経覚に伝えてきた。そして、十一月八日、熊野北山に蟄居していた義就が、いよいよ天川《てんかわ》に出張ってきた。

## 五　古市氏の当主、古市胤栄

春藤丸の婚礼

父胤仙の跡を継いで古市氏の当主となった春藤丸（のち胤栄）は、十九歳になった康正三年（一四五七）の七月二十一日に妻を迎えた。窪城氏の娘である。巻末の地図（分割図［B］）を見れば明らかなように、古市から南に下がったところに窪城氏の本拠地がある。古市からは、請け取り手として、直垂《ひたたれ》・大口のいでたちで山田宗朝が、騎馬一騎、弓矢を背負った古市の若党勢十騎、さらに弓矢を負い直垂を着た中間六人を従え、迎えに出向いた。窪城の娘は張輿《はりごし》に乗り、それに板輿二丁が続き、馬に乗った女房一人が付き従った。

帯解《おびとけ》から古市までの道筋には、古市方からの手松（松明）が立てられ、それより南は窪城方が手松を立てた。窪城からの渡し手は、広瀬金剛寺が担った。輿入れの行列は松明の灯された道を進み、古市へと到着した。

経覚にも「祝物トテ榼・瓜等」が届けられ、「千秋万歳祝着」と返事をした。二十二日にも「祝着物トテ一瓶幷びにカヰ餅・瓜・蓮等」が贈られ、また古市館には近隣の衆徒・国民らが大勢群集して、にぎやかに饗宴が催された。先に見た九条政基の婚礼が「板輿風情のもの」だったのに比べると、大和国人たちの婚礼はにぎやかで、渡し手と受け取り手の双方が行列を仕立て、窪城の娘の乗った輿を古市まで警固し、古市では何日にもわたって婚礼を祝う饗宴が開かれたのである。

古市の各地域から風流が

古市春藤丸が、何よりも心を傾けたのは芸能である。長禄二年（一四五八）七月十五日には、古市の延命寺で相撲があり、屛風が立てられ、経覚は密々見物に出かけた。堂の北頰には春藤丸がしつらえた桟敷があり、屛風が立てられ、簾を垂らし、畳が敷かれた。古市城から来た風流には、春藤丸自らがその一員として加わっていた。十六日には卒塔婆堂の者たちの風流があった。まず有笠《ありがさ》、次いで二人が鷺舞を披露、延年に始まり童舞までが演じられ、最後は「ヲトリ」（踊り）になった。十七日は延命寺からの風流の予定だったが、雨のために延期。十八日、延命寺と北口の者たちが風流を演じた。これには、奈良から尋尊も見物に訪れ

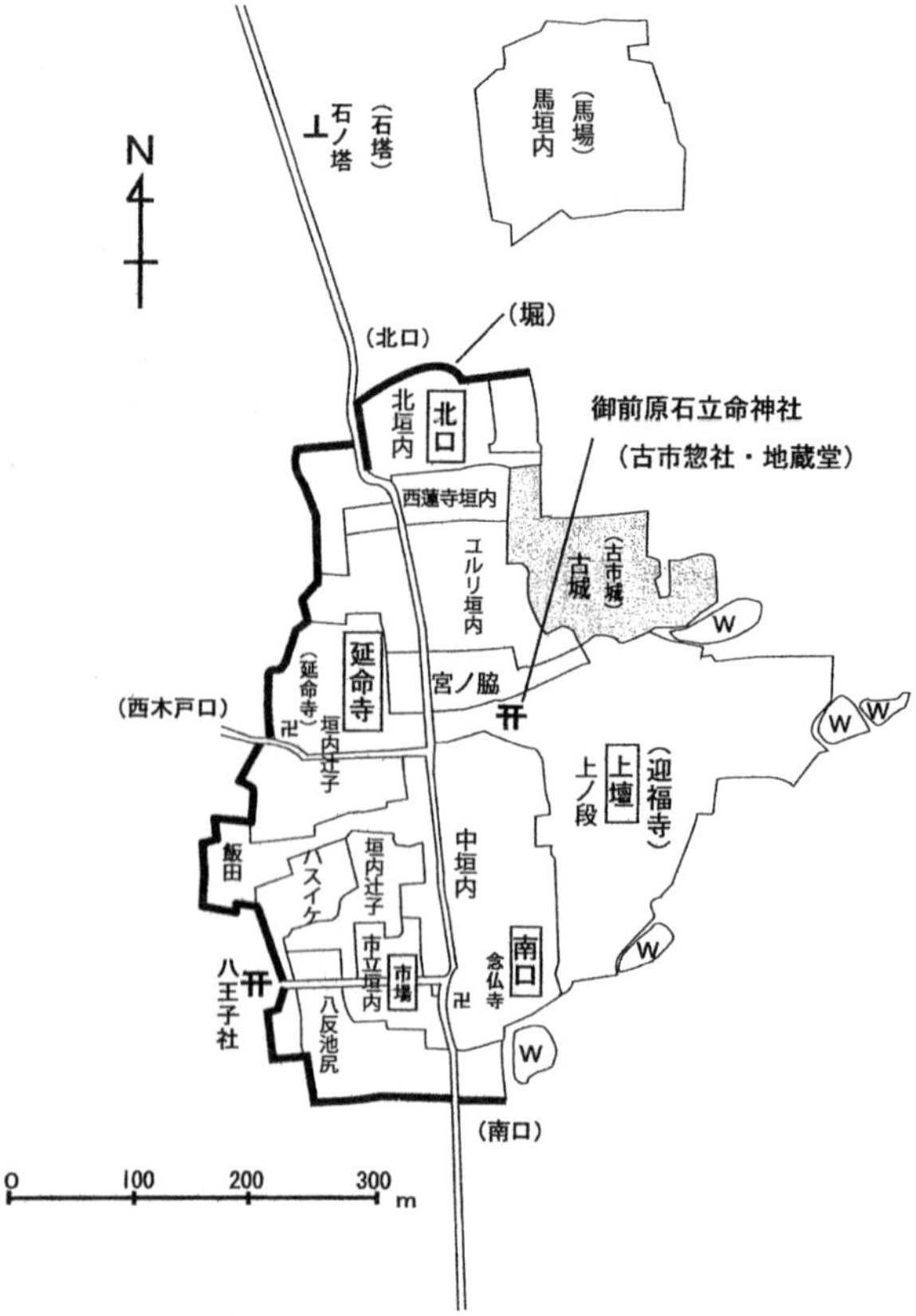


古市郷略図

出典：清水克行「室町期畿内における町場の構造―『経覚私要鈔』に描かれた大和国古市郷―」(『比較都市史研究』30－2，2011年)

た。烏帽子・腹巻・大口を着た兵士に扮した者たちに続いて、有笠、鐘・大鼓の「林手（囃手）」が二・三十人、次に馬に乗った文殊が脇に童子を引き連れて登場し、「タンシリ」・獅子舞の後は、「十番切」が舞われ、謡い手五・六人が加わった。経覚は「猿楽のようでもあり、見事と言わねばならぬ」と感嘆した。夜になって市庭から風流が来た。「渡辺綱が鬼の手を切る」場面の造物、さらに踊り念仏が演じられた。南口の風流は、「鎌倉殿大仏詣」と「泉小次郎橋を引く」場面の造物と、笠を着けての踊りを演じた。

### 踊り念仏と雪丸

寛正三年（一四六二）七月十四日にも「ヲトリ念仏（踊り念仏）」が催され、十六日には、古市春藤丸が色々に趣向をこらした風流が準備された。最も注目を集めたのは「雪丸」で、

> 雪丸□之紙ニテ張り了んぬ、勢分、高さ丸さは、人一人内にこれ在る、番頭衆、畑男・古市春藤・与三・弥三郎以下十人ばかりこれ在り、古市の小者の声の能き者共・ならの在家の者・古市の下人以下これ在り、大口の上に小袖これを着す、つゝみ・大鼓これ在り、雪の内より小児大口これを着す、上小袖なり、雪の精也、舞い了んぬ、次いで二番これを舞う、今二番これを所望す、共に以てこの児舞い了んぬ、退散の時またおどりこれ在り、芸能優美也、衆人群れを成し了んぬ、

とあるように、白い紙を張った雪だるまのような造り物の中に小さな子供が入っていて、「雪ノ精」として登場し、歌と鼓・大鼓の響く中を幾度も幾度も所望に応えて華麗に舞

い踊った。実に巧みな演出である。この日の風流を指揮した春藤丸は二十四歳になっており、もはや自分自身が「雪丸」の中に入って「雪ノ精」として舞うことは叶わなかった。だが、その思いは「雪丸」の中にあったにちがいない。

### 「春日権現験記絵」を拝見

これより三年前の長禄三年（一四五九）三月十五日、古市春藤丸は「春日権現験記絵」を拝見したいので、経覚から東北院俊円に頼んでみてくださいと申し出た。経覚は東北院俊円に書状を遣わして依頼したが、「皆が美しいなどと申してこの絵巻を見たがるので、破損したり汚れたりするばかりで、少しもよいことはない」と拒絶されてしまった。春日社家の師淳も絵巻拝見を申し出たが、「一月に両度出だすこと先規無し（一ヵ月の内に二度も出すのは、先例の無いことだから）」と俊円から断られたという。じつは、その月の初めに禅定院僧正（尋尊）が春日社に参籠した折りに、俊円に願い出て「春日権現験記絵」を披見していたのである。それから二年が過ぎた寛正二年（一四六一）五月二十一日、再び経覚から東北院に頼んでもらい、やっと借用できた「春日権現験記絵」を、春藤丸は、経覚の居所で終日、絵も詞書《ことばがき》も堪能するまでじっくりと味わった。

### 古市の「外城」

寛正四年八月十七日、春藤丸は経覚に嘆願してきた。大乗院門跡尋尊から古市に対して、岩井川の樹木を切るように命令があったが、そのあたりは古市にとっては「外城」のようなものであり、その樹木は古市城や古市郷を防御する上からも大事なものである。

応永五年（一三九八）の金堂供養の時にも、曾祖父の古市胤賢が伐採を免除された先例もあるので、是非とも差し置いてほしいという。ちょうど上洛したばかりだった経覚は、すぐに畑経胤《はたきょういん》を下向させ、尊藤を通じて尋尊に申し入れると約束した。このように、古市春藤丸にとって経覚は、何事につけ、頼りがいのある存在だった。そうした二人の関係は、経覚が死ぬ時までずっと続いた。

寛正四年正月十五日の卒塔婆堂の左義長焼に、経覚は、古市春藤丸・藤寿丸の兄弟を伴った。寛正六年二月四日、十四歳になった弟の藤寿丸は、叔父の発心院宣胤の弟子となって出家し、倫勧房澄胤《ちょういん》と名乗った。兄の春藤丸の方は、同年八月二十八日に出家した。法名は丹後公胤栄《いんえい》、この時、すでに二十七歳になっていた。衆徒にとっては元服にあたる出家、それが二十七歳になってからというのは、違例の遅さと言わねばならない。弟の早々の出家に押されたかたちでの出家であった。

# 第九　応仁の乱

## 一　北国庄園支配と朝倉孝景

細呂宜郷下方引付

越前国の河口庄と坪江庄の二つの庄園は、大乗院門跡領の中でも随一を誇る広大な庄園である。河口庄細呂宜郷《ほそろぎごう》の東南部が上方《かみがた》、西北部が下方《しもがた》で、この細呂宜郷下方は経覚が安位寺《あんいじ》に没落した文安《ぶんあん》二年（一四四五）以後に、経覚の隠居分の料所となった。経覚はこの地を自らの経済基盤を支える最重要の所領だと認識しており、自身で「細呂宜郷下方引付」（「大乗院文書」七十五号ノ十七／『史料纂集　経覚私要鈔　第十』に翻刻）を書き残している。その表紙は、次ページのようであり、経覚の花押が据えられ、次の頁から、寅年（文安三）より戌年（文正元）に至るまでの二十余年にわたる収納状況がくわしく記されている。細呂宜郷下方の年貢高は、百数十貫文にのぼり、他に綿・絹などが収められた。

この「細呂宜郷下方引付」の文安四年の記事には、

宮鶴出家す、法名対馬、去年細呂宜郷に下向す、土雑事、百姓子細を申し、沙汰致

さざるの間、重々問答し了んぬ、仍て以前五百疋、重ねて千五百疋沙汰致すべきの
由、徳田堀江代官請け申し了んぬ

とあり、宮鶴丸（出家して対馬覚朝と名乗る）が、年貢徴収のために去年越前に下向し、細呂宜下方政所堀江氏の代官徳田に、以前納入分の五貫文に加えて十五貫文を納入する旨を約束させている。宝徳《ほうとく》三年（一四五一）には、守護代甲斐氏にも年貢無沙汰への対応を求めた。

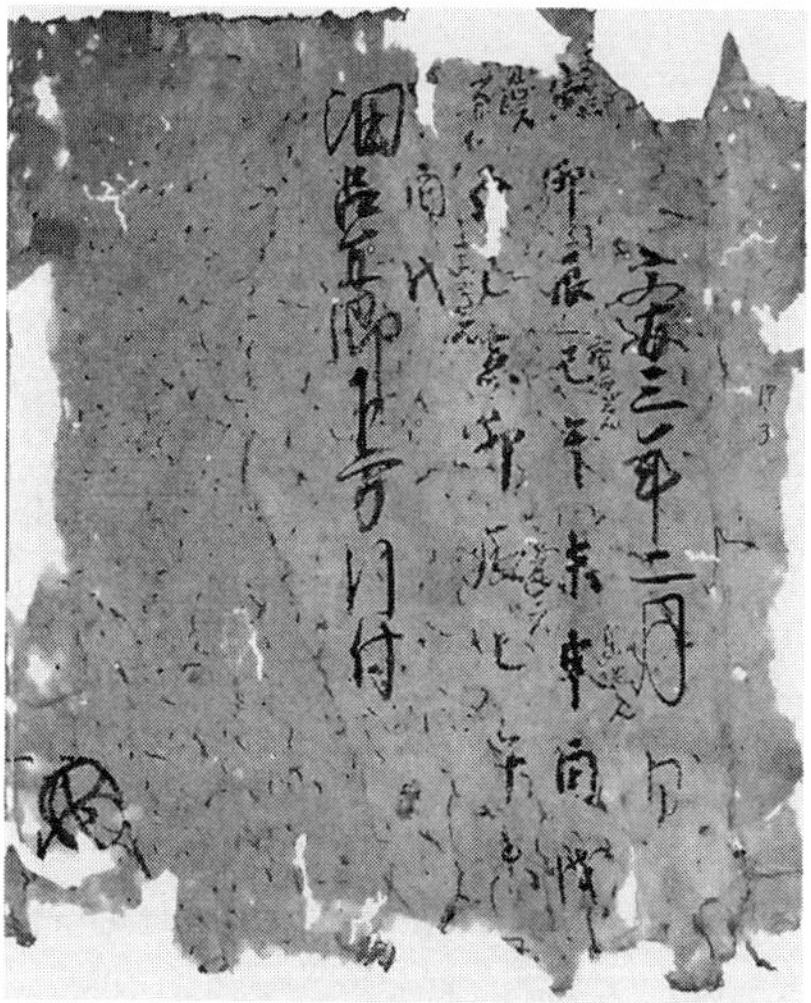

「細呂宜郷下方引付」表紙
（国立公文書館蔵）

文安三年二月　日
寅（文安三）　卯　辰　巳（宝徳元）　午　未　申（享徳元）　酉　戌
亥（康正元）　子　丑　寅　卯　辰（寛正元）　巳　午　未
申　酉　戌（文正元）
細呂宜郷下方引付
（経覚）花押

康正《こうしょう》三年（一四五七）七月には、経覚は守護代甲斐常治《かいじょうち》を細呂宜郷下方公文職《くもんしき》・政所《まんどころ》職に補任《ぶにん》し、安定的な納入を期した（『経覚私要鈔』七月三日条）。また、この頃から、主に、楠葉元次《くすばもとじ》を越前に下して年貢・公事の徴収にあたらせた。

『経覚私要鈔』の記事によれば、越前国では長禄《ちょうろく》二年（一四五八）七月から、守護斯波義敏《しばよしもと》と甲斐常治・朝倉孝景《あさくらたかかげ》とが対立して合戦になり、初めは甲斐方が優勢であったが、八月七日の堀江石見守（利真）の参戦によって守護方が力を得、双方に多くの死傷者が出た（八月二十三日条）。九月には「当国《越前国》錯乱」「河口庄の職人《しきにん》（政所職・公文職などに補任された者たち）が十六人没落」（九月二十二日条）という事態に陥った。

以後も戦乱が続き、年貢収納は困難を極めた。上使として大乗院北面の堯懃《ぎょうきん》（賢秀）が北国に下り、これに楠葉元次も加わって、庄内百姓らから年貢を徴収しようと努めるが、国内の情勢は悪化の一途をたどる。十一月二十日に甲斐方が加賀国から越前に打ち入り、金津を焼き払い、堀江石見入道の城を取り囲んだ。堀江方はこれに応戦し、大将甲斐の舎弟を討ち取るなどして対抗した（十二月五日条）。

「今のような状態では、細呂宜郷年貢の年内納入はまったく不可能だ」（十一月二十一日条）と伝えられたが、やっと十二月二十七日になって、下向していた畑経胤、堯懃、楠葉元次らが近江の坂本を経て入京し、二十八日に奈良に到着、「細呂宜下方所済八十余貫、兵庫郷収納分割符十一・銅八巻」が到来した。ここに至るまで、元次らが「道中の難義は、ことばでは言い表せない」というほどの厳しい道のりであった（十二月二十七日・二十八日条）。

**朝倉孝景との友好関係**

寛正《かんしょう》五年（一四六四）五月、越前国内の各所に、朝倉が放火するという事件が起こった。経覚は楠葉元次を遣わして、朝倉孝景に「榼二荷・素麺折一合」を贈った。それに応えて、六月には朝倉が、「折紙銭千疋〔十貫文〕」を進上してきた。

『大乗院寺社雑事記《だいじょういんじしゃぞうじき》』同年六月二十四日条には、「朝倉教影〔教景〕の名字を修正《しゅしょう》手水所《ちょうずどころ》の釜内に呪詛」と記されており、朝倉はこの当時、興福寺に対する敵対行為への処罰として、名字を修正手水所の釜の中に籠められ、呪詛されていたのである。この「名を籠《こ》める」という処罰は、直接にその身を捕らえて罰することができないような相手に対し、その名字《みょうじ》を書いた札を五社七堂に籠めておいて、神仏の罰がその身に及んで病気になったり死んだりすることを待つ、という極めて特異な刑罰である。大和国内の寺院では、「籠名《ろうみょう》」と呼ばれるこうした処罰が実際に行われていた。朝倉孝景も当時、こうした処罰を受けていたのである。自分の名前が籠められたからといって、神仏を信じていない人間ならば、自分の身に何事かが起こるなどありえないと思うだろうが、中世社会に生きていた人びとには、この「籠名」による呪詛は呪縛となり、大きな影響力を及ぼした。

朝倉孝景とて、その呪縛から自由ではありえなかった。

その後も、朝倉は栗毛の駿馬一疋を経覚に贈ったり、経覚が越前の庄園支配について相談を持ちかけると、「お心のままに」と応じるなど、友好的な態度で接してきた。そこで経覚は、興福寺が朝倉に対して科していたこの処罰について、自分が中に入って解決しようと考えて動きはじめる。

まず、楠葉元次を奈良に遣わして興福寺の寺官らと交渉させ、朝倉が「告文《こうもん》」（起《き》請《しょう》文《もん》）を出すというのならば、寺門〔興福寺〕へ取り次いで披露してもよいとの約束をとりつけ、朝倉方もこれを受け容れた。寺門とのあいだで交渉が進み、八月十日に、経覚が京都の二条家に板輿に乗って到着、奈良から上洛してきた学侶使節定清・宗算両寺官と寺門雑掌柚留木《ゆるぎ》重芸《じゅうげい》が待ちうけるなか、朝倉孝景が現われた。朝倉は「寺門に対して忠誠を尽くす」旨を誓約し、経覚の目の前で告文に署判を加えた。ここに、双方ともに遺恨を忘れて和解に至り、「時儀、事の外に快然なり、神妙〳〵」と経覚は日記に記した。

朝倉からは「柳三荷・折二合麺満中」が贈られ、経覚はそのうちの「柳一荷と折一合麺」を二条持通《にじょうもちみち》に進上し、一荷は両寺官に遣わし、一荷と満中は九条家に下した。事が終わって、経覚は二条持通と会食し、その夜は二条家泉殿の東客所に泊まった。二人の寺官は南都伝奏の日野勝光邸に参上し、事の次第を報告のうえ、南都へ下向した。ほどなく経覚も古市に戻ったが、その後、寺門の学侶使節から経覚のもとに「寺門の大慶、後代の亀鏡《きけい》、太《はなは》だ以て畏悦」と、折紙二千疋が届いた。

寛正六年（一四六五）正月十六日、経覚は榼三荷・蜜柑折一合・大柿一連を、朝倉孝景に遣わした。三月九日、上洛中の経覚に、孝景の子息孫二郎氏景が折紙三百疋を進上し、経覚は三宝院門跡《さんぼういんもんぜき》で氏景と対面した。同十九日に経覚は、自身が関わる領地である河口庄兵庫郷政所と細呂宜郷下方の関について、朝倉が管理し支配するようにと命じ、朝倉は「涯分忠節」する旨を返報した。このようにして、経覚と朝倉孝景との繋がりは強まっていった。

## 足利義視の元服

寛正六年十月から同七年（二月二十八日、「文正《ぶんしょう》」と改元）にかけての『経覚私要鈔《きょうがくしようしょう》』には、各所から伝えられるさまざまな情報が記されている。

まず、将軍家に関する記事を見てみると、寛正六年十一月二十四日、一乗院教玄《きょうげん》と大乗院尋尊《じんそん》の両門跡が上洛した。元服した今出川殿（足利義視《あしかがよしみ》）の祝儀のためであった。将軍義政《よしまさ》は自分の後継者に弟の浄土寺義尋を選び、義尋は還俗、元服して義視を名乗る。ところが一方で、二十五日に覚朝が来て語ることには、「室町殿の若公出生せしめ給うと云々、御台〔日野富子〕御腹歟」とのこと。これが後の足利義尚《よしひさ》である。十二月二十日、若君は伊勢貞親《いせさだちか》の屋形に移った。

### 畠山義就の活発な動き

畠山義就《はたけやまよしひろ》の動きも活発である。楠葉元次が伝えるには、寛正六年十一月に天川（吉野郡天川村）にいる義就のもとに、朝倉孝景から馬が贈られ、翌文正元年四月に義就は壺坂（高市郡高取町）に入ったという。八月五日に楠葉西忍は、義就が近々動くだろうとのうわさが流れたため、布施や高田郷内の者たちが「物を隠す」という行動に走っていると伝えた。争乱になると聞いて、郷民らは道具や財物を隠したのである（藤木久志「村の隠物・預物」）。九日、熊野の湯川が、義就の猶子次郎の軍勢に攻略された。十一日、大和南方では義就の河内進出を援護するために、越智家栄《おちいえひで》が自ら出向いて水越峠道を広げさせ、二十四日には壺坂寺を出た義就勢を迎えに、越智一族が挙《こぞ》って馳せ向かったという。また、義就が元被官を招き寄せているというので、弓阿が経覚に暇乞いに来た。九月二日、義就は河内に入り、それに応じて越智が領内の勢力を集めて布施方を攻めた。

四日には越智から古市に連絡があり、義就は金胎寺《こんたいじ》城（大阪府富田林市伏見堂）に着陣後、烏帽子形《えぼしがた》城（同喜多町）を二夜二日にわたって攻撃し、双方に手負いを多数出しながらも三日目の夜に責め落とした。嶽山《だけやま》城衆は降伏、畠山政長《まさなが》方の軍勢は西林寺（大阪府羽曳野市西琳寺）に籠城したというが、十六日に西林寺には政長方勢は一騎もおらず、若江城に少し城衆が籠もっているとのこと。二十六日、義就は広川に陣を取り、被官人を布陀山上（二上山）に置いた。十月二十一日、畠山義就が越智家栄の館に一夜逗留、恩賞として越智に多くの所領を宛行った後、河内に帰陣したとの風聞が伝えられた。

## 斯波家の内紛

斯波《しば》氏についても、多くの情報が伝えられた。文正元年（一四六六）三月二十八日、古市《ふるいち》胤栄《いんえい》が斯波義廉《よしかど》に見参するため、一族の平清水重幸と長田家則、若党三人を召し連れて上洛した。朝倉と謀略をめぐらせるため、楠葉元次も同行した。五月三日に楠葉元次は、義廉についての情報を得るため京都に上った。義廉と斯波義敏《よしとし》との対立が激化していたからである。しかし、六日に下向した元次は、義廉の身上に異変はないと報告した。二十二日には、義廉が古市に恩賞を与えると連絡があり、実際に二十九日に朝倉の若党が下向して、尾張と越前にある二ヵ所を恩給とする旨を古市胤栄に告げた。

斯波義廉と義敏の対立をめぐり、事が動いたのは七月二十三日で、「斯波義敏が昨日、斯波屋形に入ったが、これに甲斐も朝倉も異議を唱えなかった」と成身院光宣《じょうしんいんこうせん》から一報が入った。経覚は「これが事実ならば、とんでもないことだ」と義廉の身を案じている。この事態について、近衛政家《このえまさいえ》の日記『後法興院記《ごほうこういんき》』の同日条に、「筑紫の武衛（斯波義敏）」を出仕させ家嫡とする旨、昨日将軍から仰せがあり、「京の武衛（斯波義廉）治部大輔と云々」を退け「筑紫の武衛」に合力するよう、諸大名に命じられたとある。これは、将軍義政が伊勢貞親や季《き》瓊真蘂《けいしんずい》の進言を容れたためであった。二十五日、楠葉元次は京から馳せ下って、斯波持種・義敏父子を、義廉が襲撃して合戦になるだろう、との風聞があると告げた。八月に入ると諸国から軍勢が集結しはじめ、八日には、義廉に合力するため、古市からは荻が大将となり、甲《かぶと》十・矢負十ほどの軍勢で京都に上った。二十六日、寺門雑掌の柚留木重芸が京都の情勢について注進してきた。昨日、将軍義政が斯波持種・義敏・竹王丸と謁見し、義敏を越前・尾張・遠江三ヵ国の守護職に補任、他方、斯波義廉には討手を差し向け、義廉を支持する山名《やまな》持豊《もちとよ》も同罪にした、とのことだった。

ところが、九月七日、古市勢大将として上洛していた荻が使者を下して伝えるのには、それまで権勢をふるっていた伊勢貞親・貞宗、季瓊真蘂、斯波義敏・持種・竹王、赤松政則らが、昨日の六日に没落したという。「文正の政変」である。十一日、楠葉元次が下着して、伊勢貞親と斯波義敏は遠江国に没落、諸大名らは評議して伊勢一族の排斥を決めたと、経覚に告げた。十六日、相楽《さがなか》の吉田の説によれば、再び斯波の家督に復帰した斯波義廉は、山名持豊とともに、十四日に幕府への出仕を果たしたという。

## 二　応仁の乱、起こる

成身院光宣が上洛

文正二年（一四六七、三月五日に「応仁《おうにん》」と改元）は、年明け早々から京都で大騒動が持ち上がった。経覚の日記の正月五日条には、「今朝、光宣法印が上洛したとのこと。今の管領は畠山弾正少弼政長だが、その敵人の畠山右衛門佐義就が昨年末に上洛し、千本寺に宿所を構えた。もしかすると、光宣の上洛は、政長に合力するためかもしれない」とある。

京都で起こった騒動は、奈良ではまず、成身院光宣上洛の動きとして顕在化した。八日に幕府は畠山政長を罷免し、斯波義廉を管領に補任した。古市からはただちに与三男と楠葉元次が、義廉の管領就任を祝うために上洛した。元次は十六日深夜に馳せ下り、次のように緊迫した様子を伝えた。

　昨日十五日、山名垸飯《おうばん》の事終わる時分に、弾正少弼山名孫（政豊）、室町殿に馳せ参るの間、内者共《うちのものども》同じく馳せ参り了んぬ、其の故は、畠山少弼政長・右京大夫勝元・京極生観〔持清〕等同意せしめ、室町殿を執り申し、右衛門佐を御退治あるべきの由申さんと欲し、治定せしむるの処、山名早くも聞きつけ、遮《さえぎ》って山名・武衛等警固申す間、支度相違せしむと云々、以ての外の次第也、仍て今出川殿・若公以下一所に御座の間、近日□事有るべしと云々、

「畠山政長・細川勝元・京極持清《きょうごくもちきよ》らが将軍義政を取り籠めて、畠山義就退治の命令を出させようと謀計を廻らせていたところ、これを山名持豊が察知し、先手をうって斯波義廉とともに室町第を押さえてしまった。室町第には室町殿〔足利義政〕はもちろんのこと、今出川殿〔足利義視〕と若君もいるので、近々大事に至るかもしれない」というのである。

十七日、夜がまだ明けきらないうちに、畠山政長が屋形に火を懸けて、糺河原《ただすがわら》に陣取った。これに呼応して、京極が室町御所の南に、細川が西に陣取り、三・四方から室町第を取り巻いた。御所内には山名持豊・畠山義就・一色・土岐らが伺候しており、斯波義廉もすでに参着して合戦に備えた。大和の古市にも、義廉に合力のため上洛せよとの連絡があり、畑経胤もこれに同道するので、経覚に暇を乞いにやってきた。

しかし結局は、細川勝元は政長への扶持を止め、山名持豊も義就への合力を止めたので、両勢力による大規模な衝突には至らず、ここは政長と義就との両畠山の勝負になり、十八日に合戦して双方に死者が出た。朝倉孝景は書状で、「尾張守殿〔畠山政長〕昨夜没落、北白河に於いて合戦」と伝え、「いかにも忩々上洛すべし」と古市に上洛を催促した。そこで二十一日に、古市胤栄は一族・若党を召し具して出陣することになり、経覚に暇乞いに来た。畑経胤は乗馬し、小者一人・中間三・四人を連れて参陣、楠葉元次も同様の躰で従った。胤栄自身は体調が悪く、板輿に乗っての出陣となった。鷹山越えで山田に出て、一日で京都に着く予定であったが、最終的に、古市勢は京都には行かずに帰還した。

なぜかというと、両畠山の合戦は右衛門佐義就が圧倒的に勝利し、尾張守政長は没落したので、「敵方これ無し」という状況になった。そこで、「上洛は無用だ」と伝える朝倉の使者と、京都に向かう古市勢とが南山城の相楽《さがなか》で出会い、事情を聞いた古市勢はそこから引き返すことになったからである。

十八日の両畠山勢の戦いでは、細川勝元・成之と京極、赤松らが心変わりし、畠山政長を見捨てた。畠山義就方の隅田と須屋、畠山政長方の遊佐八郎左衛門と神保兄弟が討死した。山名は義就に合力するため、家臣の垣屋孫右衛門に備後衆を副えて向かわせ、また朝倉も義就の合力に向かい、夜明け前に政長が没落していくのを追いかけて、名のある者の頸をいくつも討ち取ったという。

二十三日、誉田から古市に「政長は行方知れず」との報が入った。二月十七日には、越智家栄が甲三百を率いて上洛した。畠山義就と山名持豊に参会するためである。

### 経覚の情報源

このように見てくると、経覚のもとに集まってくる情報は、古市や越智と関わりが深い畠山義就や朝倉孝景、斯波義廉、山名持豊など西軍方のものが圧倒的に多い。他方、長年の宿敵である成身院光宣が支持する畠山政長や細川勝元らの東軍方については、多くを語らない。もともと伝えられてくる情報の偏りに加え、経覚自身の西軍への贔屓目が拍車をかけ、彼の日記の記事は偏向した内容になっている。そうした傾向は、これ以後の応仁の乱の展開について語るなかでも、一貫して変わりはない。しかも、文明九年（一四七七）十一月に一応の終焉をむかえるまで、十年もの長きにわたって続く応仁の乱について、その途中でこの世を去ってしまう経覚の日記が、その全体をとらえるのに適した史料とは到底言い難い。しかし、考えてみれば、同時代史料には多かれ少なかれ、記者の立場や地理的条件からくる情報の偏りがあるものである。冷静な記録者の目を持つとされる尋尊の日記とて、どれほどそれから完全に自由でありえただろうか。むしろ経覚の日記は、偏向のあり方が明瞭な分だけ、史料としては位置づけやすいと言えるのかもしれない。

五月に戦乱が本格化

正月の両畠山の合戦でいったんは収まるかに見えた両勢力の対立は、五月になって再び激化する。その動きについて経覚の日記の記事を追ってみると、

五月十日、京都では大内政弘が上洛するとの噂があり、これを細川勝元が阻止しようと画策している。

十四日、京都の光宣法印から、彼に与《くみ》する大和の諸勢力に対して、「近日、京都で騒動がある。政長が幕府に出仕するというから、きっと合戦になるだろう。それに備えて軍勢を上すように」との命令が下された。細川勝元といえども、斯波義廉・畠山義就・山名持豊・一色義直・土岐成頼《ときしげより》の五人の結束した力に対し、果たして弓を引けるのだろうか。

十六日、大内と大友が兵船を駆り催して上洛の支度をしていると、楠葉西忍《くすばさいにん》が語った。

十八日、尋尊が経覚に知らせてきたのは、細川勝元らが正月に不発に終わった室町第占拠の企てを、このたび実行に移すのではないか、という話である。

二十一日、楠葉元次の語るのに、山名氏の領国備後国の国人が、細川氏の領国丹波で討たれる事件があり、京都で山名方が細川方を攻撃するとのうわさがある。

二十二日、細川と山名両家の「物言《ものいい》」は、近いうちに破れるだろうとの風聞あり。

## 均衡破れる

二十六日、或る者が、「京都、既に破れたり」（危うく保たれていた均衡が破れて戦乱が勃発した）と伝えてきた。

二十八日、上洛していた古市の若党下村与三が下向して以下のように伝えた。まず細川方から大勢が出張って一色屋形に馳せ入り、これを焼き払った。山名方の墻（垣）屋、畠山義就方の甲斐庄《かいしょう》、斯波義廉方の朝倉勢が出張って細川方を追い崩した。赤松政則の手勢と朝倉方が馳せ合って合戦になり、これに甲斐庄勢が合流し、赤松方の多くが討たれ、朝倉・甲斐庄勢はそのまま細川讃州方に押し寄せた。室町第は近習どもが門を閉ざして警固し、将軍義政は細川・山名の両方に御使を送って「無為《ぶい》の計略」を廻らすよう命じたという。

## 京都の時宜

三十日、寺門雑掌柚留木重芸からの五月二十九日付け注進状を、尋尊が経覚のもとに届けてきた。

このたびの京都の時宜は、二十六日早旦に細川方より山名方へ攻撃をかけ合戦が始まった。一色は、その暁に屋形を開き、山名と一所に成られた。所々で合戦になり、細川一族の和泉守護・淡路守護・備中守護の屋形を焼いた。山名方一族の美作守護・石見守護の屋形も焼けた。講堂《革堂》・百万反《百万遍》・小御堂・一条窪寺と其の近辺も悉《ことごと》く焼けた。連日の合戦は互角の儀である。手負・死人は数多いが、まだ然るべき仁に死傷者は出ていない。細川殿は室町殿中に祗候しており、将軍はこれに御同心である。ただし、将軍は双方の大名に対して、武力行使を止めるように仰せ出されてはいるが、状況は相替わらずで、「天下は大遍《大変》」である。

これは京都にいる興福寺雑掌からの知らせであり、おそらくこれが当時の京都の実情を正確に示すものだったにちがいない。この柚留木の注進状の袖には、

袖に云く、朝倉、廿七日の合戦に内者多く手負候、

と「朝倉の内者にも多くの負傷者が出た」と記されており、実際の戦闘では、経覚のもとに伝わってくるような朝倉方圧勝ばかりではなかったことがわかる。

### 東西両勢力

六月三日の夜前、随心院厳宝から尋尊に知らせが届いた。当時、随心院は京都の九条富小路あたりにあり（『九条家文書』一九九五　随心院旧跡指図）、一条兼良の息子厳宝がその院主であった。尋尊の弟である。そこには、次のように東西両軍大名たちの名前が載せら

れていた。

山名方には、斯波義廉・畠山義就・一色義直・土岐成頼・六角高頼《ろっかくたかより》・富樫政親《とがしまさちか》・山名教之《のりゆき》・仁和寺大夫・石見守護山名成清・畠山義統《よしむね》の十一頭、

他方の細川方は、武田信賢《たけだのぶかた》・細川成之《しげゆき》・京極持清・淡路守護細川成春《しげはる》・備中守護細川勝久《かつひさ》・和泉両守護〔細川常有・持久〕・赤松政則・畠山政長の十人、

## 公方の御旗

ところで、この日、経覚が「或る者」の説として日記に記す内容は興味深い。将軍義政が「御旗」を細川勝元に授けようとした時、日野勝光が次のように反対したという。

> 公方御敵の子細顕現の時に御沙汰有るべき歟、只今ハ私諍也、いかでか御旗を出さるべけん哉

勝光は、幕府の秩序に敵対する者が「公方の御敵」であり、それを成敗する時にこそ「御旗」は出されるべきである。ところが、目下、両軍に分かれて戦っているのは「私諍」であり、どちらが「公方の御敵」なのか、まったくわからない。だから細川方に「御旗」を授けてはなりません、と主張したのだった。しかし、六月九日、尋尊からの連絡によると、結局は、室町第の四足門に「御幡」が立てられたという。将軍御所（室町第）を押さえている細川方の圧力に屈したわけである。

この乱では、東西両軍がそれぞれに、将軍―管領―守護の体制を作り上げ、幕府の奉

行人らも双方の陣営に分かれ、結局は「東幕府」と「西幕府」が並び立つようなかたちを生み出した。そこでは、双方が共に「公」であり、それぞれが「正当性」を標榜した。そして、結局のところ、どこにも公的秩序は存在しなくなった。応仁の乱とは、そういう乱であった。こうして、これまで確かにあると思われていたものが、社会のさまざまな場で次々に崩れていった。

### 光宣からの威嚇

六月二十二日、尋尊は、光宣法印から「何か突発的なあやまちが起こらないとも限らないので」と次のように申し入れてきた旨を経覚に伝えた。その内容というのが、

> 愚老の事、治部大輔〔斯波義廉〕と知音の間、上洛は心元無く候、又楠葉新右衛門、朝倉と昵懇せしめ候、仍《よつ》て走り舞い候、旁《かたがた》以《もつ》て覚束無《おぼつかな》きの間、只今上洛の事ハ、門跡までも然るべからず候、申し止めらるべきの由、紙面に載せ申し送り了んぬ、

というものだった。経覚と元次は斯波義廉や朝倉孝景と昵懇であり、彼らのために奔走している。それが上洛してくるようなことになれば、きっと東軍方はただでは済まさないだろう。ひいては大乗院門跡にも類が及ぶにちがいない。だから何としても押し留めるようになさいませ。このように光宣は大乗院尋尊に書面で申し入れてきたのだ。光宣は経覚のふるまいに、クギをさしてきたのである。

経覚は、「思いもかけないことで、とんでもない言いがかりだ。愚老は弓矢を取る者

ではないのだから、たとえ斯波や朝倉に合力したところで、いったい、それに何の問題があるというのか」と反発を強めた。しかし、「上洛のことを思案してみたが、光宣がここまで強硬に申し送ってくるからには、きっと、上洛途中の道を通行させないように命じているはずである。そうであるなら、無事に上洛するのは難しいにちがいない。だから、ここは上洛を見合わせるしかない」と考え、二十三日に不承不承ながら上洛を断念した。上洛の際の手土産にと用意した榼などは、興福寺の横行《おうぎょう》（声聞師）に九条家まで届けさせた。この時、経覚七十三歳、確かに十分な高齢ではあるが、まだまだ意気軒昂であった。尋尊は、経覚が上洛を取り止めたと聞いて大変に安堵し、二十五日、禅定院で食事と風呂を用意させ、古市胤栄や畑経胤らも招いて饗応した。

大内勢が参着

六月二十九日、楠葉元次の知らせによると、山名氏の分国である安芸・石見・備前・但馬・備後・播磨からの軍勢が、細川氏領国の丹波勢を打ち破って京着した。細川方には山城西岡衆も加わって防衛したが、結局は、山名方八万余の軍勢に打ち破られた。

七月三日、大内政弘が、山名方に合力するために上洛した。その布陣は海賊衆が先陣で、陸衆は大内家臣の豊田・杉と石見衆、海上衆は大内自身と山名政豊、家臣の陶《すえ》・杉・内藤・宮内・安富・江口・仁尾の面々、それに加えて安芸と九州勢、伊与の河野と長門衆という大所帯である。また、細川氏の内者《うちのもの》香川方が斯波義廉邸を攻撃するも、

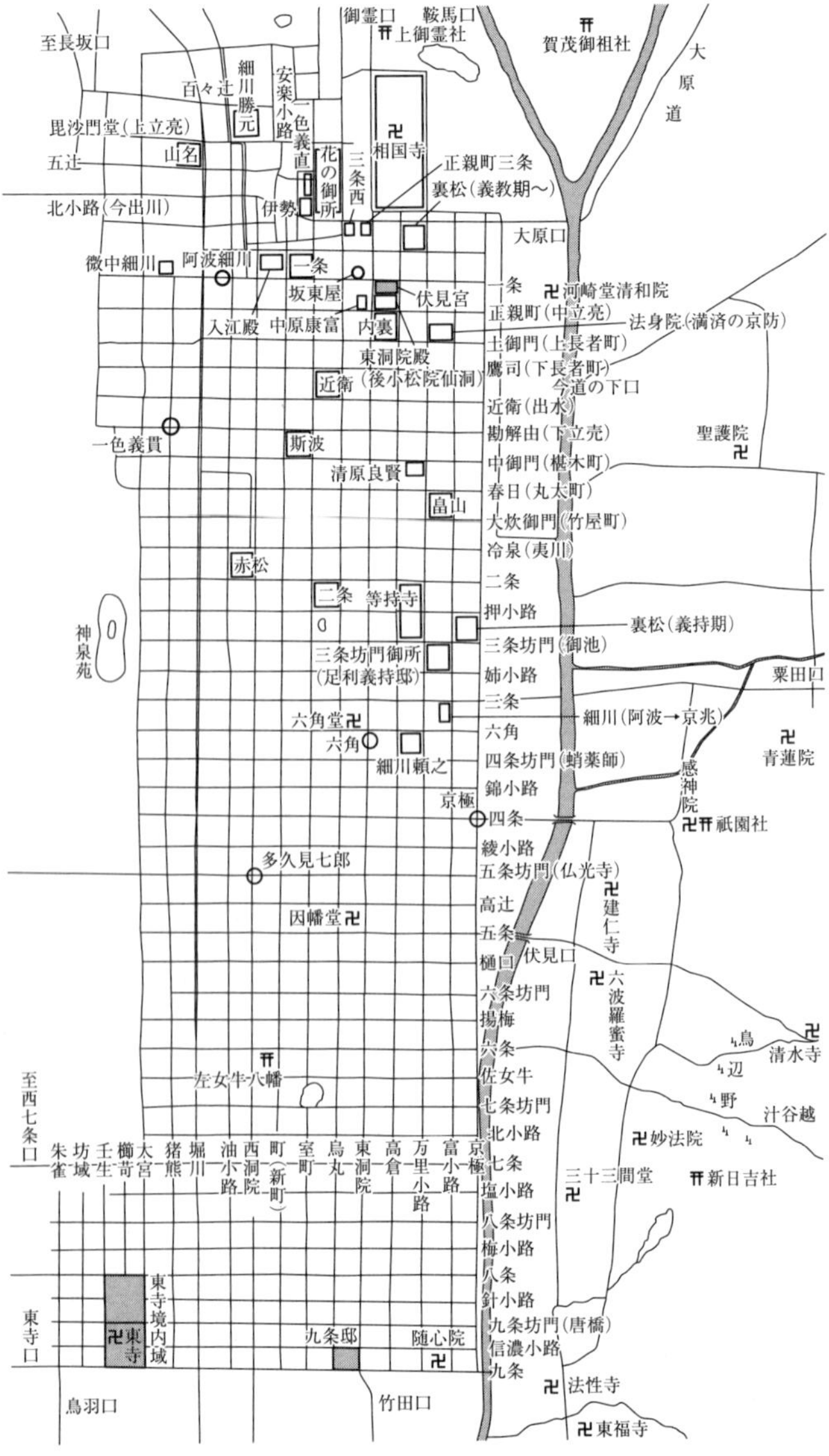


室町時代の京都（榎原雅治「一揆の時代」の地図に加筆して作成）

すぐに朝倉方が馳せ懸けて迎撃した。この大内政弘らの大軍到着に、西軍方はおおいに力を得て優勢になった。

京中、焼亡す

この頃、京中の武家・公家の邸宅三十ヵ所が焼亡し、さらに街並についても、

一、鷹司東洞院より二条まで、鷹司烏丸より二条まで、鷹司室町より二条まで、御領（御霊）のつじ（辻）より近衛町まで、其れよりかすが（春日）まて、
一、小河北小路の通より西洞院を下へ、かすがまで、土御門油小路ヨリ中御門まで、
一、一条より上は、くほ（窪寺）の堂より内野まで、大との井（宿直）悉《ことごと》く焼け了んぬ、
　近衛殿　鷹司殿は焼け候わず候、

と記されている（『経覚私要鈔』応仁元年七月十二日条）。

## 三　焼亡する京都を遁れて

商売など全く無し

八月に大内政弘の軍勢が京都に到着した。九条政忠からは「合戦が続く京都での生活は心配なことばかりで、困窮も甚だしく、どうしたらよいか途方に暮れている。ことに

大内介が上洛してきて東寺に陣取ったため、その近隣の九条家周辺もたいそう不穏な状態になり、商売などはまったく行われていないありさまだ」と窮状を訴えてきた（『経覚私要鈔』八月二十四日条）。前関白一条教房は弟の九条随心院厳宝のもとに身を寄せていたのだが、「九条辺も物忩《ぶっそう》」になったため、尋尊がいる奈良に下向した。その母（中御門宣俊娘）も奈良で、大乗院北面堯善の家に寓居することになった。また前関白鷹司房平と子息政平も一乗院を頼って奈良に下向するなど、多くの公家たちは戦乱の京都を遁れて、奈良をはじめ地方に疎開先を求めて下っていった。

京都の三宝院焼失

室町第では一時、公方の近習が細川方を追い出す動きを見せたが結局は押さえ込まれ、足利義視は伊勢に没落した。九月十日、楠葉西忍が四条道場時衆の報として伝えるところによれば、六角高頼が大慈院、畠山義就が等持寺（三条坊門万里小路）に陣取っているところに、東軍武田の手勢が攻撃を懸け、これに畠山勢が応戦、追い懸けて三宝院内に入り、さらに朝倉勢が加勢したので、京都の三宝院（満済の京坊であった法身院）が焼失してしまった。梶井准后義承《かじいじゅこうぎしょう》は大原に落ち延びたが、その地で病死、三条実雅《さんじょうさねまさ》も泉涌寺で死亡した。

九月十五日の京都大焼亡により、一条兼良・日野勝光・今出川三条・伊勢氏らの宿所が焼けた。十六日には土岐・一色が相国寺に陣取り、畠山義就は内裏に陣を取った。後土御門天皇は、これより前の八月二十三日、父の後花園上皇と同じ牛車に乗って室町第に避難していたので（『大乗院日記目録』）、当時、内裏は無人であった。そこを占拠して義就は陣を張ったのである。浄花院から北へ室町第惣門までが焼失し、公方の薬師《くすし》である竹田宮内卿も宿所を焼かれて、奈良の手害《てがい》郷に移住した。奈良では、その治療を求めて多くの人びとが群集しているという。

京都近郊の争い

京都近郊でも、東西両軍の勢力争いが激しくなった。東軍方の赤松や和泉両守護・淡路守護らの軍勢が東岩倉に入部しようとすると、在地の人びとが貝鐘を鳴らして集結し防御した。南禅寺や聖護院・岡崎辺に陣取ろうとしても、地下人《じげにん》らが抵抗したので、東軍勢は近辺の山に陣を取るしかなかった。西軍の斯波義廉方からは朝倉、畠山義就方からは甲斐庄、山名方から垣屋、さらに一色や土岐方からも重臣各一頭が出て、東軍方に攻撃をかけようと動いた。

九月二十二日に楠葉元次が語った内容からは、両軍が京都の各所に陣取って激しい闘いを繰り広げる中で、寺社やその周辺に住む地下人らがどのような事態に直面していたのかが見えてくる。

元次が経覚に告げたこととは、一昨日、赤松の手の者らが、南禅寺に兵粮を懸けてきた。南禅寺では、それまでに繫がりをもっていた西軍方に、この旨を伝えた。すると、

「急いで、承知したと返事せよ。後のことはこちらで思案をめぐらせるから」とのことだったので、南禅寺は五百貫分を請け負うと赤松方に返事をした。しかし、それを赤松の陣所まで運び入れよとの求めに対しては、「それは難儀です。そのようにした場合、きっと西軍方からも同じように兵粮米を出せと要求してくるに違いありません。だから、ここは、無理に押し入られて召し取られたかたちにしてください」と返事をした。これを信じて、甲《かぶと》三百ほどの赤松方が入ってきたところを急に門を閉じ、そこに西軍の土岐方勢が走り込んでことごとく打ち殺した、ということだった。

この話を聞いた経覚は、「不憫である」との感想を洩らした。いくら西軍方贔屓の経覚も、このような「だまし討ち」とも思える行為には、賛同しがたいものがあったのであろう。しかし、応仁の乱中、軍勢に陣取られた現地の地下人らは、東西両軍から無理矢理に課せられてくる兵粮米をどうするか、応じるのか拒むのか、まさに死活をかけた判断を迫られたのである。

## 「構え」と「井楼」

九月二十五日に古市から、荻左京亮を大将にして甲十五が上洛し、これに楠葉元次も同行した。古市胤栄自身は、この時も軍勢に加わらなかった。京着した古市勢は、朝倉方の陣所に近い黒谷法然房寺（金戒光明寺）に陣取った。

十月に入ると、武田信賢が陣取る相国寺を、畠山義就が攻撃して焼き払い、さらに故三条公雅や伊勢貞親らの屋形、細川持春《もちはる》や白川資益《すけます》の宿所を焼いて、その跡に陣取った。焼き払われた各所の屋形跡は陣所となり、さらにその周りに堀を廻らせて要害を構えた。防御を固めた「構《かまえ》」には、相手方を攻めるための丈の高い井楼《せいろう》が築かれた。「細川の城」を攻撃しようと、山名方では高さ一丈二尺で柱九本、継面四間の大きな井楼を立て、火矢石に用いる土石をその上に運び上げて攻撃に備えた。このようにして、京中の各所には要害としての「構」がいくつも作られ、いたるところに堀が掘られ、激しい市街戦が繰り返され、京都の町はその姿を大きく変えていった。

西軍大名八人連署状

東西両軍は、自軍への「引汲《いんぎゅう》」（味方をする）を求めて各地の勢力に、さまざまな働きかけを行った。西軍方は畠山義就・斯波義廉・山名持豊の三人の連署状を東大寺・興福寺に送り、「味方につけば領知を寄進する」と誘いをかけ、東軍方も「山名治罰」を命じる後花園法皇の院宣と将軍御内書・幕府奉行人奉書を興福寺に届けた。そのうち、楠葉元次が京都で朝倉孝景から託され、経覚のもとに持参した西軍方大名八人連署状は、次のような内容であった（『経覚私要鈔』応仁元年十月二十九日条）。

今度の世上の時宜に就き、已前具《つぶさ》に啓せしめ候如く、近日御成敗は悉《ことごと》く右京大夫（細川勝元）の自由の所行に候、既に勅書・御内書を成され、殊に昵近の衆大略此方へ馳せ来たり候、是等上意忝《かたじけな》きの趣を以て遠迹《きょうじやく》有るべく候、然る上は公武共に以て御無為

の儀必定《ひつじょう》に候、又然るべき在所を寄附し奉るべく候、尚〱御同心各抃悦《べんえつ》たるべく候、恐々謹言、

十月廿五日

美乃守判 土岐

兵部少輔判 大内介

相模守判 山名一族

左衛門佐判 能登守護

□判 一色

□判□□(山名カ)

□判□(畠)山

左兵衛佐判 武衛管領

謹上　興福寺々務

朝倉孝景是より付け遣わすべき由管領申すと云々、

東大寺へ同文言状これ在り、則ち付け遣わし了んぬ、

ここでは、西軍方大名が「近頃の「御成敗」は将軍義政自身によるものではなく、ことごとく細川勝元が勝手気儘に行っていると批判し、西方からの勅書や御内書に応じて多くの衆が味方に馳せ参じているとした上で、味方に付くならば、しかるべき在所を寄進する」と誘いをかけている。経覚はこの連署状を日記に書き写し、奥上部に注記を加えた。その注記には、「管領斯波義廉はこれを経覚から興福寺別当東門院孝祐と東大寺に届けてほしいと申している旨、朝倉孝景が伝えてきたので、すぐにそれを実行した」

とある。

「大内介」の注記

　ところで、この連署状を日記に書き写した時、経覚は二番目の兵部少輔判の下に「大内介」と注記を加えた。しかし、このほぼ一年後に、越智家栄の仲介で西方大名八人の連署状が興福寺別当と大乗院・一乗院両門跡宛てに出されるのだが、それを尋尊が日記（『大乗院寺社雑事記』応仁二年十一月六日条）に書き付けているのを見ると、西方大名八人の署判は「成頼《土岐成頼》・政清《山名政清》・教之《山名教之》・義統《畠山義統》・義直《一色義直》・宗全《山名宗全》・義就《畠山義就》・義廉《斯波義廉》」であり、連署者の二人目「兵部少輔」は山名政清である。おそらく経覚の日記に記された西方大名連署状も同じメンバーであったと思われる。

　経覚は、主に西軍方から伝えられる情報をもとにして応仁の乱の動きを把握してきており、そこでは大内政弘の上洛時から、彼の率いる軍勢の圧倒的な強さが強烈に印象づけられる。それゆえ経覚は、「クミノ衆」として一揆している西軍諸将の中に、必ず大内政弘がいるはずだと考え、「兵部少輔」の下に「大内介」と書いたのであろう。しかし、管領や侍所長官として幕政に参加しうる大名の家格という点から考えてみれば、大内政弘が実際に西方大名八頭連署状に加わっているはずはなかったのである。

九条家に年始の贈り物

　年が改まった応仁二年（一四六八）正月二十四日、経覚は九条家の人びとに年始の贈り物を届けさせた。「鏡一・柿、九条殿《九条政基》、鏡一面・柿、同内府《九条政忠》、菓子一合春日局《九条政基養母》、菓子一合

堀川局〔九条政忠母〕、餅一箱新中納言局〔九条政忠妻〕、柿一連南坊、袋餅一・髪籠兼益」とある。

二月五日、尋尊は兄一条教房と母のいる成就院に向かった。京都にいる父の一条兼良から、兄や母に対して寺門用途百貫文を「御訪」として助成するように命じられたが、目下のところ「寺物無物」なので僅少ながら五十貫文しか進上できないことを伝えるためである。

### 落ち行く先を

二月九日には四条道場の時衆が奈良に下向し、細川陣内の様を語った。多くの人びとは落ち行く時のことを考えて馬を求めたり、武田などは若狭国に城を用意して没落する先の心配をしているという。「南都に引き移って合戦し、此の戦は手害郷で終わる」と都鄙《とひ》ではもっぱら戦乱の地方拡散が人の口にのぼっており、乱が奈良へ飛び火するのではないか、そうなっては「社頭の凶事」だと、経覚は心配した。

### 三宝院義賢の病い

二月十二日に、三宝院義賢の病が重篤であると、九条政忠から不動寺を通じて連絡があった。義賢は長年親しく付き合ってきた友であり、恩人である。これを聞いた経覚はとても驚き、十四日に再度連絡を受けると、すぐにも上洛して一目でも会いたいと、さまざまに計略を廻らせた。しかし、京都やその近郊では激しい戦闘が続いており、その中を上洛することは困難であった。

三月十二日には、不動寺が九条政忠の使者を同伴して古市に下り、戦乱の続く京都での生活は困窮を極め、このままでは到底立ち行かないと訴えてきた。経覚は、政忠が出家し、奈良に下向してくれば「一飯をも分け申すべし」と返答した。この後、経覚の日記は七月四日で途切れてしまうが、『大乗院寺社雑事記』十月二十五日条に、東南院覚尋の動向として「此の三・四年の間在京す、九条辺の儀正体無き故、下向せらる」とあるので、おそらくこの頃に覚尋の兄九条政忠とその家族も、経覚を頼って大和に下向し、古市で過ごすことになったものと思われる。

本願院兼寿の来訪

四月八日、「寛正の法難」以来音信の途絶えていた本願院兼寿（蓮如）が、経覚のもとを訪れた。思いがけない来訪を喜び、経覚はすぐに対面した。兼寿は用途三百疋を持参し、「大津から来た」と話り、長居をすることなく帰ってしまった。急いで経覚は畑経胤に後を追わせ、当座に用意できた「榼二荷・饅頭一折・苔二束」を兼寿に持たせた。経覚にとって、これが兼寿と直接に顔を合わせて語り合う最後の機会になった。

長谷寺の連歌新式

経覚は能書家であり、これまでも、さまざまなところから依頼が舞い込んだ。そのつど経覚は書写に努めた。応仁二年（一四六八）五月十七日、長谷寺から頼まれて「連歌新式」を書写し終えた経覚は、それに次のような「奥書」を記している。

此の新式の事、満山の所望たるの由、執行弘舜申し伝え給うの間、不堪と云い老眼と云い、子細有るべしと雖も、且つは鎮守聖廟の冥睠《みようけん》を恐れ、且つは大聖渇仰の

　　老心を励まし、書き能《（与）》え了んぬ、　応仁二五月十八日　浮雲老翁　判　七十四歳

「長谷寺満山の所望であると執行弘舜が言うので、上手くもない書であり、老眼も進んでいるが、老心を励まして書写に励んだ」と書いている。この「連歌新式」は、現在も長谷寺に所蔵されている。日下に記した「浮雲老翁　七十四歳」には、この頃の経覚の感慨が示されている。

五月二十日、楠葉元次が古市新恩地の件で、越前に下向するという。経覚は、朝倉孝

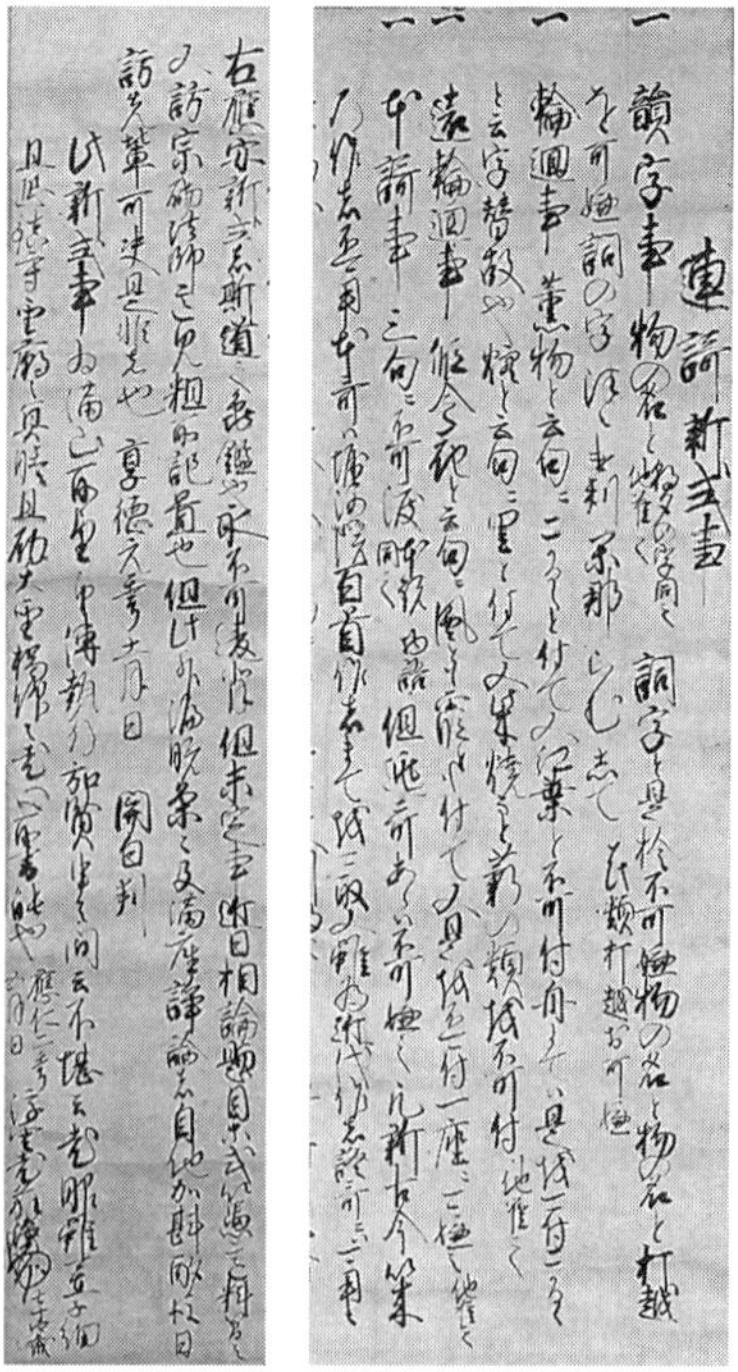

第4幅末尾　　第1幅冒頭

『連歌新式』第1・4幅（奈良長谷寺蔵）

景への礼謝を伝えたいと思っていた。しかし、その矢先に、楠葉西忍が思いがけない情報をもたらす。成就院での連歌会に西忍が参加した時、一条教房の母が、「越前国では斯波義敏が復活し、朝倉方の勢力をことごとく国から追い出したというから、彼の国に領地がある者は策をめぐらすべきだ」と言ったという。京都の事情にくわしい木阿に確かめると、そのような話は知らないとのことであった。しかし、西軍方の斯波義廉の有力家臣として、京都での闘いの一翼を担ってきた朝倉孝景が、これ以後に示す大きな変節のきっかけは、この時点で伝えられた越前国内の情勢変化にあったのかもしれない。

# 第十　戦乱の中での晩年と死

## 一　四度目の興福寺別当

### 「准后宣下」をめぐって

文正《ぶんしょう》元年（一四六六）十二月に、ある動きがあった。『大乗院寺社雑事記《だいじょういんじしゃぞうじき》』十二月十四日条には、次のように記されている。

安位寺殿〔経覚〕の准后《じゅごう》宣の事、昨日、予〔尋尊〕は、太閤〔一条兼良〕幷びに前殿〔一条教房〕に申し入れ了んぬ、当年七十二歳に罷り成り候、永享《えいきょう》三年より満寺一﨟《いちろう》として三十余年、御祈禱の精誠を致すの由申し入れ了《おわ》んぬ、

尋尊が、父一条兼良《いちじょうかねよし》や兄教房《のりふさ》に、経覚の准后推挙に尽力するように申し入れたのだ。当年七十二歳になり、永享三年から三十余年にわたり、ずっと興福寺の満寺一﨟として御祈禱精誠に励んできたのだからと、推挙の理由を述べている。二十八日に、兼良は関白二条持通《もちみち》にも話を通し、これが実現するように動いた。准后とは、太皇太后・皇太后・皇后の三后に准ずる待遇をあたえられた者のことで、准三宮《じゅさんぐう》ともいう。平安時代か

ら皇族や女御、摂関・大臣などに与えられたが、後には何らの特権もない一種の尊称のようなものになっていった。醍醐寺三宝院満済《さんぼういんまんさい》も准后であり、その跡を嗣いだ三宝院義《ぎ》賢《けん》も准后である。

年﨟・才芸、申し分なけれど

さて、翌応仁《おうにん》元年（一四六七）四月七日に、経覚への准后宣下について、日野勝光《ひのかつみつ》から一条兼良に返事があり、これは十六日に尋尊から経覚に伝えられた。「年﨟も才芸も申し分ないが、南都では先例がないから」と兼良に書き送ってきた勝光の書状を、経覚は自分の日記に書き写した。そのうえで、

一条太閤へ日野内府御返事也と云々、明家（名家）の者執柄《しっぺい》へ直状を進《まい》らする事、先例如何哉、縦え丞相《じょうしょう》と雖《いえど》も甚だ不審也、

と記し、「公家社会の序列からいえば、日野家が摂関家に対して直状を送るのは先例に違うではないか。たとえ今の勝光が丞相の地位にあるとはいえ甚だ不審だ」と、書札礼《しょさつれい》（書状の形式・文言などに関する礼式）を逸脱した点を手厳しく批判した。

「経覚准后」実現か

ただし、准后宣下の話はこれで沙汰止みになったわけではなく、応仁三年三月十八日に菩提山報恩院有俊から大乗院尋尊に、「安位寺殿（経覚）様准后宣下の御事」を祝う書状（『大乗院寺社雑事記紙背文書』二―一六二二）が届き、二十五日に尋尊が経覚のもとを訪れ、准后宣下に伴う「京都での御礼」についての相談もしているので（『大乗院寺社雑事記』補遺五）、経

覚への准后宣下は秒読み段階に入っていたと思われる。しかし、ここでもう一つの動きが急展開する。

八旬の暮齢

応仁三年三月二十一日の夕刻、九条家諸大夫の信濃小路兼益が古市に下り、

寺務〔興福寺別当〕の事、前内府勝光公方より内々に申す旨有り、其の子細は、愚老再任すべし、

との旨を伝えた。しかし経覚は、「すでに三度も興福寺別当（寺務）に就任しており、さらにもう一度となると、いかがなものだろう。天下錯乱の時分で、寺領もないに等しい状態にあり、しかも自分は八十歳にも及ぼうかという暮齢で、万事茫然の有様だから」ということで、断りの返事をした。

ところが、四月四日に寺門雑掌の柚留木《ゆるき》重芸《じゅうげい》が来て、「今のような時分に、余人が興福寺別当の地位に就いても、まったく事が運んでまいりません。御老体には苦痛とお思いになるでしょうが、其の職に就任されれば、格別の忠たるべしと公武も御沙汰に及ぶに違いありません。これこそ面目躍如たるところではないでしょうか」と、説得に努めた。大乗院家の候人も北面以下の者も「祝着《しゅうちゃく》の由」を進言し、結局、七十五歳の経覚は、四度目の寺務に就任することになった。

四度目の寺務に

寺務の執行機関としては修理・会所・公文・通の四目代と供目代、出世奉行などがあり、十日には通目代に福智院牂舜《じょうしゅん》、修理目代には成身院光宣《じょうしんいんこうせん》を補任《ぶにん》し、寺務奉行の玄

深・継舜が奉書を発給した。また日野勝光には、「老躰至極の身」だが、よろしく頼むとの請文《うけぶみ》を送った。供目代は古市胤栄《ふるいちいんえい》の推挙を受けた専心に決め、出世奉行に尊誉を補任するよう命じた。公文目代は継舜、会所目代には兼乗、さらに寺務領諸庄園の給主を任命するなど、経覚は興福寺別当として多忙な日々を送り、四月二十一日には長者宣《ちようじやせん》を古市迎福寺《げいふくじ》で請け取った。本来は大乗院家の禅定院《ぜんじよういん》で請け取るべきだが「老躰至極の上、細々出頭叶うべからず」との理由をあげている。ここで経覚は何度も繰り返し「老躰至極」と述べているが、本当のところは、四度目の寺務就任におおいに張り切っていた。

西方にも新年号

経覚の日記の五月四日条には、「去る廿八日に改元があった。文明という年号である。西軍方でも新年号を採用したというが、その文字は明瞭には伝わっていない」と記されている。応仁の乱が始まって、東西両軍は将軍・管領・守護・奉行人をはじめとする幕府の統治組織をそれぞれ別々に作り上げ、「東幕府」と「西幕府」が並存する状態になっていたので、あるいは年号も互いに異なるものを採用しようとしていたのかもしれない。西方の年号について文字は明瞭に伝わってきていないと経覚の日記にあるだけなので、西方に新年号があったのかどうかも含めて、詳細は不明である。

経覚のもとには、足利義視《あしかがよしみ》が大内の要請で十六通もの御内書を発給したとか、大内勢が大和の鳥見《とみ》・田原に宿札を打ったとか、摂州国人三十六人が守護の細川勝元《ほそかわかつもと》に背いて大内方に属したとか、相変わらず西軍有利の情報が伝えられてくるが、実際の戦況は一進一退で、東西両軍の抗争はまだまだ終わりそうにない。

九条政忠への援助を要請

奈良の成就院に疎開してきている一条兼良が、経覚の寺務就任祝いの宴を催してくれた。七月十日、経覚は自身の寺務就任を機に、九条政忠《くじょうまさただ》が南都に下向しているのに「寺門として無音《ぶいん》なのはもってのほかだ」と申し出た。ところが「寺門も無物だから十貫文の援助しか出せない」というのが興福寺学侶らからの返事であった。あまりの少額に、経覚は申し出たことをとても後悔した。とはいえ、大乗院家では尋尊の父一条兼良とその家族を奈良に迎えてその生活全般を支えており、興福寺全体としても、古市にいる九条政忠にまで支援の手をさしのべる余裕はなかった。たとえ少しであっても、寺門からの援助があれば、政忠の生活の足しにはなるはずであり、当時の貴族たちのあり方としては、それでよしとしなければならない状況にあったのは確かである。

## 二　坪江郷政所職をめぐる対立

朝倉離反の雑説

文明元年（一四六九）七月十二日、越前国について種々雑説が伝えられる中に、朝倉孝景《あさくらたかかげ》が西軍方の斯波義廉《しばよしかど》から離反し、斯波義敏《よしとし》方についたという話があった。だが、すぐに「これは虚説だ」との音信があった。が、実はこの雑説、根も葉もない虚説ではなかったことが後になってわかってくる。

### 元次、坪江郷政所に

同年九月十日、朝倉孝景が、楠葉元次《くすばもとじ》を坪江郷政所《まんどころ》に推挙する旨を大乗院門跡の尋尊に伝え、尋尊がこれを了承し、楠葉元次の政所職請文《うけぶみ》も出された（『大乗院寺社雑事記』補遺六）。これは寺務経覚の強い意向を受けたものであった。十九日の興福寺学侶集会《しゅうえ》では、このことへの抵抗が強く、「請人」を立てるならば認めようということになった。ところが経覚は、元次には上使を副えるので請人は不要だと返答し、学侶集会の出した条件を蹴った。こうして九月二十五日には、楠葉備中守元次の坪江郷政所職補任が決まった。経覚のやり方には、いつも強引なところがある。ここでも、別当に就任して、興福寺全体に力を及ぼせる立場を得たところで、経覚らしい一面が示されたわけである。

### 朝倉の申状

しかし、越前国坪江郷の現地では、さまざまな抵抗があった。文明二年正月十七日、経覚は楠葉元次に命じて「朝倉申状《もうしじょう》の趣」を別会五師に伝えさせ、学侶集会で相談したうえで返答するようにと要求した。この朝倉孝景からの申状の内容は、

坪江郷政所職に楠葉元次が補任されたと承り、守護斯波義廉の承認の判も得たのに、楠葉は「一所務」（一度、年貢を収納すること）も実現できていないというではないか。

それならば、以後は私は寺門〔興福寺〕への奉公に励むわけにはいかない。以前に私が奉公を
　誓って提出した告文《こうもん》（起請文）も返してもらいたい、

という、とても強硬な抗議文であった。元次はこの件で尋尊にも会い、自分の「一所務」が実現しない事情について、「去年、寺門から坪江郷政所職を仰せ付けられ知行をしているが、仕丁《じちょう》の武友が種々の計略をめぐらせて妨害してくる。この地域は、以前には納所《なっしょ》宗秀僧都のもとで、現地の国人の北方が実際の年貢収納にあたっており、その体制が近々復活するとのうわさがあって、百姓らは年貢収取になかなか応じない」と、これまでのいきさつや現地の様子を語っている（『大乗院寺社雑事記』正月十七日条）。

### 勅願納所の宗秀

ここに名前の出てくる勅願納所宗秀は、神人・力者《りきしゃ》・仕丁・承仕《しょうじ》などを管轄し、興福寺の惣蔵司として力をふるい、五師一﨟や学侶使節も務める重鎮であった。しかし寛正六年（一四六五）十一月に、坪江郷年貢収納をめぐる不正が発覚して失脚していた。

### 下人、即躰「非人に給う」

彼が失脚した経緯を見てみると、坪江郷年貢は、仕丁・承仕が実際の収納の任にあたっていたが、綿百三十五屯のうち三十五屯を百姓らの不作として免除する旨を、納所宗秀の使者徳丸が報告した。しかし本当の不作分は三十五屯ではなく、実際はもっと多くの綿が納入されていた。その分を宗秀側が流用して利益を得たばかりか、さらに損免を認めた見返りにと、百姓から十五貫文の礼銭まで取っていた。まさに二重三重の不法悪

行を重ねていたわけである。年貢の「倉付」は、国人の北方と在地の番頭が取りしきった。北方には、納所宗秀から政所職に任命すると約束した奉書が出されており、番頭や下司はこれに異議を申したが強行されたという。寺門の両使は、「不法越過」により宗秀の「納所職の事、早々に改めらるべし」との裁定を下し、六方衆と学侶は「神水集会」を開き、「納所宗秀罪科」として、所従徳丸の住屋を破却、宗秀は地下《じげ》本復後に供料を返納することで決着をつけた（『大乗院寺社雑事記』十一月二十二日・二十六日条）。この時、楠葉《くすば》西忍《さいにん》は経覚に、勅願供衆が宗秀の下人に対し、住屋破却のうえに、「即躰《そくたい》」（身体、身柄）においては「非人に賜う」という処罰を科したと語っている（『経覚私要鈔』寛正六年十二月二十九日条）。

### 楠葉元次と宗秀方の対決

こうしたことが四年前にあった中で、文明元年（一四六九）に経覚の後ろ盾で楠葉元次が坪江郷政所職についたものの、納所宗秀につながる仕丁武友や国人北方らのたび重なる妨害によって、「一所務」も実現できない状況に追い込まれていたのである。

文明二年三月十一日、勅願衆集会の場に、楠葉元次と仕丁武友が召し出され、国人北方の坪江郷乱入の子細について評議された。北方は「自分は先年、納所宗秀の計らいで坪江郷政所に就任し、任料百三十貫文も宗秀に渡している。ところが、政所職には楠葉元次が任命され、下向してきた。ならば、自分が払った任料を返してもらうか、さもなければ自分に政所職を仰せ付けるか、二つに一つだ」と主張しているという。尋尊は、「北方の言い分は正当だ。寺門の沙汰は、後先のことを考えず、当座のことに任せて行うから、こういうことになるのだ」と、寺門の裁定のやり方に不満をもらしている。結局、「武友の事、不儀の条露顕」で罪科と決まった（『大乗院寺社雑事記』）。

### 楠葉父子を「非人に給う」

しかし、なお、四月二十二日に勅願衆使節から「坪江政所の事、楠葉備中守不法の間、地下《じげ》に入るべからざるの由一決」と申し入れがあり、宗秀方の反撃が続いた。五月になると、寺門から越前国内の所々に「楠葉備中守元次を討て」「そうすれば二千疋の褒美を与えよう」との下知があり、さらに加えて、「親父の西忍は非人に給う」との処断が下されたという。ここで、寛正六年に宗秀の下人徳丸に下されたのと同様の、即躰は「非人に給う」という処罰が、楠葉父子に対して執行されることになったのである。

これについて尋尊は日記に、「旁《かたがた》もって安位寺殿（経覚）、御面目を失われ了んぬ」と記し、こうした事態が引き起こされたのは経覚の側近である畑経胤《はたきょういん》と楠葉元次との不和が原因で、畑が「私の意趣」のために主君の面目を顧慮しないで動いた結果によるものであり、「希代の事」だと記している（『大乗院寺社雑事記』五月二十一日条）。

### 高札に載せる

しかし、まったくこれは事実ではない。別当の地位にあることを恃《たの》んで側近の楠葉元次を強引に坪江郷政所職に任じた経覚と、本来それを職務としてきた寺門の勅願衆納所とのあいだの、深い対立が引き起こした事態である。そのことは翌年文明三年八月十五日に、坪江郷の現地に納め置かれている年貢を、寺門が収納できるよう許可してほしいと勅願衆使節が要請してきた時に、経覚が、

楠葉父子、非人に行い頭を高札《たかふだ》に載する事、其の科何事哉、その科無きを沙汰致すは、併しながら愚老の所を面目を失せんが為に沙汰致す事也、此の張行《ちょうぎょう》は納所宗秀僧都の所行也、然らば納所を改め罪科に行わば、収納の事子細有るべからず、

と返答している点に明らかである（『経覚私要鈔』文明三年八月十五日条）。

何の罪科もない楠葉父子を「非人に給う」と処断した張本人の宗秀を、納所職から追放し罪科に処するならば、地下に納め置かれている年貢の収納を許可してもよいというのが経覚の返事だった。ここで「地下に納め置かれている年貢」とは、この年に百姓から収納された坪江郷の年貢である。この現地の蔵に収められている年貢を、興福寺勅願衆納所は自力では収納できなかったので、経覚に許可を求めてきたわけである。現地で納入された年貢を押さえているのは、楠葉元次とそれを支える朝倉方の勢力であることは明らかである。経覚の許可がなければ、勅願衆納所は年貢を収納し奈良まで運上することができなかった。経覚はそれを許可する条件として、納所宗秀を解任し罪科に処するように求めたのであった。このように経覚と激しく対立した宗秀であったが、文明四

年二月二十三日に七十八歳で死んだ。

それにしても、その身を「非人に給う」とは不思議な罰である。これを課せられた楠葉西忍・元次父子のその後のあり方を見ると、特段の変化もなく、これまでと同じように生活し職務に励んでいる。しかし、「高札に載せ」て、その者が非人の集団に属するようになった旨を広く衆知するわけで、その影響力は大きなものがあった。

「即躰《そくたい》」を「非人に給う」という例は、『大乗院寺社雑事記』に数例（文明三年十一月十六日、延徳《えんとく》三年〈一四九一〉正月九日、明応《めいおう》五年〈一四九六〉正月二十九日、同八年六月、同八年十一月五日）ある。下臈・坊主・所従・尼公など、いずれも下層身分の者がこの罰を受けており、それによって本当に非人の集団に属するというわけではなく、ある種の不名誉刑のようなものである。

その身を非人がもらい受けに

しかし、実際に非人がその身をもらい受けにくる例が、『経覚私要鈔』文明四年正月二十八日条に見える。

> 禅定院力者一臈兄部《このこうべ》法師正陣、老躰の者也、然るに悪瘡出来せしむるの間、此両三日以前、坂の者共寄せ懸くるの間、今日高野に登ると云々、如何様の宿因哉、不《ふ》便《びん》

と経覚は歎いた。同じく尋尊も「力者一臈正陣法師、癩病《らいびょう》を受くるの間、今日より紀

州高野山に登る」（『大乗院寺社雑事記』正月二十七日条）と記している。

癩病（ハンセン病）発症と同時に奈良坂の非人が寄せ懸け、自らの集団に引き入れる動きを見せており、それを遁れるために、力者一臈の正陣は高野山に登る道を選んだという。一方にこうした現実があるなかで、「非人に給う」という刑罰が楠葉父子に課せられたのだから、実際の生活に変化が生じないとしても、その重みは大きなものであったと思われる。考えてみると、朝倉孝景に科せられた「名を籠める」や、ここでの「非人に給う」など、大和国の刑罰には他では見られない特異なものが多い。

## 三　朝倉孝景、東軍方に寝返る

朝倉孝景の下国

尋尊は応仁二年（一四六八）十月二十五日に、京都の法性寺《ほっしょうじ》に在陣していた古市代官長田《おさだ》家則から、次のような話を聞いた。越前国が斯波義敏に奪われ、難儀に陥ったので、朝倉孝景は子息二、三人を連れて下国することになった。「もう一人の子息に手勢二百ほどを付けて京都に置いておく。来年三月には再び上洛するから」と、朝倉は西軍方大名たちに言い残したという。

しかし、翌年三月に上洛するという朝倉孝景の約束は果たされなかった。文明元年（一

四六九）七月十日の経覚の日記には、

越州の事、朝倉弾正左衛門、立町と一つに成て、義敏方に馳せ加わるの間、国の儀、甲斐一身に罷り成るの間、生涯すべきばかりと云々、希代の作法也、

とあり、朝倉は越前国内で大きく動き始めた。朝倉孝景が、国人の立町氏に与《くみ》して、斯波義敏方に付いたため、これまで朝倉と手を組んでいた甲斐方は孤立し、窮地に陥った。

愚老の存命中は

文明三年正月二十八日、越前国から上ってきた楠葉元次は、朝倉からの書状と用脚三千疋を経覚に進上した。

思いも寄らざる芳志也、世上物忩、定めて料所等無足せしむる歟、察し奉るの間、愚老存命の間は進すべき由申すと云々、誠に他に異なる芳志也、

世上物騒の中で、領地からの年貢も途絶えていると察してくれて、朝倉は、経覚の存命中は援助を惜しまないと申し出てくれた。それを聞いて、経覚はおおいに意を強くした。

朝倉、東方公方に参ず

尋尊は日記に、二月二十九日に細川方からの報で、朝倉が斯波義廉に背いて越前に下向し、斯波義敏の被官となって東軍方に参じたことを知り、「天下の弓矢、天変せしむるの間、毎事法量無し」と記している。経覚には六月十日に畑経胤が、京都からの風聞で、「朝倉孫次郎〔朝倉氏景〕が去る八日に細川讃州〔細川成之〕館に馳せ入った。心替わりした。きっと国でも朝倉弾正〔朝倉孝景〕が敵方になっただろう」と伝えた。さらに十一日、「朝倉孫次郎は西方を落ち

て東軍方に参ったので、昨日十日に公方〔足利義政〕にお目にかかったという。国でも親父孝景が心変わりしたのは明らかだ」との続報が入った。

山名宗全入滅の虚報

文明四年正月二十五日に尋尊は、

去る廿一日夜、山名入道宗全入滅し畢んぬ、其の夜、同一族・大内新助降参し公方の御陣に参り候、一天下無為の基と云々、珍重、此六个年の間、天下大乱、諸大名両方に引き分け、日々夜々合戦す、

と、西軍方大将山名宗全の死によって、長く続いた大乱がやっと収束するかと安堵の思いを綴った。

経覚の日記の同日条には、商人として出京し古市に下着した者の言として、

山名と細川半ばの事、既に和睦とて、京都上を下に返すの処、畠山右衛門佐と大内左京大夫二十二日に対面せしめ、自他見放つべからざるの由一揆せしむる旨風聞す、後しかと静まると云々、山名・細川和睦も其の儀無しと云々、不可思議の事也、

と記されており、二十六日には、

山名入道宗全去る廿二日逝去すと云々、西方の角目也、定めて仰天歟、後に聞く、彼の入道逝去の事雑説と云々、不可思議の事也

とある。実際には、この時に山名宗全は死んではおらず、翌五年の三月に死去した。同

年五月に細川勝元も没するのだが、それでも東西両軍の戦闘は終わらなかった。

朝倉、越前府中に入る

経覚の日記には、文明四年の朝倉孝景の動きについて、

八月十日「楠葉元次男申して云く、朝倉弾正左衛門、長崎以下に討ち入ると云々」

八月十四日「越前国合戦の事、朝倉打ち勝つの間、府中に入るの由、楠葉これを申す」

八月十七日「越州合戦の事、甲斐打ち負くるの間、朝倉所存の如くに成り下るの由、所々よりこれを申す、神妙、年久しく知音せしむるの間、祝着すべき事也」

と記されており、朝倉方が越前国で次々に敵方を破り、いまや国内は「朝倉の思いのままになっている」ことを記し、以前から知音の間柄なので喜ばしい限りだ、と述べている。西軍方から離反し東軍方に走った朝倉であるが、経覚にとっては、とにかく先行きの見えない状況が続き、もはや東西両軍のどちらが勝利するかなどに、それほど大きな関心をもてなくなっていた。むしろ問題は、料所の年貢が無事に上納されてくるかどうかにかかっている。

朝倉は「守護分」に

そのなかで、経覚の手になる「細呂宜郷下方引付《ほそろぎごうしもがたひきつけ》」の最後の記事は興味深い。

文明四年〔一四七二年〕九月歟、越前の事、朝倉方打ち勝ち、甲斐に於いては悉《ことごと》く国を出で逃亡すと云々、希代の事也、仍て朝倉守護分たり、先代未聞の事歟、随って楠葉新右衛

門尉罷り下るの間、祝着察し遣るの由仰せ遣わし了んぬ、爰に楠葉の事、朝倉方の儀に背くの由風聞すと雖も、日比《ひごろ》の忠節他に異なる、今何ぞ思い捨つべけん哉の由存ずるの間、一左右を相待つの処、一向年中無音、結句古市彦八以下罷り上り申して云く、愚老料所の事、楠葉には渡すべからず、余人を下向せしめ、尼法師たりと雖も、安位寺殿御使とあらば渡し申すべき由、口々に申す間、本願院〔兼寿〕の伝を以て朝倉方へ状を遣わし了んぬ、文明五年二月比、返事これ在り、又本願院涯分申し遣わすの間、子細申す無く、急ぎ御使を下さるべき由申し賜るの間、二月末比虎松を下し了んぬ、然るに四月中旬歟罷り上り了んぬ、年貢に於いては少々責め出すと雖も、割符全分これ無き間、一塵も持ち上らず、年貢に於いては本願院の所にこれ在り少々納め分云々、一向白紙に事欠くべき歟とて、本願院了簡せしめ、廿貫文寺門仕丁以下口を合わせ、計略し進すべきの由、本願院より申し付くと云々、先ず以て国の儀相違無きの条、珍重〱也、抑も楠葉の儀、何事に依り此の如く向背せしむる哉、不審〱、

と記されている。越前一国を手中にした朝倉は「守護分（守護と同じような立場）になった。これは先代未聞の事だ」と経覚は評した。ただの国人の身でありながら、「守護分」のような地位に座っている。これは「先代未聞」のことだというのである。

『経覚私要鈔』の記事は、文明四年（一四七二）九月十日の「本願院〔兼寿〕より書状有り、返報を遣わし了んぬ」との記載で途切れており、その後は残存しない。しかし、その返事が文明五年二月に届き、経覚の料所細呂宜下郷の年貢が、本願院兼寿（蓮如）のところに預け置かれていることなどが、この引付には記されている。また、ここには、これまで忠節を尽くしてきた楠葉元次からの音信が途絶えると、背信の動きかと疑心暗鬼にさいなまれる経覚の姿がある。「安位寺殿〔経覚〕の御使いとあらば、たとえそれが尼法師であっても年貢を納める」という在地の声について語るくだりからは、乱世の中でも、なお「安位寺殿御使」の威光を信じたいという経覚の思いが伝わってくる。しかし、これ以後、越前の所領支配は、朝倉氏の力によって実現されていくことになる。

**年貢は蓮如の所に**

さらに、ここで、越前の細呂宜郷下方の年貢収納に、本願院兼寿（蓮如）が関与しているのは注目される。年貢が預け置かれた「本願院の所」というのが、細呂宜郷下方内の吉崎なのかどうか、それは明らかでない。後年、尋尊の日記に「北国定使慶徳法師代官虎松丸下向すと云々、本願院方に書状これを遣わす」（『大乗院寺社雑事記』文明六年十一月十三日条）、「旧冬本願院の返事到来す、礼分千疋これを進す」（同前、文明七年正月十九日条）などと出てくる「本願院」が、兼寿のことを指しているのだとすれば、経覚の死後も、興福寺の北国庄園支配に蓮如が何らかの関わりを持っていたことになる。

## 四　踊り念仏と林間

古市の風流

応仁の乱が続くなか、古市では風流が行われ、経覚がその様子を日記に書いている。応仁元年（一四六七）七月、古市の延命寺・卒塔婆堂・市場から風流が来て、鷺二羽の舞、「猪に乗った仁田四郎」「梶原二度懸」、源平合戦の「船戦《ふないくさ》」の場面などが演じられ、また大勢の「ヲトリ笠（踊り笠）」があった。文明元年（一四六九）七月、奈良では、奈良市中を管轄する「衆中」によって念仏風流が禁止された。そのため古市で行われた風流には、奈良からも田舎からも多くの者が群れ集り、古市郷民らは、家ごとに人を出して郷の北口と南口で番をし、他所から来た者から人別六銭を徴収した。茶屋も二ヵ所に設けた。宮の拝殿には屏風を構え、花を立て、北方に「和田〔和田義盛〕酒盛の躰」の人形三体（義盛と曽我十郎・五郎兄弟）と馬一疋の造り物が設置され、さまざまな風流が演じられた。経覚は桟敷でこれを見物し、「所々の者、異類異形の躰にて終日おどり了んぬ、二・三千人もこれ在るべし」とその盛況ぶりを記している（安田次郎『中世の奈良』）。

古市胤栄と芸能

古市胤栄は、少年の頃から芸能に非凡な才を発揮し、さらに「林間《りんかん》」にも傾倒していった。「林間」とは、夏に風呂を焚き、そこで飲食を楽しむもので、古市胤仙《いんせん》の時代から「頭人」が順番にこれを務めるかたちで行われてきた。風呂を焚き、茶・素麺・蓮根・瓜などで饗応する、いわば暑気払いの行事であった。

風呂の湯釜の上に

ところが応仁の乱中、古市の林間は、多彩な趣向を凝らしたものになる。たとえば、文明元年七月二十四日には、風呂を焚き、「榼《たる》三荷・折二合・そのほか満中《まんじゅう》」の一献を準備し、風呂の湯壺(湯舟)の上に松や竹を立て、笋《たけのこ》を置き、風呂から上がった所には屛風と円座、茶湯があり立花が置かれた。二十七日には風呂の湯壺の上に、三方に簾を垂らし、風鈴をかけ、その前に六瓶の立花、香呂を置き、湯壺の外にも色紙を配し、折や盃が準備された。八月三日は、経覚の側から楠葉西忍入道・覚朝・片山弥三郎・松若・三郎・三条実世・林教の七人が頭人となって、作花五瓶を立て、水舟の上に富士山を形作った。花・月・山など林間に相応しいものを描き、中に赤白飯幷びに御菜を入れ、枝大豆・梨一鉢・三鉢幷びに食籠三重四重の物や様々な果物を入れ、茶湯も供せられた。八月八日は古市胤栄が頭人で、湯壺の上の折に、栗・柿・ナスなどを入れ、風呂壺の上にチマキを積み、竹を植えた中に笋、鮎、ミョウガの寿司を切り入れ、蒸し麦、山芋など五・六献が用意された。八月十二日の林間は、古市若党七、八人が風呂を焚き、「水舟の上に山を造り、山中から瀧を二箇所に落とす」という趣向を凝らした。

銘刀紛失事件

このように風流や林間などに傾倒していく一方で、古市胤栄は戦闘に参加する段になると、いたって消極的であった。応仁の乱中も、荻や長田を代官にして家臣を出陣させている。ただ、一族・若党の支配をめぐっては、別の一面がうかがえる。

寛正《かんしょう》五年（一四六四）十月、古市館で「矢ハキ」という銘刀が紛失する事件が起こった。古市は出家前で、春藤丸を名乗っていた頃のことである。彼は、「湯起請《ゆぎしょう》」によって盗人を明らかにすると宣言した。これを何とか思いとどまらせようと願う一族・若党らからの要請を受け、経覚は畑経胤や楠葉元次を春藤丸のもとに遣わして中止するよう再三にわたって説得したが、頑として聞き入れない。二十九日には「御子《みこ》を召し、湯を立て、人々大略集まり」「取り手の者共群集す」と、「湯起請」のための準備万端が整えられる事態にまで立ち至った。そこで経覚は、しかたなく自ら宮の拝殿まで出向いて厳しく制止を加え、やっとのことで「湯起請」は取り止めとなり、結局は一族・若党らが身の潔白を誓約する起請文を書くことで結着がついた。

山村武蔵公との不和

文正《ぶんしょう》元年（一四六六）七月には、椿尾氏の被官であった菩提山発志院が、東北院俊円の被官になった。ところが、椿尾と東北院の双方が互いに譲らず相論となり、東北院は古市胤栄を恃《たの》んで決着をつけようとした。その最中に発志院が古市一族の山村武蔵公胤慶を恃んで動き始めたため、古市胤栄と山村胤慶の間が不和になり、胤栄が胤慶を勘当した（『大乗院寺社雑事記』七月十三日条）。山村の勘当は翌文正二年二月十八日に免除され、緊張状

被官人を厳罰に

態は半年あまりで解消されたが、胤栄の一族支配には厳しいものがあった。

文明二年（一四七〇）六月には、古市の被官人二人が斬首され、若党や一族ら三十人が逐電するという事態が起こった。古市が伊勢に送った「高荷」を、内者《うちのもの》が略取したために処罰されたのだという（『大乗院寺社雑事記』六月十二日条）。逐電した内者たちは捕縛され、召し籠められた。経覚が、「不憫ではないか、赦してやるように」と何度も助言したけれども、胤栄は承知せず、七月十三日を迎えた。すでに二人が誅伐されており、それ以外の者は、さほどの重科でもないのに三十日間も拘留されている。ここで放免すべきだと考えた経覚は、迎福寺の坊主《ぼうしゅ》や畑経胤を遣わして数回に及んで説得にあたった。そうすると、胤栄はやっと経覚の老言を容れ、処罰を解くことに同意した。

しかし、その場で胤栄が畑経胤に対して言うのには、「一族・若党らの事については、門跡〔尋尊〕からもいろいろと口を差し挟まれているが、自分はまったくそれを受け容れていない。だから、そちら〔経覚〕からも、一族・若党のことに口出ししないでほしい」とのことだった。古市「家中」のことは、総領である自分の専断事項であると強く主張したのである。経覚は、「今後は口出しするつもりは毛頭ない」と伝えた。後から、放免された六人と鹿野苑一族の老衆が経覚のもとに礼参し、事は決着した。

経覚の死後、古市胤栄は家督の座を退き、弟澄胤が跡を継ぐことになる（『大乗院寺社雑事記』文明七年七月十九日・八月三日条）。それまでかろうじて保たれてきた家中の支持や信頼を失ったためである。こうした古市胤栄の姿を見ていると、当代の将軍足利義政に通じるものがあるような気がする。

## 五　経覚の死

経覚の料所について

大乱が続く中で、尋尊の日記には「安位寺殿〔経覚〕御料所」についての記事が目立つようになる。応仁三年（一四六九）四月一日条に、「予の先途次第これを記す、永享二年八月七日誕生」と始まる記事があるが、その中に次のように記している。

> 文安二年九月十三日、前大僧正〔経覚〕は安位寺に御隠居、（中略）元より此間の儀、毎事三个院家庄園以下は予〔尋尊〕が相計らう分也、安位寺殿ハ代官分也、仍て寺門の儀と云い、京都の儀と云い、一切相違無きもの也、就中《なかんずく》、安位寺殿御料所分は、北国幷びに当国所々の事、御一期《いちご》の間相違有るべからざる旨申し入れ了んぬ、御一期の後は悉《ことごと》く以て返し下さるべし、

尋尊は「文安二年の九月十三日に経覚が安位寺に隠居して以来、ずっと大乗院家領庄園以下は自分が支配し管理してきた。経覚は、あくまでも代官分にすぎない。これは寺門〔興福寺〕

も幕府も了解していることで何も問題はない。だから、経覚の隠居分料所は、北国分であれ大和国中の分であれ、一代限りの権利であって、その死後はすべてこちらに返却されるべきものである」と、強い調子で書き置いている。

文明二年（一四七〇）六月二十日条には、尋尊が見たという夢の話がある。夢の中で、尋尊が経覚と会って語り合ううちに、人間というものは電光朝露、世間無常、いつかは必ず滅びる存在だという話になった。そこで尋尊が、「大乗院門跡の代々師弟が三人揃っている時、必ず真ん中の門主が師匠よりも先に他界するのが通例で、たとえば慈信・尋覚・覚尊が並び立たれた時には尋覚が、孝尋・孝円・経覚の時には孝円が入滅した。現在は経覚、予〔尋尊〕・禅師〔政覚〕の三人がいるので、予が必ず先立って死ぬことになる」と申したところ、経覚は「誠にさ候、我もさ様に存じ候」と言って座を立った。そこで尋尊も座を立ったというのである。尋尊が大乗院門主三人が並び立つ時の先例を引いて、次は「中間の門主」である自分が経覚よりも先に死ぬに違いないと述べると、それに対して、「本当にそうだ。私もそう思う」と経覚が言い放ったという。これは一体なんたることか。この記事を読むと誰もがそう思うにちがいない。

しかし、これは尋尊が見た夢の中での会話である。実際に、そのような返答を経覚がしたわけではない。ただ、尋尊の心の奥深いところで醸成されていた危惧の念が、このような夢のかたちで噴出したのである。ここには、経覚に対する尋尊の複雑な思いが滲み出ている。尋尊は先頃も同様の内容の夢を見たといい、「何度も連続して同じような夢を見るのは希有のことだ」と心痛を深めた。当時の人びとは、夢は自分の外から、神仏のメッセージとして届けられ、これから現実に起きることの予兆だと信じていたから、尋尊は、実際に自分が経覚よりも先に死んでしまったならば、大乗院門跡もその所領の支配もいったいどういうことになってしまうのかと、心底から恐れていた。

### 自分が先に死んだら

尋尊はその思いを日記にぶつけた。夢に見たとおりに、予が先立って死ぬことになれば、寺務《〔経覚〕》は必ずや大乗院門跡を自分が取り仕切ると仰せられるにちがいない。そうなれば門跡に難儀が出来するのは目に見えている。何としても門徒や候人はそれを拒み、「それは叶わぬことです」と説得しなければならぬ。なぜなら、ここ数年来、寺務《〔経覚〕》が毎事、どのように御成敗をなされ計らわれているか、そのさまを拝見してきたが、後日の難儀を顧慮することなく事を決められるので、門跡領などの大略は本来の姿からかけ離れたものに成り下がり、今に残っているのは「九牛の一毛」にすぎない。それさえも、御計らいに任せれば、まったく跡形もなくなってしまうのは目に見えている。だから、予の入滅後は、禅師御房《〔後継者の政覚〕》を門主とするようにと、寺門の面々にも、（政覚の出身）家門である二条殿にもよくよく申し入れるようにせよ。とにかく近日の知行分だけでも失ってしまわないように、面々はしっかりと訴えねばならない。おそらく「衣食」の二事が闕《けつ》如《じょ》すれば、この寺に住んでいる門徒・候人たちは、その本来あるべき姿を失い、目茶苦茶な事態に陥るだろう。だから、今このように書き置いているのだと、大変な危機感をもって自らの心情を吐露した。

一粒一銭たりとも

　さらに加えて、なかでもとりわけ、寺務の御隠居御料所分は、一粒一銭といえども、給人に許可するようなことがあってはならない。御一期《いちご》の間は、どのように御隠居御料所分を取り扱われようと、あれこれこちらから口出しできることではないが、もし、御借物《（借金）》があるとしても、門跡としてその借用証文に証判を加えるようなことはすべきでないし、御一期の後は、すべて悉《ことごと》く、門跡として知行することが肝要である。畑経胤や、そのほか寺務に仕えている内外の輩が、あるいは「借下」と号したり「給分」と号して、自分が永代知行するなどと談判に及ぶようなことがあっても、門跡の許可なしには、いっさいこれに応じてはならない。御料所といっても、まったく、ただの給人と同じである。御知行なさっている間は、兎にも角にも御計らいなされ、御一期の後は，門跡の知行に帰するのが当然である。代々、ずっと、このやり方でやってきている。もし、借銭をなさっているとしても、特にそれをあれこれ考慮する必要もない。御料所に人給《にんきゅう》を定められ代官を置かれていても、いずれも一時的なものなので、（一期の）後まで、それが許可されるわけではないと書き連らね、「文安二年九月十四日以後、御料所として進上したのは、細呂宜下方一円……」などと、経覚の隠居料所を書き上げ、最後に、「前法務大僧正尋尊（花押）」と、日記に署判まで据えて、自身の思いを縷々《るる》書き綴っている。

ここで尋尊が言いたかったのは、経覚「一期の後」は、すべての隠居料所は大乗院家の領有に帰すること、生前の経覚が、その料所をめぐってどのような関係を取り結んでいようとも、死後についてはあらゆる契約関係は無効になり、料所の全部を大乗院門跡の側に取り戻し、その管理下に置く、ということであった。

尋尊にとって、経覚の所領支配の仕方も、大和一国の国人たちとの関係も、幕府をはじめとする中央権力との対応の手法も、すべてが心配の種であった。結局は、身近で過ごすことの多かった二人の門跡は、互いのあり方をどのように考えて関わってきたのか、なかなか明確には語ってくれないが、経覚の死が近づいたこの時期、夢を見たことをきっかけにして尋尊が思わずもらしたこの記事に、二人の関係がよく示されている。

経覚の日記の本文は、文明四年（一四七二）九月十日条で終わっている。しかし、自筆の「細呂宜下方引付」の最後に文明五年二月頃の記事があり、また六月十七日には尋尊のもとを訪れ、一条兼良のいる成就院にも出かけているので（『大乗院寺社雑事記』）、この頃まで経覚は元気に活動を続けていた。

経覚「大中風」に

しかし八月二十一日、経覚に「珍事」が出来《しゅったい》する。古市から楠葉元次が使いとして急を知らせ、尋尊は医師を手配して古市に駆けつけた。経覚はすでに口がきけず、医師竹田は「大中風《ちゅうぶ》」（脳卒中）との診断を下した。「末期の講問一座」は尋尊が行い、経覚自身が申し合わせてあった「願書」を九条政忠が書いた。

二十三日「病状は少し回復気味とはいえ、特段のことはない」と尋尊は書いている。二十六日に、古市家臣の長田家則の在所で、古市胤栄と尋尊が「御葬礼以下御仏事大儀の事、御跡の様、九条家門の事」を相談し、さらに尋尊は、料所注文や借下などについての詳細をまとめて進上するよう、古市に命じた。すべては、静かに準備されていった。

辰の初めに入滅

八月二十七日、「辰の初めに御入滅」とある。午前の早い時期に、経覚は死んだ。正午に、内々の儀として、遺体を己心寺《こしんじ》に運んだ。板輿《いたごし》に乗せ、共の者が付き従った。これまで仕えてきた上下の者たちが、静かに葬列をなして進んだ。古市胤栄は少衣を身に着け、一族の者たちをすべて引き連れて大勢で葬列に参加した。

> 安位寺殿〔経覚〕、古市に御座の事、去る文安四年四月十三日より当年に至る二十七年也、此の間に寺務二个度也、寺務の事、昨日辞退の由、公文目代に仰せ、所々にこれを相触る、

と尋尊は記した。

二十八日に楠葉元次が来て「借物《（借金）》が五十貫文ほどあるのですが、いかがいたしましょうか」と尋ねたが、「安位寺殿御借物の事など一切関知せず」と尋尊は突き放した。二十九日、後任の寺務として西南院法印に宣下があった。

九月二日「御骨拾い、おのおの己心寺に参る」

九月四日「後五大院《（経覚の院号）》初七日也」

すべての仏事が終わった十一日に、尋尊は「後五大院殿御記、古市より一昨日これを召す、八十三帖これ在り」と、経覚の日記八十三帖を古市から提出させた。経覚が長年にわたって書き継いできた日記の内容に、尋尊は、おおいに関心があったからである。

古市を「納所」に

九月十五日、尋尊は古市胤栄に対して二つのことを確認した。一つは、「後五大院殿御料所」はすべて門跡に取り返すこと。しかし、年貢公事を取り納める「納所」の職には古市を就任させるので、経覚のもとに身を寄せている九条政忠の朝夕の飯米をはじめ、生活全般は古市の方で支えるようにすること。二つ目として、尋尊は、「安位寺殿の御借物」を、当門跡から取り立てようと支度している者がいるようだが、いったいどのような理由で彼の「借下」を予が存知しなければならないのか。予は請人に立ったり証判を据えたこともない。予が経覚の弟子だからと考える銭主がいるなら、予は安位寺殿の附弟ではないと宣言する。門跡のことも院領のことも、すべて京都から仰せ付けられ、予が九歳の年から当年に至るまで三十六箇年、院務を果たしてきた。安位寺殿から門跡を相続してなどいないのだ、と主張した。そして、「後五大院殿御料所」の奉行に清賢・継舜・泰弘の三人と定使を定め、すべてに門跡領としての体制を整えた（『大乗院寺社雑事記』九月二十日条）。ただ、ここで経覚の料所だった所領の納所職に古市を任命し、それによって九条政忠と家族の飯米を保証した点は、尋尊の配慮と言うべきであろう。

### 楠葉元次について

さて、立野《たつの》で経覚と出会い、出家して西忍と名乗った父とともに、楠葉元次はずっと経覚の忠実な家来であった。経覚の傍近くに伺候し、出かける際には乗馬して警護を務めた。隠居料所をはじめ、所領の支配においては直接現地に赴いて年貢収取に励み、経覚のために精一杯働いた。特に北国庄園では、朝倉孝景との強い結びつきを軸にして大きな手腕を発揮した。経覚自筆の「細呂宜郷下方引付」によれば、初めは宮鶴丸（後の対馬公覚朝）が北国に下向し収納と進上を担ったが、その後は徳市が関与し、康正三年（一四五七）以後は「与一男」〔楠葉元次〕が下向と上洛を繰り返し、弟の楠葉四郎とも協力しながら庄園支配と年貢収納に力を注いだ。文明四年（一四七二）九月頃に、一時は音信が途絶え、経覚が不信を募らせたこともあった。しかしこれは、経覚の杞憂に終わり、実際に経覚の死に至る危急の事態を尋尊に伝えたのも元次であったし、死後にその「借銭」について尋尊に相談したのも元次である。

北国への往還

経覚の死後、楠葉元次は、門跡の尋尊や旧料所の「納所」となった古市氏の意を受けて北国への往還を繰り返し、年貢収納の任にあたった。また、その間、越前国内の多くの情報、たとえば文明十四年（一四八二）閏七月十二日には、

去る三日昼八時より、朝倉館一乗、大焼亡す、自火也と云々、随分の者共焼死すと云々、但し屋形幷びに朝倉城は無為と云々

との報も伝えている。

元次の父母の死

文明十八年二月十三日、父の西忍が古市で死んだ。九十三歳であった。翌十九年三月七日、元次の母（立野宗信の妹）も夫の後を追うように入滅した。

経覚の縁者たちと

楠葉元次は、経覚にゆかりの人びとに寄り添い、彼らの情報を尋尊に語った。文明六年閏五月四日、東南院の門主覚尋の進退について、東大寺から京都に訴えが出され、覚尋は東大寺の寺務職を改補され、東南院門主の地位からも追われることになった。覚尋の進退については以前から問題になっていたが、経覚の存命中は「是非に及ばず」と東大寺・興福寺両寺のあいだで申し合わせがあり、そのままに推移したのだが、すでに経覚が死んでしまった今となっては、このように決着がつけられることになった。また、文明十三年四月二十三日、九条政忠の子息は大安寺長老の弟子になっていたが、毘沙門堂の弟子として上洛したという。明応《めいおう》三年（一四九四）十月七日、これまで後ろ盾となって

きた九条南坊済尊も他界し、体調を崩した前東南院門主覚尋は、古市迎福寺にいた。

さらに『大乗院寺社雑事記』の明応五年九月十六日条に、「去々年甲寅、八月末御入滅七十六歳歟」とあるのは、経覚の後継として大乗院に入室し、その失脚とともに加賀国に没落した尋実のことで、彼が明応三年八月末に死去したこと、子供は五人おり、その末子の「若君十二・三」とその母は古市の元次のところにいることが記されている。同日条に「後聞、小坂殿（尋実）舎弟東南院権少珍覚、去年秋入滅七十五」とあり、経覚の縁者たちは相次いで世を去っていった。

## 元次の最後

明応六年十月、畠山政長の子尚順《ひさのぶ》が、畠山義就の子義豊《よしとよ》が押さえる河内に攻め入った。以前の両畠山対立時と同様、尚順方には筒井が、義豊方には古市・越智が与同して戦闘が繰り広げられた。明応七年八月、義豊の子義英が河内国野崎城を攻撃するも敗れ、これに加わっていた古市澄胤《ちょういん》の「手者共数千人生涯」と伝えられた。尋尊は、古市澄胤に従って参戦していた楠葉元次の身を案じて、その消息をつかもうと努めた（『大乗院寺社雑事記』八月九日条）。しかし、明応八年三月八日条に、

楠葉備中守元次、昨日三日原（瓶原）に於いて入滅す、七十一、不便《ふびん》、実子これ無し、

とある。戦闘が続く中で、元次は木津川の北、瓶原《みかのはら》の地で生涯を閉じた。

# おわりに

奈良興福寺大乗院の門跡だった経覚、その生涯を追いかけるなかで考えたことを、少しここで、ふりかえってみたい。

経覚が生きた室町時代は、平安時代半ばから形成されてきた中世社会の枠組みや秩序が変化してきて、崩壊へのきざしが社会の各所に姿を見せ始める時期である。応仁の乱以後の戦国時代を経て、日本の社会全体が大きく変容する。これまでの日本の歴史を二分するとも言われるほどの転換期をすぐ後に控えて、これまでの権力構造も身分秩序も、またそこに生きる人びとの意識も変化を見せ始めた。

そのような時期に、経覚は、貴族の中でも最上位を占める九条家の息子として生まれ、寺社権門の中の門跡、しかも大和国の支配権を握る奈良興福寺の大乗院門跡の地位に就き、社会の中で強大な権勢を振るうことができる立場に自らを置いて生きてきた。まさに彼は支配者階級の人間であった。その日記の随所に、自らの出自や身分序列についての誇りと自負心が垣間見える。しかし、中世社会は大きく揺らぎ始めていた。公家・武家・寺家・社家の諸権門が互いに密接にからまりあって構成されている中世社会の国家秩序は、室町時代も半ばをむかえて、さまざまな問題を露呈し始めた。なかでも大和国は、興福寺や春日社などの寺社権門が国内の武士らを組織し、国内の庄園支配を実現するという体制であったから、その中枢にあって一国支配を行う立場にあった経覚は、それぞれの地域を拠点として台頭する武士勢力や、国内各地の諸庄園で活発な動きをみせる郷民らの活動に、大きな関心をはらわなければならなかった。もちろん、大和一国の支配者として、他国の守護たちと同様、室町幕府や将軍との関係維持にも力を発揮せねばならず、経覚の果たすべき役割はとても大きなものがあった。

経覚の生涯は、永享十年（一四三八）に将軍足利義教の不興をかって大乗院門跡の地位を追われた四十四歳の時を境にして、前半生と後半生に分けることができる。

経覚は応永二年（一三九五）に九条家の末の若君として誕生した。母は京都東山の大谷本願院出身の女性で、後年には正林禅尼と呼ばれた。父の九条経教は、経覚が六歳の時に死去し、応永十年に一歳年上の兄満教が九条家の家督を継いだ。同十四年十二月、十三歳の経覚は、京都の九条家を離れて、奈良興福寺の大乗院に入室する。以後、永享十年の追放に至るまでは、ずっと大乗院門跡の居所である奈良の禅定院で過ごした。ここは現在、奈良の町の中に「名勝　旧大乗院庭園」として復元され一般公開されている。

応永十七年に大乗院門跡だった兄の孝円が三十三歳で死んだので、十六歳の経覚はその後を嗣いで門主となった。同三十二年に経覚は、加賀国小坂庄に住む実厳（経覚よりも年長の甥、小坂殿と呼ばれる）の子息尊範を兄満教の猶子にし、これを大乗院に入室させて自分の後継者とした。興福寺内にはこの強引なやり方に反対するむきもあったが、経覚はそれを押し切り、尊範は十一歳で出家し、名を尋実と改め、大乗院門跡の後継者としての階梯を着実に上っていった。ただし、永享十年までは、との限定つきではあるが。

経覚は、若い十代の頃から、醍醐寺三宝院門跡の満済と交流を深め、大和国内の支配においても、幕府への対処の仕方についても、常にその指示を仰ぎ、連携しながら事にあたった。応永三十五年（一四二八、正長と改元）正月に足利義持が死去し、籤によって青蓮院義円が跡嗣ぎと決まった。六代将軍足利義教である。義教は、ことに満済の死後は、強圧的な政治をおし進め、大和の武士らが筒井方と越智方の二大勢力による合戦を繰りかえすなかで、筒井方を支援してこれに介入し、「大和永享の乱」を引き起こす。経覚にとって、将軍義教との関係をうまく保つことはとても困難であった。たびかさなる「助成」要請（それを断れば厳罰が下されるという強制的なもの）に音《ね》をあげ、ついにそれを受け容れなかったため、永享十年に大乗院門跡の地位を追われ、大和の西端に位置する平群郡立野へと追放されてしまう。経覚にとって、これが最初の没落である。京都の九条家での幼少期から、奈良興福寺の大乗院で過ごしたそれまでの日々が、経覚の前半生ということになる。

ところで、経覚はおそらく二十歳の夏から日記をつけ始めたのではないかと推測されるのだが、二八～九頁の表（残存する日記のリスト）を見ると明かなように、前半では今に残存している日記の記事が、ほんの少ししかなくて、経覚の前半生を追いかけるのに、彼自身の日記を手がかりにするのはほとんど不可能である。そのため、同時代の人びとの日記、たとえば『満済准后日記』『看聞日記』『建内記』や、経覚の次に大乗院門跡になった尋尊がまとめた「大乗院日記目録」や「後五大院殿御記」などの記事をもとに、大乗院僧正経覚の姿を描くしか方法がない。これは、いわば他人が外から見た、「他者の目」による経覚の像ということになる。

それに対して、後半生の時期、なかでも特に文安四年（一四四七）以後については、死の前年の文明四年（一四七二）までの日記が、中に多少の欠落はあるものの、ほぼそろって残存している。それゆえ、後半生の経覚の活動については、彼自身が書き残した記事をもとにして追いかけることができ、いわば、これは経覚の立場から見た、「自身の目」による記録という色合いの濃いものになっている。その意味では、この経覚の伝記は、前半生が「他者の目」に依るもの、後半生が「当人自身の目」を通したものという、ある意味では、その視座にズレのある伝記になってしまった。

自分の日記の残り方に、そのような大きな違いを生み出したのは、文安二年九月に、筒井方の攻撃を受けて、籠っていた菊薗山城から没落せざるをえなくなり、その時の混乱で文安以前分の日記をほとんど焼失してしまったためであった。本書が前半と後半で、その視座に大きなズレを生じさせたのは、経覚自身の生き方に要因があるのだから、それはそれで仕方のないことである。

足利義教が暗殺された「嘉吉の乱」を契機に、経覚は大乗院門跡への復帰を遂げるため、最初の没落地の立野から奈良へともどってくる。ただし、それは大勢の軍勢を率いた「嗷々の乱入」だった。現在の門主（尋尊）がまだ幼いため、その後見にと穏やかに幕府に要請すれば、それが認められたはずなのだがと万里小路時房が述べているが、すでに経覚は、それまでのように、対立する勢力の均衡の上に立ち、調停的な方向で物事を解決するのではなく、社会の動きに自ら参加し、対立する勢力の一方を選び取って行動することで、決着をはかろうとする姿勢に変わっていた。所与の居場所に落ち着くことなく、自らが行動することで、そこから逸脱していくことを望むようになっていた。そうすることで、見えてくるものも違ってくる。むしろ、それを期待するようなところが、後半生の経覚にはあった。

これは、将軍足利義教によって大きく動いた「大和永享の乱」の行方を、追放先の立野で、誕生以来ずっと自分が過ごしてきたのとはまったく違う世界で、見届けた経験が大きいように思われる。社会の全体が、これまでの秩序を否定して違った方向に動き始めていることを、そこで経覚は感じ取ったのかもしれない。いつの時代でも、人は行動することによって見えてくるものが変わり、その認識に大きな変化をもたらすからである。経覚の日記を読んでいて、経覚が忘れることなく普広院殿（義教）の菩提を弔い続けることに、とても違和感を感じた。大乗院門跡の地位から引きずり落ろし、遠く辺境の地に追いやった義教なのに、どうしてなのかと。しかし義教は、経覚が波乱の後半生を生き抜くうえの貴重な核となる認識をもたらしてくれた人であり、その意味では「恩人」だったのだと考えてみると、少しは納得がいくような気がする。

経覚の後半生で、二度目の没落を経てからは、古市を本拠として過ごした。文安四年（一四七）四月、葛城山麓の安位寺から、敵方の筒井勢に気付かれることなく、徐々に警護の軍勢を増やしながら古市に到着するまでの道のりは、緊張感にあふれている。奈良のすぐ南の古市にたどり着いて、経覚は再び大和の政治の中心舞台にもどってきた。最初に没落した立野では、楠葉西忍と元次父子に出会い、一族の子供が元服の時をむかえると、その名前を選んでほしいと頼んでくるほどの深いきずなを立野氏と結び、二度目の没落地である安位寺でも在地の倶志羅・楢原・吐田らの国人とのつながりを強め、文安四年以来、死ぬまで住むことになった古市では、古市胤仙と春藤丸親子をはじめ一族・若党らと身近に接し、胤仙の弟が討死した時には、ともにその死を悲しみ、大和の国人たちの日常を、彼らとともに過ごす時間も多かった。

筒井勢やそれに味方する国人たちとは、常に敵方として闘うことになった。そういうはっきりした立場を、経覚が選び取ったからである。大乗院門跡の居所の裏山に菊薗山城を築いて立て籠もり、応戦するも叶わず、文安二年九月には「自焼没落」に追い込まれた。二度目の没落である。それまで書き継いできた日記を散失するのも、この混乱のさなかであった。宝徳三年（一四五一）九月には、「当方一揆の衆徒」である古市・豊田・小泉らと香具山に集結し、結局は大規模な「神木動座」の勢力に蹴散らされたこともあった。大乗院門跡として、あるいはその隠居として、穏やかに日常を送っていたならばけっして経験しなかったであろう多くのことに遭遇した。

　経覚は、「外聞実儀」という価値基準を軸にして物事に臨んだ。「外聞」とは、世間体とか、周りへの聞こえ、その評判や評価という意味である。「実儀」とは、道理とか、真に納得できる意義という意味であるが、経覚は、何か決定しなければならない問題が生じた時には、この「外聞」と「実儀」を共に満足させうるかどうかを、自身が物事を判断する時の基準とした。

　たとえば、実兄九条満家の優柔不断が引き起こした二人の若君の家督相続問題では、その時点でどちらかを家督に決めれば、必ず他方が最初の約束を反故にされた悔しさを感じ、遺恨を遺すことになるだろうから、ここは「外聞」「実儀」をともに満たすものとして、まずは実子の相続を決定事項としつつ、年上の孫が家督を嗣ぎ、実子が成人した時点で譲渡するという案を出した。そして、後に、先に家督を嗣いだ九条政忠と、元服し妻を迎えながら端御所で暮らす九条政基とのあいだの確執を、何とか粘り強く双方を宥め説得しながら、円満な相続譲渡にまで漕ぎ着けた。その経緯を彼の日記の記事で追いながら、その手腕に驚嘆させられた。双方に対して、決して強引ではないが、それでいて否やを言わせない迫力で裁定を下した。しかも、応仁の乱中の京都で困窮を極める政忠を古市に呼び、その妻子ともども扶持したのである。ところで、この経覚の甥の政基が、後年、自ら家領の和泉国日根庄入山田村に下向し、戦国時代の村落とそこで生き生きと活動する村人の姿を後世に伝える『政基公旅引付』を書き残すことになるのだから、考えてみれば、人と人との繋がりは興味深いものである。

また、長禄元年（一四五七）、京都から古市に帰る途中で、土一揆が道を塞いでいるのに直面し、これを現地の武士や郷民らの交渉に委ねて、とうとう土一揆に道を開かせる場面や、さらには土一揆の要求内容を記した「目安」を、興福寺上層部に届けるなどの行為には、経覚らしい一面がよくあらわれている。さらには、古市胤栄とその一族・家臣たちとの確執や、東南院門主珍済と門徒坊人らとの対立が露わになった時にも、経覚は双方のあいだに立って何かと心をくだき調停に努めた。結局、経覚の死後、そうした確執は決定的な破綻にまで至るのだが、これは生前の経覚が果たしていた役割の大きさを明瞭に物語るものである。

経覚は、また、母の里である大谷本願院の人びととも交流をもち、若い蓮如（ここでは、本願院の兼寿）とも親しく付き合った。そして、この時代の「下剋上」を自ら体現した越前の朝倉孝景とも、浅からぬ因縁を持っており、特に経覚の隠居料所である細呂宜郷下方の支配については朝倉が深く関与した。

応仁の乱について語る経覚の日記は、同時代の貴重な記録である。記事の内容は、西軍方有利の情報について詳細に記す反面、東軍方の戦勝については多くを語りたがらないという、偏重した内容ではあるものの、他の記録には見られない事実が数多く記されている。京都のように戦乱の真っ只中に巻き込まれるのとは違って、大和の奈良や古市は、戦況の推移や東西両軍の動きについて冷静に見ることができ、また情報も各所からもたらされるというように、応仁の乱を「観測」する場としては最適であったのかもしれない。

応仁の乱中、経覚の上洛を阻止するために、宿敵の成身院光宣が、西軍方の斯波義廉や朝倉孝景と「知音」で「昵懇」の経覚が京都に上ってくるようなことがあれば、東軍方の面々が黙ってはいない、何が起きても知らないぞ、と警告を発したことがあった。これについて、経覚は「存外極まりなきもの也、愚老は弓矢を取るに非ず、合力すと雖も、何の子細あるべけん哉」と反発した。この時、結局は、経覚は上洛を断念するが、「弓矢を取るに非ざる」身でありながら、その「合力」は、社会的におおいなる影響力を及ぼすものだった。そのことは、経覚の生涯を振り返ってみれば明らかなことである。

なお、二〇〇一年二月より二〇一六年三月まで、毎月一回開催された「経覚私要鈔を読む会」にご参会の方々からは、多くの貴重なご教示を得ることができた。本書執筆にあたって、心より感謝申し上げたい。

二〇一九年九月

酒井紀美

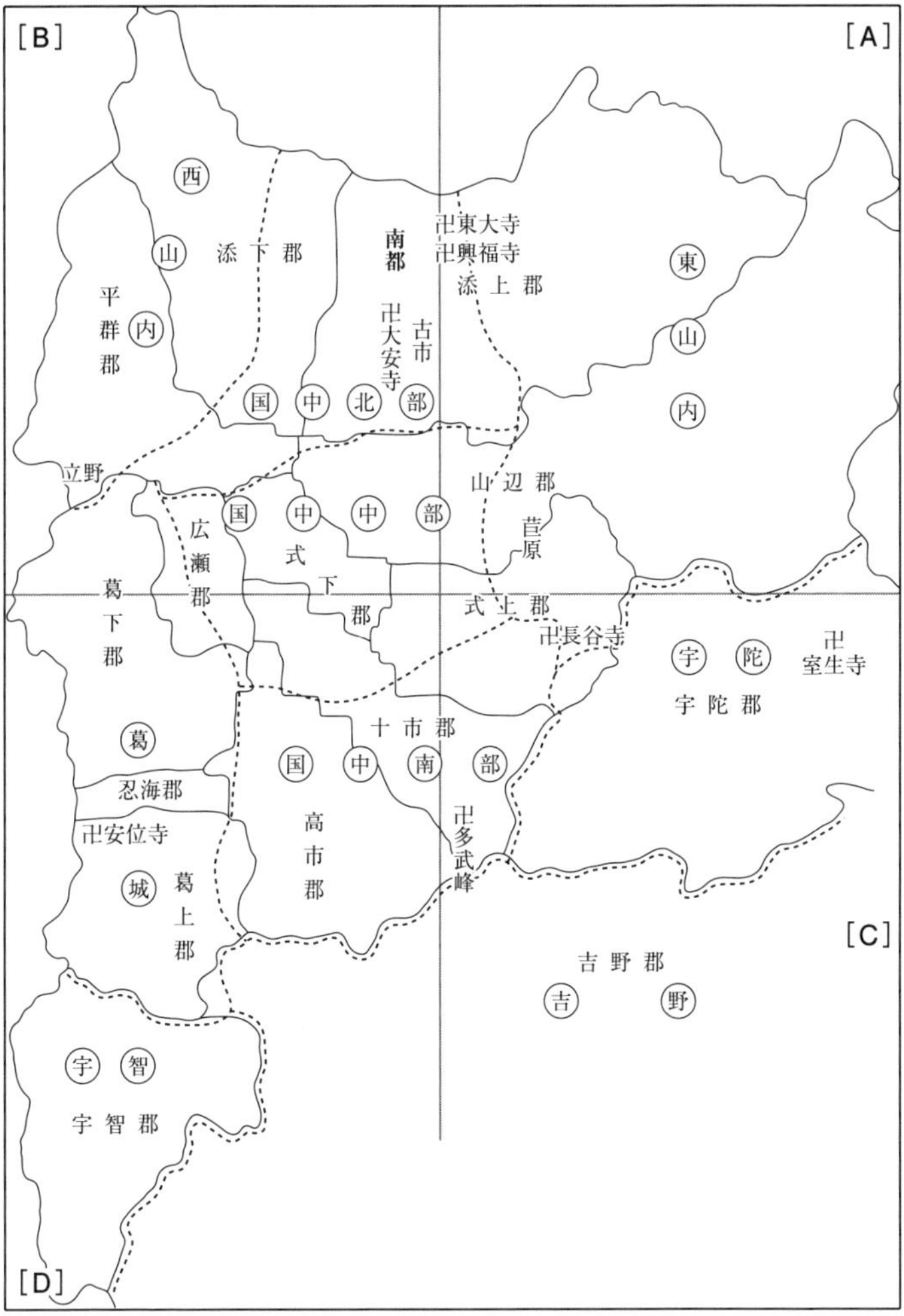


# 大和国全体図と武士の分布

［凡例］ 1）村田修三「城跡調査と戦国史研究」（『日本史研究』211号）所収図をもとに作成した．1頁目は大和国全体の略図（地域区分と分割図の範囲，および経覚の没落先など），2～5頁は分割図（中世史料に見える主な国人名と，本書で言及した経覚に関係する寺社名）を示した（村田氏作成図の城郭および「国中廻文次第」による地域呼称は割愛した）．

2）国人名のうち，縦書きは衆徒，横書きは国民もしくはいずれともわからないもの（1字名の国人はいずれも衆徒ではない）．

3）細い実線は旧郡界，太い破線は村田氏による地域区分案（地域名を○で囲む）．

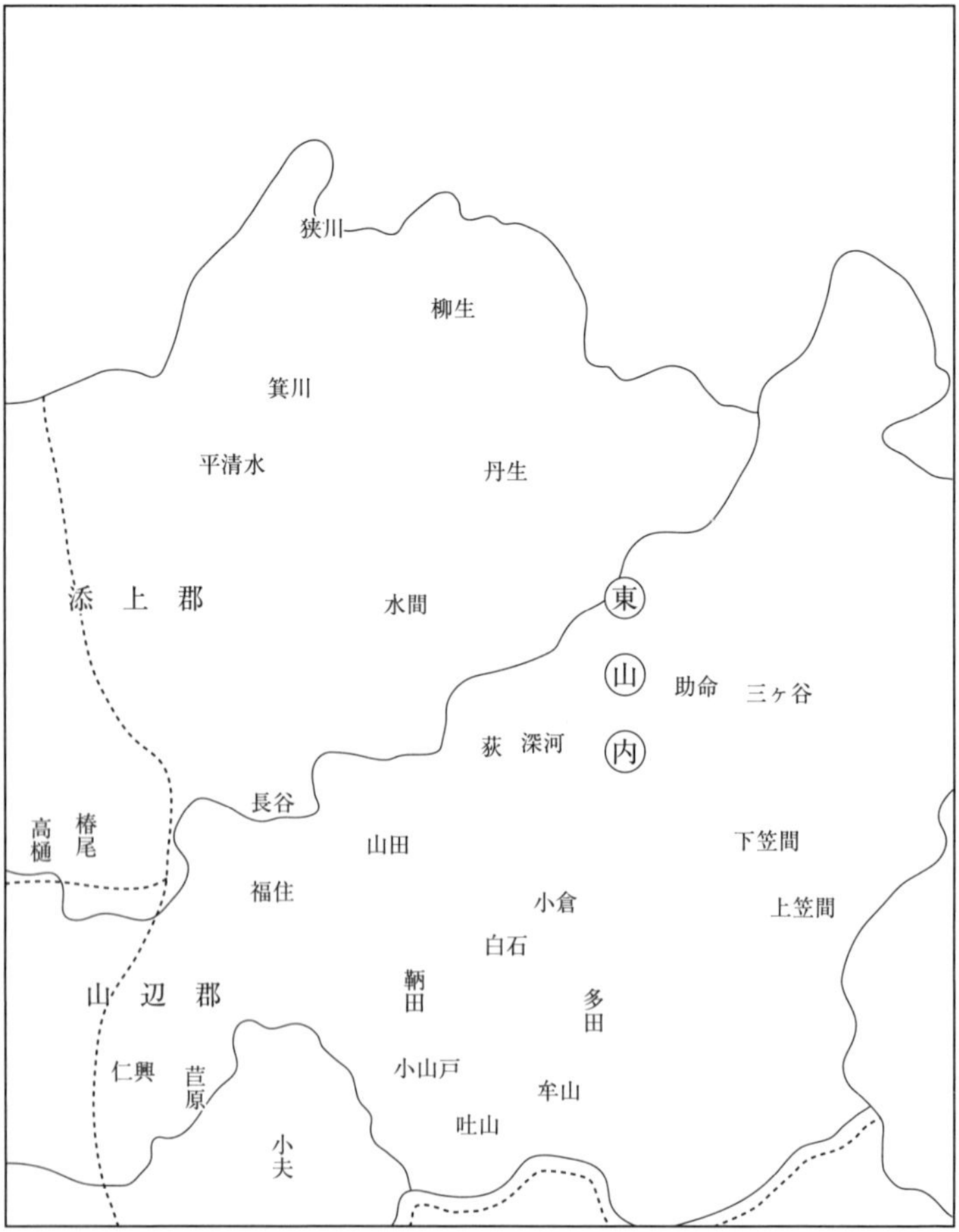

狭川
柳生
箕川
平清水
丹生
添上郡
水間
東山内
助命
三ヶ谷
荻
深河
長谷
椿尾
高樋
山田
下笠間
福住
小倉
上笠間
白石
山辺郡
鞆田
多田
仁興
萱原
小山戸
牟山
吐山
小夫


分割図［A］

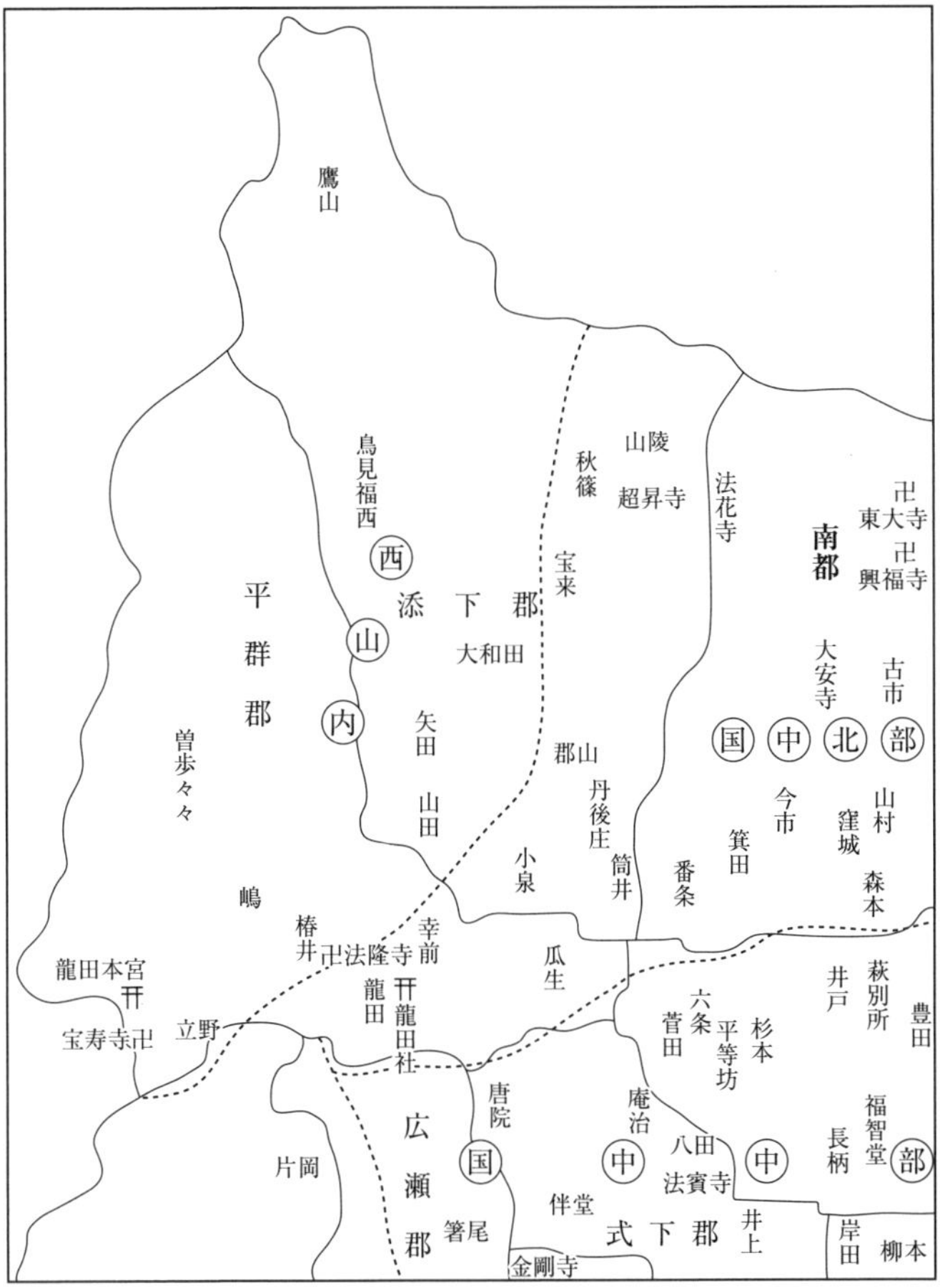

鷹山
鳥見福西
西
添下郡
山
内
平群郡
大和田
矢田
山田
曽歩々々
嶋
秋篠
宝来
山陵
超昇寺
郡山
丹後庄
小泉
筒井
法花寺
南都
東大寺
興福寺
大安寺
古市
国
中
北
部
今市
箕田
番条
窪城
山村
森本
椿井
法隆寺
幸前
龍田
龍田社
瓜生
龍田本宮
宝寿寺
立野
六条
菅田
平等坊
杉本
井戸
萩別所
豊田
片岡
広瀬郡
国
唐院
庵治
中
八田
法賓寺
中
長柄
福智堂
部
伴堂
箸尾
式下郡
井上
金剛寺
岸田
柳本


分割図［B］

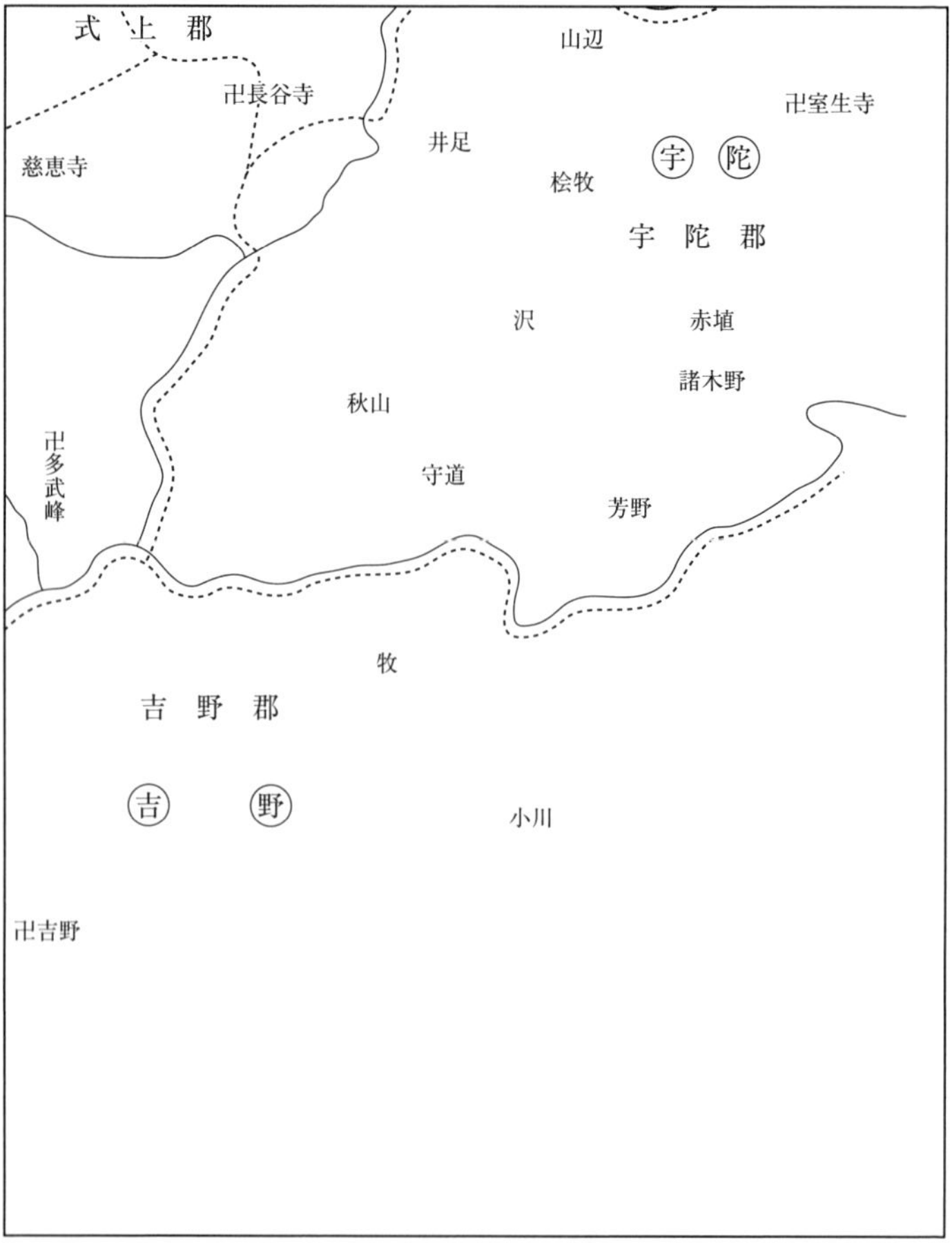
式　上　郡
山辺
卍長谷寺
卍室生寺
井足
宇
陀
慈恵寺
桧牧
宇　陀　郡
沢
赤埴
諸木野
秋山
卍多武峰
守道
芳野
牧
吉　野　郡
吉
野
小川
卍吉野

分割図［C］

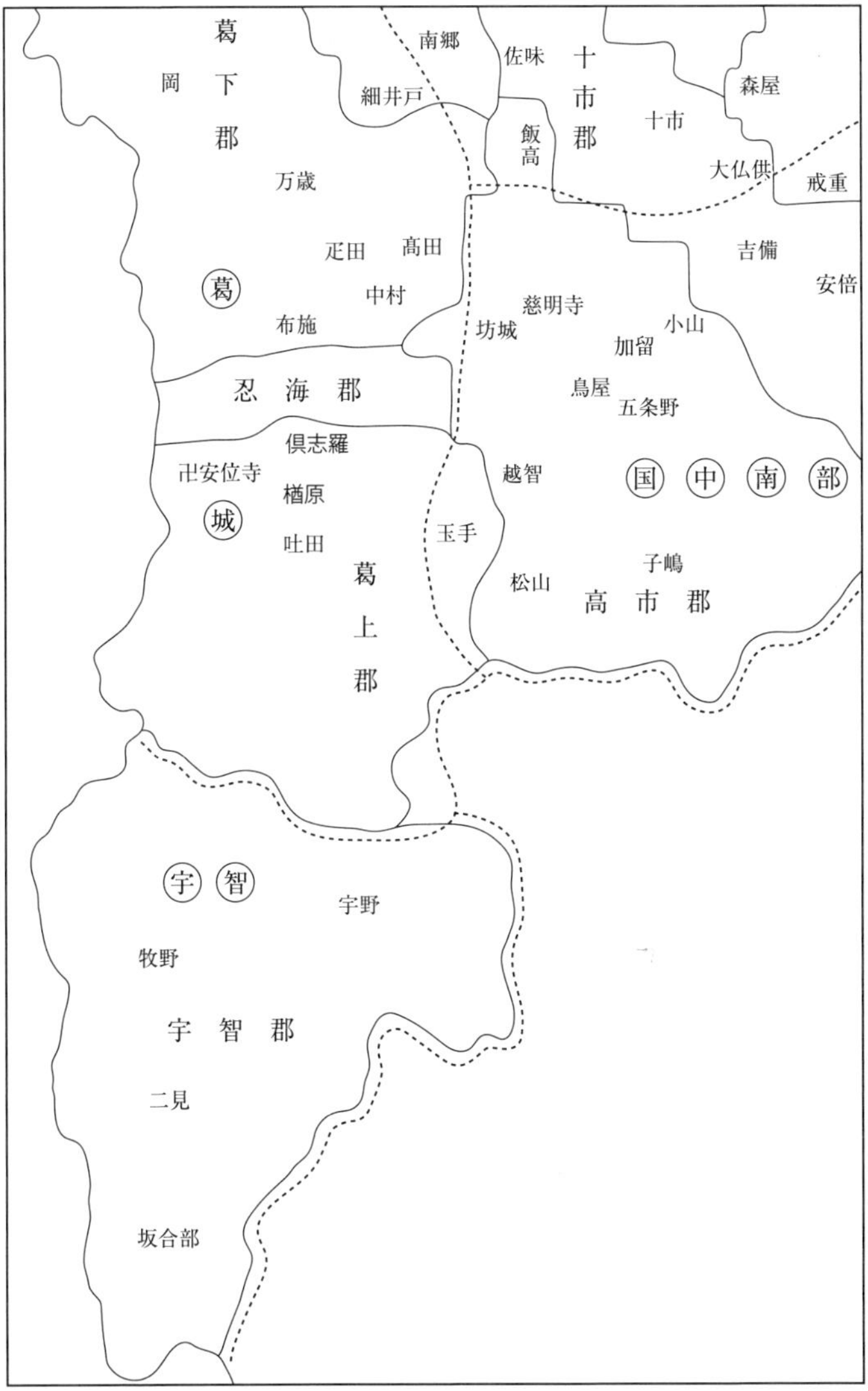
葛下郡
岡
南郷
細井戸
佐味
十市郡
飯高
十市
森屋
大仏供
戒重
万歳
疋田
高田
葛
中村
布施
吉備
安倍
慈明寺
坊城
小山
加留
忍海郡
鳥屋
五条野
倶志羅
卍安位寺
越智
国中南部
楢原
城
吐田
玉手
子嶋
葛上郡
松山
高市郡
宇智
宇野
牧野
宇智郡
二見
坂合部

分割図［D］

# 九条家系図（1）

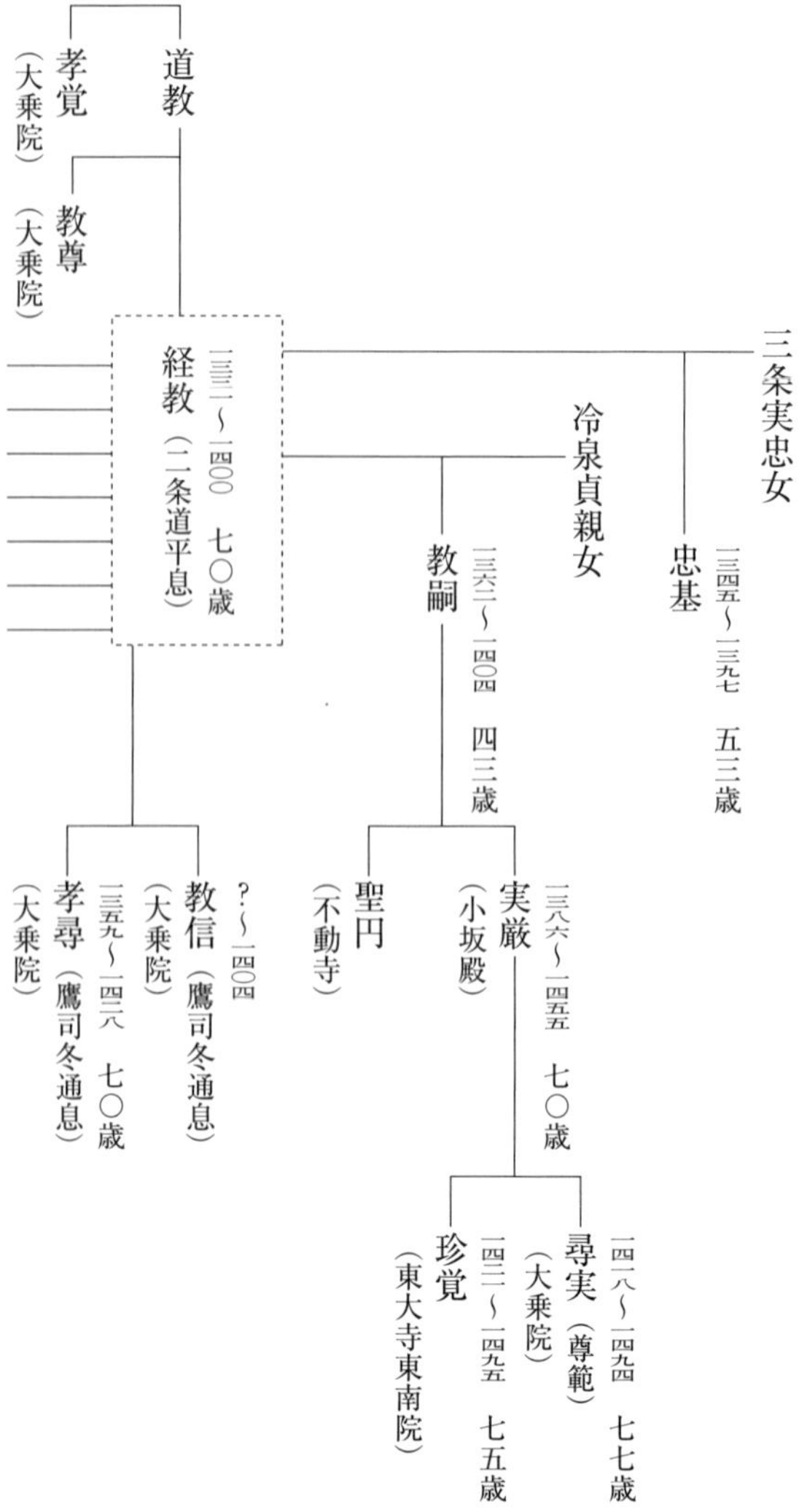

三条実忠女
忠基 一三四五～一三九七　五三歳
冷泉貞親女
教嗣 一三六二～一四〇四　四三歳
実厳 一三八六～一四五五　七〇歳
尋実（尊範） 一四一八～一四九四　七七歳
（大乗院）
珍覚 一四二一～一四九五　七五歳
（東大寺東南院）
（小坂殿）
聖円
（不動寺）
経教（二条道平息） 一三三一～一四〇〇　七〇歳
教信（鷹司冬通息） ?～一四〇四
（大乗院）
孝尋（鷹司冬通息） 一三五九～一四二八　七〇歳
（大乗院）
道教
孝覚
（大乗院）
教尊
（大乗院）

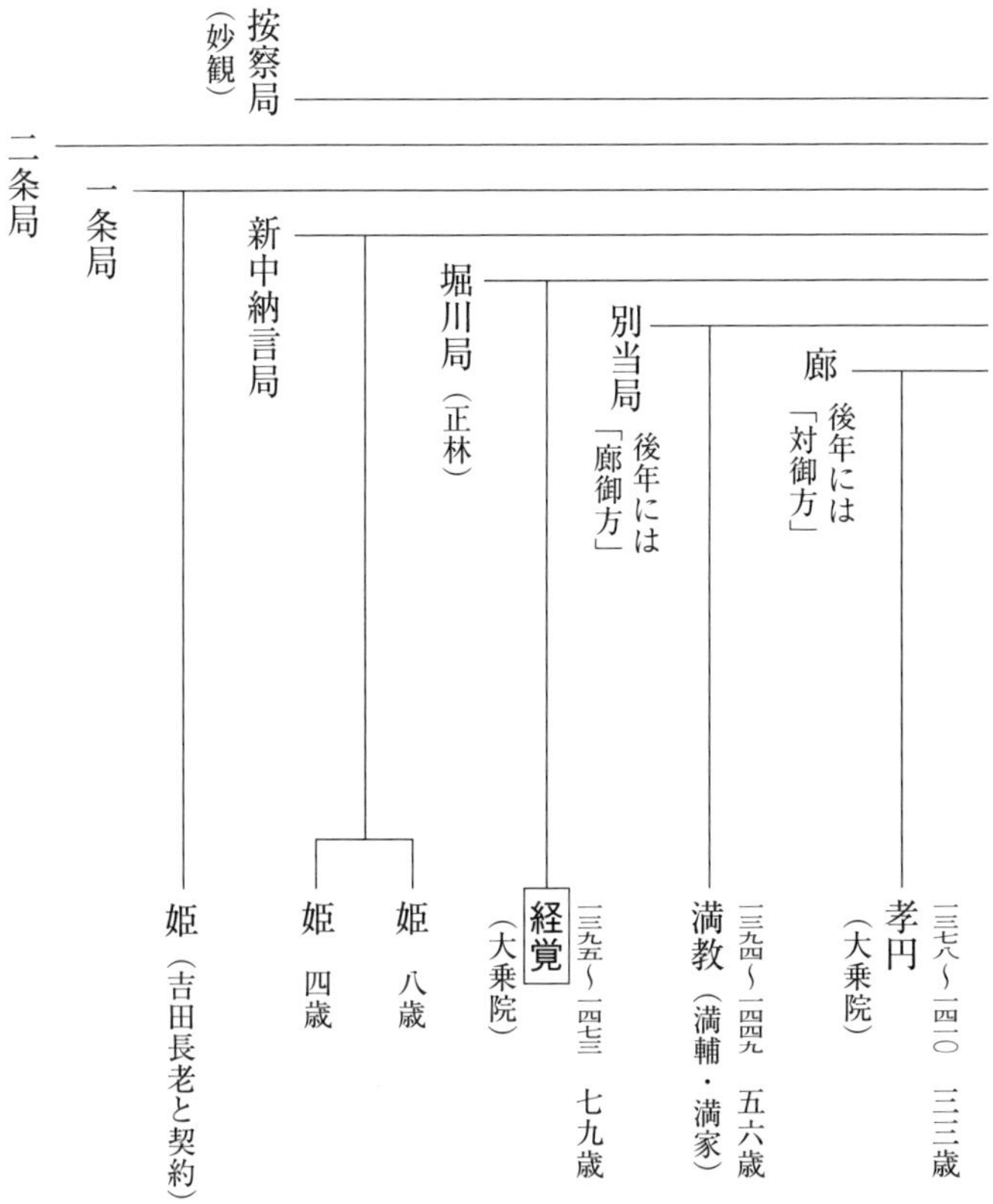

按察局（妙観）
二条局
一条局
新中納言局
堀川局（正林）
別当局
後年には「廊御方」
廊
後年には「対御方」
孝円（大乗院）
一三七八〜一四一〇　三三歳
満教（満輔・満家）
一三九四〜一四四九　五六歳
経覚（大乗院）
一三九五〜一四七三　七九歳
姫　八歳
姫　四歳
姫（吉田長老と契約）

# 九条家系図（2）

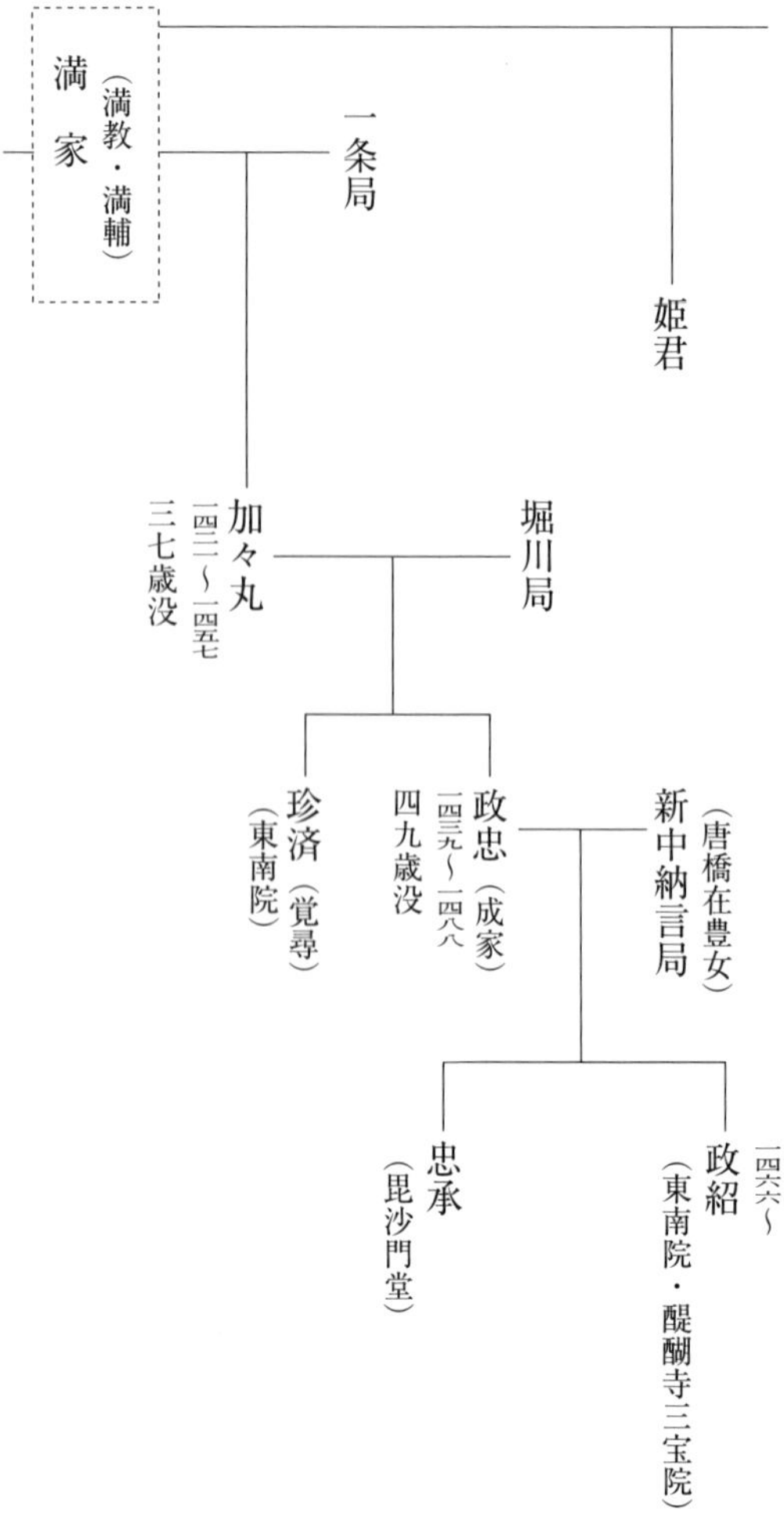

□□局
姫君
満家（満教・満輔）
一条局
加々丸
一四二一～一四五七
三七歳没
堀川局
政忠（成家）
一四三九～一四八八
四九歳没
珍済（覚尋）
（東南院）
新中納言局
（唐橋在豊女）
政紹
一四六六～
（東南院・醍醐寺三宝院）
忠承
（毘沙門堂）

春日局（実母は左京大夫）

廓御方（満家 故殿母儀）

対御方（孝円 故御房母儀）

政基（茶々丸）一四四五～一五一六　七二歳没

武者小路資世妹

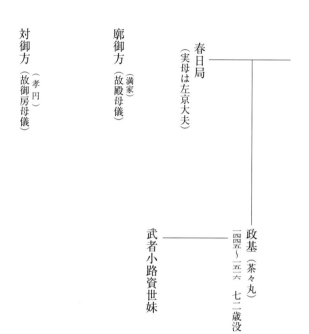

# 略年譜

| 年次 | 西暦 | 年齢 | 事績 | 関連事項 |
| --- | --- | --- | --- | --- |
| 応永二 | 一三九五 | 一 | 十一月六日、九条経教の末の息子として誕生 | 六月二十日、足利義満出家、九条経教らの公家・武家がこれに倣う |
| 三 | 一三九六 | 二 | 十二月二十五日、父九条経教が遺誡を記す | |
| 四 | 一三九七 | 三 | 十二月二十日、兄九条忠基没（五三歳）、父経教、自身の遺誡に追記 | 四月十六日、北山殿立柱上棟○十月二日、足利義満、南都下向 |
| 五 | 一三九八 | 四 | | 正月十三日、崇光院没（六五歳）○十一月四日、足利氏満没（四〇歳） |
| 六 | 一三九九 | 五 | | 三月、興福寺金堂供養に足利義満臨席 |
| 七 | 一四〇〇 | 六 | 五月二十一日、父九条経教没（七〇歳） | |
| 一〇 | 一四〇三 | 九 | 六月二十一日、兄九条教嗣、奈良に下向○六月二十六日、兄十歳若君が家督を相続 | 六月、足利義満の子、青蓮院に入室（義円） |
| 一一 | 一四〇四 | 一〇 | 二月十五日、孝尋、孝円に大乗院門主を譲る○八月十五日、兄九条教嗣、中山寺で没（四三歳）○十二月十五日、一歳上の兄が元服、満教と名乗る | 五月、明使、勘合を携え来航 |
| 一四 | 一四〇七 | 一三 | 十二月二十九日、兄孝円の弟子として大乗院に入 | |

| | | | | |
|---|---|---|---|---|
| | | | 室、出家して法名は経覚 | |
| 一五 | 一四〇八 | 一四 | 十二月二十四日、経覚、東大寺で受戒 | 五月六日、足利義満没（五一歳） |
| 一六 | 一四〇九 | 一五 | 十二月、経覚、方広会竪義 | 十月、足利義持、三条坊門亭に移る |
| 一七 | 一四一〇 | 一六 | 三月二十七日、兄孝円没（三三歳）○十一月十六日、経覚、大乗院門主として「院務始」 | 六月九日、畠山満家、管領になる |
| 一八 | 一四一一 | 一七 | 十月、経覚、法華会竪義 | |
| 一九 | 一四一二 | 一八 | この年、経覚、慈恩会竪義 | 九月、後小松上皇の院政始まる |
| 二〇 | 一四一三 | 一九 | 六月三十日、経覚、満済に恒例の瓜を贈る○十二月十八日、経覚、維摩会研学竪義 | |
| 二一 | 一四一四 | 二〇 | 六月、幕府、大和国の衆徒国民らを召喚し起請文を書かせる | |
| 二二 | 一四一五 | 二一 | 十二月五日、経覚、少僧都 | |
| 二三 | 一四一六 | 二二 | 十月十日、経覚、維摩会講師 | 九月、将軍足利義持、南都に下向 |
| 二四 | 一四一七 | 二三 | 七月十九日、経覚、大僧都○十二月二十日、経覚、維摩会他寺探題 | 八月、足利義持・満詮、南都に下向○十二月、足利義量、元服 |
| 二六 | 一四一九 | 二五 | 十一月、経覚、田楽頭 | |
| 三〇 | 一四二三 | 二九 | | 三月、足利義持、将軍職を義量に譲る |
| 三二 | 一四二五 | 三一 | 十一月八日、加賀小坂殿実厳息尊範（八歳）が、前関白満教の猶子として大乗院に入室 | 二月、足利義量没（一八歳） |
| 三三 | 一四二六 | 三二 | 一月、興福寺、東大寺と合戦、両寺の別当改替○ | |

| | | | | |
|---|---|---|---|---|
| | | | 二月七日、経覚、興福寺別当（初度）○五月、満済との連携で大和河原城庄問題を解決○十一月十日、経覚、維摩会専寺探題 | |
| 応永三四 | 一四二七 | 三三 | 三月晦日、経覚、修二月会出仕○十月十日、経覚、維摩会他寺探題 | |
| 正長　元 | 一四二八 | 三四 | 四月十八日、孝尋没（七〇歳）○十一月、弟子尊範出家（一一歳）、尋実と改名 | 一月十八日、足利義持没（四三歳）、籤で青蓮院義円を将軍後嗣に決める○九月、土一揆蜂起す（正長の土一揆） |
| 永享　元 | 一四二九 | 三五 | 二月十三日、経覚、足利義教と対面○四月、成身院光宣と筒井覚順も義教と対面○六月二十七日、実厳息、東大寺東南院入室（珍覚）○七月、豊田中坊と井戸が対立（大和永享の乱端緒）○十一月、筒井・十市対箸尾・越智の二大勢力対立 | 三月、足利義教、征夷大将軍になる○九月、足利義教、南都に下向 |
| 二 | 一四三〇 | 三六 | 九月二十六日、幕府、河上五ヵ関を筒井に宛行う○十二月三日、尋実、東大寺で受戒 | |
| 三 | 一四三一 | 三七 | 八月二十四日、経覚、興福寺別当（第二度）○八月、筒井方が箸尾方に発向 | |
| 四 | 一四三二 | 三八 | 三月十七日、経覚、長谷寺舞台供養導師○八月、大乗院、唐船四号船の一三人人数に加わる○十一月二十七日、越智治罰に畠山・赤松両軍大和下向、 | 三月、将軍義教、大原野花御覧○十二月、三条尹子、足利義政の御台所になる |

| | | | | |
|---|---|---|---|---|
| | | | 箸尾・越智は自焼没落、大和悪党蜂起 | |
| 五 | 一四三三 | 三九 | 二月十一日、経覚、北野社一万句法楽連歌に参加○四月二十一日、経覚、糺河原勧進猿楽を見物○十二月十四日、経覚、等持寺八講証義 | 七月十七日、永享の山門騒動起こる○九月十九日、畠山満家没（六二歳） |
| 六 | 一四三四 | 四〇 | 三月十五日、興福寺、室町殿で延年を興行○四月二十二日、一乗院昭円、出奔○六月、義教、経覚に長谷寺燈籠夜灯を命じる○六月二十七日、一乗院に新門主入室（六歳、教玄）○八月十四日、筒井一類、越智・箸尾に討たれる○十二月十四日、経覚、等持寺八講一座証義 | 六月九日、裏松義資、賊に殺される |
| 七 | 一四三五 | 四一 | 四月十三日、筒井跡を西大寺僧筒井順弘が継承○九月二十三日、幕府軍、越智治罰に大和へ進発○十月、越智・箸尾、没落す○十二月、経覚、興福寺別当を辞任 | 六月十三日、三宝院満済没（五八歳）○七月四日、山名時熙没（六九歳） |
| 八 | 一四三六 | 四二 | 六月二十六日、唐船帰朝○十一月十八日、母正林の亭に向かう | 七月、大覚寺義昭、大和に出奔 |
| 九 | 一四三七 | 四三 | 正月三日、越智治罰のため畠山持国ら幕府軍、大和に下向、四月～八月、大和合戦が続く○十月二十一日、後花園天皇、室町殿に行幸、舞御覧 | |
| 一〇 | 一四三八 | 四四 | 四月二十一日、禁裏で舞御覧、去年の還礼○四月二十九日、経覚、上洛し、中山定親が糺明○八月 | |

| | | | | |
|---|---|---|---|---|
| 永享一一 | 一四三九 | 四五 | 三日、幕府、経覚・尋実師弟を追放○八月十二日、経覚、立野宝寿寺へ没落○十二月八日、大乗院に一条家若君入室（九歳） | |
| 一二 | 一四四〇 | 四六 | 三月、幕府軍、吉野に入り越智維通を滅ぼす○四月、幕府軍、箸尾を討伐、熊野まで探索<br>六月二日、武田信栄らの幕府軍、京都に帰還す（大和永享の乱終わる）○十一月晦日、若君出家（十一歳）、法名尋尊 | 五月、足利義教、武田信栄らに一色義貫と土岐持頼を討たせる |
| 嘉吉　元 | 一四四一 | 四七 | 七月四日、越智春童丸、惣領に復帰○閏九月二十六日、光宣・筒井方、自焼没落す○十月二日、経覚、立野から上洛、罪科免除を要求○十月八日、相国寺僧順永が、筒井惣領になる○十一月十五日、経覚、軍勢を率いて禅定院に還住 | 六月二十四日、義教暗殺（嘉吉の乱）○八月三日、畠山持国、河内から上洛 |
| 二 | 一四四二 | 四八 | 正月二十六日、母正林、大谷で没す○十一月、幕府、光宣の河上五ヵ関代官職罷免するも成就せず、筒井順弘が、光宣・順永と対立 | 六月、管領細川持之を罷免、畠山持国を補任す |
| 三 | 一四四三 | 四九 | 二月、筒井順弘が討たれ、光宣・順永が筒井に復帰○四月九日、経覚、立野の龍田本宮に大行列で参拝○六月十二日、経覚、将軍義勝と対面、門跡安堵○六月二十四日、箸尾春代、伯父宗信に討たれる○七月、小泉・豊田・古市が奈良中雑務職に | 七月、足利義勝没（一〇歳）、弟三春が跡を嗣ぐ |

| | | | | |
|---|---|---|---|---|
| | | | 就く○十二月、筒井方治罰の綸旨・御教書が出される | |
| 文安元 | 一四四四 | 五〇 | 正月十九日、豊田・古市ら菊薗山に築城を願う○正月二十三日、経覚、国衆一六人に筒井討伐を命じる○二月二十八日、経覚、京都嵯峨に遁れる○四月十九日、経覚、奈良の禅定院に戻る | |
| 二 | 一四四五 | 五一 | 八月十日、経覚、菊薗山城に移住○九月十三日、経覚、菊薗山城を自焼没落、苣原泊○九月十六日、経覚、長谷寺を経て安位寺に遁れる○九月十九日、光宣、河上五ヵ関を元のごとく知行 | 三月、畠山持国罷免、細川勝元管領になる |
| 四 | 一四四七 | 五三 | 正月、経覚、安位寺で二度目の越年○四月十三日、経覚、安位寺を出、古市迎福寺へ○七月、古市で風流あり○七～八月、古市胤仙、奈良を攻め、筒井方反撃す○九月十四日、興福寺と東大寺が合戦 | 七月、山城・大和・近江で土一揆蜂起 |
| 五 | 一四四八 | 五四 | 七月、古市胤仙、妻を失う○十一月十八日、経覚、迎福寺傍らに一宇を建てる | 十一月、畠山持国、弟持富を退け、実子義夏（一二歳、後に義就）を惣領に |
| 宝徳元 | 一四四九 | 五五 | 二月十六日、古市胤仙、奈良を攻め、弟胤俊戦死○五月四日、九条満家没（五六歳）○六月二日、古市春藤丸、病に倒れるも快癒する○十一月六日、古市胤仙、管領畠山持国に見参 | 四月二十九日、足利義成、将軍になる○九月、細川勝元、管領を辞任○十月、畠山持国、管領になる |

| | | | | |
|---|---|---|---|---|
| 宝徳 二 | 一四五〇 | 五六 | 正月二十六日、古市胤仙、越智家栄に会う○七月十六日、古市春藤丸、風流を主導する○七月二十六日、経覚に大僧正一座宣下○八月八日、経覚の春日社参を興福寺衆中が阻止○十一月十三日、古市胤仙、吐田氏女を妻に迎える | |
| 三 | 一四五一 | 五七 | 四月二十八日、胤仙の母、質取り騒動○九月、神木動座の動き、河上五ヵ関をめぐる対立があり、経覚方勢力が香具山に一揆す○十二月、九条政忠の弟、東南院に入室（珍済） | |
| 享徳 元 | 一四五二 | 五八 | 四月二十日、経覚、越智家栄の男子誕生を祝う | 十一月、畠山持国、管領辞任、細川勝元、管領になる |
| 二 | 一四五三 | 五九 | 三月十一日、古市胤仙、奈良の光宣方に夜討○四月八日、合戦連判状に経覚も加判○六月二十四日、古市胤仙没 | 六月、足利義成、名を義政と改める |
| 三 | 一四五四 | 六〇 | 六月までに「五ヵ関相論衆」は、光宣と和解す○十二月二十一日、経覚、光宣と対面 | 八月、畠山義富、家督を継ぐ○十二月、畠山義夏上洛、義富が没落 |
| 康正 元 | 一四五五 | 六一 | 閏四月一日、加賀の実厳没（七〇歳）○七月二十日、義就、箸尾・片岡・筒井方を攻撃○八月十九日、箸尾・筒井・光宣ら退散○十月十四日、鬼薗山城の堀を埋め、破城 | 三月、畠山持国没（五八歳）○七月一日、畠山義就と畠山弥三郎合戦 |
| 二 | 一四五六 | 六二 | 二月十七日、尋尊、寺務に就任するも、一乗院教 | 八月、後崇光院（貞成親王）没（八 |

| | | | | |
|---|---|---|---|---|
| | | | 玄が辞退せず紛糾す○この年、珍覚、東南院主を珍済に譲る | 五歳） |
| 長禄 元 | 一四五七 | 六三 | 五月五日、足利義政、九条家に御成○六月十八日、本願院円兼（存如）没（六二歳）○七月二十日、古市春藤丸、妻を迎える○十二月三日、経覚、本願院兼寿（蓮如）を訪問○十二月七日、経覚、京都から古市に帰る、道を開いた土一揆の目安を興福寺衆中に届ける | 九月、畠山義就方と細川方山城衆が合戦、古市・越智も参戦○十月、徳政一揆蜂起、京都の通路封鎖○十一月、土一揆、南都を攻める |
| 二 | 一四五八 | 六四 | 七月十五～十八日、古市で風流○十二月二十八日、越前から楠葉元次・畑経胤らが年貢を奈良に運ぶ | 四月～十月、天候不順が続く○八～九月、越州錯乱、守護斯波義敏と、甲斐・朝倉方が対立し合戦する |
| 三 | 一四五九 | 六五 | 二月二十三日、九条政基、元服○五月二十七日、管領細川勝元が、光宣・筒井・箸尾の復活を承認する | 五月、斯波義敏、大内氏のもとへ逃亡 |
| 寛正 元 | 一四六〇 | 六六 | 二月九日、経覚、門徒による東南院運営を認める○閏九月九日、経覚、畠山政長軍を般若寺で見物○十月十日、畠山義就に与する越智・番条・小泉、畠山政長に与する光宣・筒井勢、龍田で合戦 | 九月二十三日、畠山義就、河内に出奔、代わって畠山政長が幕府に出仕 |
| 二 | 一四六一 | 六七 | 二月二十二日、経覚、興福寺別当（第三度） | 正月、前年からの大飢饉で京中死者数万人、幕府の施行が追いつかず |
| 三 | 一四六二 | 六八 | 七月十四～十六日、古市で風流あり | 四月、畠山政長と義就、河内で合戦 |

| | | | | |
|---|---|---|---|---|
| 寛正 四 | 一四六三 | 六九 | 二月、経覚、薪猿楽見物の兼寿一行をもてなす○十二月二日、経覚、九条政忠と政基の料所相論裁定 | 四月、畠山政長の攻撃により畠山義就逃走す |
| 五 | 一四六四 | 七〇 | 六月二十六日、九条政基、武者小路実世妹を妻に○八月十日、経覚、朝倉と興福寺の和解に尽力 | 十二月、足利義政、弟浄土寺義尋を還俗させる（足利義視） |
| 六 | 一四六五 | 七一 | 二月四日、古市藤寿丸出家、法名は倫勧房澄胤○八月二十八日、古市春藤丸出家、丹波公胤栄○九月までには、九条政基、家督相続○十一月二十二日、坪江郷年貢をめぐる不正発覚 | 正月と三月二十二日に、山門衆徒が大谷本願院を襲撃し破却（寛正の法難）○十一月、日野富子、男子出生（義尚）○十二月、斯波義敏、幕府に出仕 |
| 文正 元 | 一四六六 | 七二 | 八月二十四日、越智一族、畠山義就を迎えに動く○十月、筒井・箸尾・布施ら、越智方を攻撃 | 八月二十五日、足利義政、斯波義敏を守護に補任し、斯波義廉追討を命ず○九月、畠山義就、嶽山城を奪還○九月七日、伊勢貞親・季瓊真蘂・斯波義敏父子らが没落（文正の政変） |
| 応仁 元 | 一四六七 | 七三 | 正月五日、光宣、畠山政長合力のため上洛○正月二十一日、古市胤栄、軍勢を率いて上洛するも、途中から引き返す○六月二十二日、光宣、経覚の上洛を威嚇し止める○七月、古市で風流○十月二十五日、西軍大名八頭連署状が興福寺に出され、 | 正月八日、幕府、畠山政長を罷免、斯波義廉を管領に補任○十八日、両畠山の合戦（上御霊社の戦い）に義就方が勝利○五月二十六日、山名方と細川方、合戦開始（応仁の乱始まる） |

| | | | | |
|---|---|---|---|---|
| | | | 経覚が仲介 | ○九月十五日、京都大焼亡○九月～十月、京都近郊の戦闘激化○十月、洛中各所に両軍が要害を構える |
| 二 | 一四六八 | 七四 | 二月十二日、三宝院義賢の病、重篤の知らせ○三月十二日、九条政忠、経覚に困窮を訴える○四月八日、本願院兼寿、古市に経覚を訪ねる○五月十八日、経覚、長谷寺連歌新式を書写○六～八月、古市で林間○十月までに、九条政忠・東南院覚尋、古市に下向 | 十月二十五日、朝倉孝景、越前に下向 |
| 文明元 | 一四六九 | 七五 | 四月、経覚、興福寺別当（第四度）○七月、古市で風流・林間あり○九月二十五日、楠葉元次、坪江郷政所職に補任 | 四月二十八日、文明と改元○十一月、成身院光宣没（八〇歳） |
| 二 | 一四七〇 | 七六 | 五月、楠葉父子、「非人に給う」に処せらる○六月、古市胤栄、被官人を厳罰に処す | |
| 三 | 一四七一 | 七七 | 正月二十八日、楠葉元次、経覚に、朝倉からの書状と三千疋を届ける | 六月八日、朝倉氏景、東軍に入り、越前国でも父孝景が寝返る |
| 四 | 一四七二 | 七八 | | 八月、朝倉、越前府中に入る |
| 五 | 一四七三 | 七九 | 二月、経覚、朝倉方からの手紙を受け取る○八月二十七日、経覚、入滅（七九歳）○八月二十九日、己心寺で葬礼、後五大院殿と号す | 三月、山名持豊没（七〇歳）○五月、細川勝元没（四四歳）○十二月、足利義政、将軍職を辞す |

# 参考文献

## 一　史　料


『史料纂集　経覚私要鈔　第一〜第十』　続群書類従完成会・八木書店　一九七一〜二〇一八年
『図書寮叢刊　九条家文書　一〜七』宮内庁書陵部編　明治書院　一九七一〜一九七七年
『図書寮叢刊　九条家歴世記録　一〜五』宮内庁書陵部編　明治書院・菊葉文化協会　一九八九〜二〇一八年
「後五大院殿御伝」内閣文庫（『北国庄園史料』福井県郷土叢書）福井県郷土誌懇談会　一九六五年
『大乗院寺社雑事記　第一〜第十二』三教書院　一九三一〜一九三七年（再刊　臨川書店（続史料大成）一九七八年）
「大乗院日記目録」内閣文庫（『大乗院寺社雑事記　十二』）
『大乗院寺社雑事記紙背文書　第一巻・第二巻』勉誠出版　二〇〇二・二〇〇六年
『満済准后日記　上・下』続群書類従完成会　一九五八年
『大日本古文書　醍醐寺文書別集（満済准后日記紙背文書）一〜三』東京大学史料編纂所編　東京大学出版会　一九八三〜一九九〇年

『看聞御記　上・下』　続群書類従完成会　一九五八・一九五九年
『図書寮叢刊　看聞日記　一～四』　宮内庁書陵部編　明治書院　二〇〇二～二〇〇八年
『大日本古記録　建内記　一～十』　東京大学史料編纂所編　岩波書店　一九六三～一九八六年
『大日本古記録　薩戒記　一～六・別巻』　東京大学史料編纂所編　岩波書店　二〇〇〇～二〇一九年
『増補史料大成　康富記　一～四』　臨川書店　一九六五年
『史料纂集　師郷記　第一～第六』　続群書類従完成会　一九八五～二〇〇一年

二　著書・論文

朝倉　弘「室町時代大和国人衆の動向」（『奈良県史　一一』）　名著出版　一九九三年
熱田　公「筒井順永とその時代―『大乗院寺社雑事記』を通じて見た一土豪の生涯―」（日本史研究会史料研究部会編『中世社会の基本構造』）　御茶の水書房　一九五八年（『中世寺領荘園と動乱期の社会』思文閣出版　二〇〇四年に再録）
石田晴男『応仁・文明の乱』　吉川弘文館　二〇〇八年
稲葉伸道「鎌倉末期の興福寺大乗院家―坊官を中心に―」（『名古屋大学文学部研究論集　史学四一』）　一九九五年
稲葉伸道「南北朝時代の興福寺と国家」（『名古屋大学文学部研究論集　史学四四』）　一九九八年

（『日本中世の王朝・幕府と寺社』吉川弘文館　二〇一九年に再録）
榎原雅治「一揆の時代」（『日本の時代史11　一揆の時代』）　吉川弘文館　二〇〇三年
海老澤美基「一五世紀大和の女性たち―『大乗院寺社雑事記』の分析を通して―」
（『総合女性史研究』一二号）　一九九五年
海老澤美基「一五世紀の戦争と女性」
（西村汎子編『戦の中の女たち』）　吉川弘文館　二〇〇四年
大石雅章「興福寺大乗院門跡と律宗寺院―とくに律宗寺院大安寺を通して―」
（『日本史研究』四五六）　二〇〇〇年
（『日本中世社会と寺院』清文堂出版　二〇〇四年に再録）
大藪海『室町幕府と地域権力』　吉川弘文館　二〇一三年
大山喬平「近衛家と南都一乗院―『簡要類聚鈔』考―」
（岸俊男教授退官記念会編『日本政治社会史研究　下』）　塙書房　一九八五年
河内将芳「南都祇園会に関する二・三の問題」（『立命館文学』六〇二号）　二〇〇七年
金龍静『蓮如』（歴史文化ライブラリー）　吉川弘文館　一九九七年
黒川直則「東寺領大和国河原城荘の代官職」（『資料館紀要』第二七号）　一九九九年
小泉宜右「加州禅師尋実」（加納史料編纂委員会『加賀・能登』）　石川史書刊行会　二〇〇七年
呉座勇一『応仁の乱』（中公新書）　中央公論社　二〇一六年

小林善帆　「『経覚私要鈔』に見る淋汗とたて花」
（『大乗院寺社雑事記研究論集』第五巻）　二〇一六年
酒井紀美　「名を籠める」
（網野善彦他編『ことばの文化史　中世2』）　平凡社　一九八九年
酒井紀美　『日本中世の在地社会』　吉川弘文館　一九九九年
酒井紀美　『夢から探る中世』　角川書店　二〇〇五年
酒井紀美　『応仁の乱と在地社会』　同成社　二〇一一年
酒井紀美　『戦乱の中の情報伝達』　吉川弘文館　二〇一四年
桜井英治　『室町人の精神』　講談社　二〇〇一年
桜井英治　『破産者たちの中世』　山川出版社　二〇〇五年
桜井英治　「宴会と権力」（『考古学と中世史研究5』）　高志書院　二〇〇八年
（『交換・権力・文化―ひとつの日本中世社会論―』みすず書房　二〇一七年に再録）
清水克行　「室町期畿内における市場の構造―『経覚私要鈔』に描かれた大和国古市郷―」
（『比較都市史研究』三〇―二）　二〇一一年
末柄豊　「国立公文書館所蔵『寺門事条々聞書』」
（『大和の武士と武士団の基礎的研究』科研報告書）　二〇〇四年
末柄豊　「『春日権現験記絵』の奉納をめぐって」（『日本歴史』六九五号）　二〇〇六年

高山京子『中世興福寺の門跡』勉誠出版 二〇一〇年

田中慶治『中世後期畿内近国の権力構造』清文堂出版 二〇一三年

中川淳「中世史料に見える「心落」の語義とその変遷」(『日本歴史』七一五号) 二〇〇七年

永島福太郎「大乗院寺社雑事記について」(日本史研究会史料研究部会編『中世社会の基本構造』) 御茶の水書房 一九五八年

永島福太郎『一条兼良』(人物叢書) 吉川弘文館 一九五九年

永島福太郎「古市澄胤」(『戦乱と人物』) 吉川弘文館 一九六八年

永島福太郎「下剋上の世」(『奈良市史 通史二』) 奈良市 一九九四年

永村真『中世の門跡と公武権力』戎光祥出版 二〇一八年

西尾知己『室町期顕密寺院の研究』吉川弘文館 二〇一七年

長谷真吾「永享大和合戦に関する一考察」(『皇學館史学』二三) 二〇〇八年

藤木久志「村の隠物・預物」(『ことばの文化史 中世1』) 平凡社 一九八八年

細川武稔「東京大学文学部所蔵興福寺大乗院関係史料について」(『興福寺旧蔵史料の所在調査・目録作成および研究』) 二〇〇六年

本郷和人「『満済准后日記』と室町幕府」(五味文彦編『日記に中世を読む』) 吉川弘文館 一九九八年

松浦義則『戦国期越前の領国支配』戎光祥出版 二〇一七年

松原信之『越前朝倉氏の研究』 吉川弘文館 二〇〇八年
村田修三「城跡調査と戦国史研究」（『日本史研究』二一一） 一九八〇年
村田修三「大和の「山の城」」（岸俊男教授退官記念会編『日本政治社会史研究　下』） 塙書房 一九八五年
森茂暁『満済』（ミネルヴァ日本評伝選） ミネルヴァ書房 二〇〇四年
森茂暁「赤松満政小考」（『福岡大学人文論叢』四二—三） 二〇一〇年
森田恭二『足利義政の研究』 和泉書院 一九九三年
安田次郎『中世の奈良　都市民と寺院の支配』 吉川弘文館 一九九八年
安田次郎「尋尊と『大乗院寺社雑事記』」（五味文彦編『日記に中世を読む』） 吉川弘文館 一九九八年
安田次郎『中世の興福寺と大和』 山川出版社 二〇〇一年
安田次郎『奈良県の歴史』 山川出版社 二〇〇三年
安田次郎「これも自力救済」（『日本歴史』六七二号） 二〇〇四年
安田次郎「筒井氏の「牢籠」と在地支配」（勝俣鎮夫編『寺院・検断・徳政』） 山川出版社 二〇〇四年
安田次郎『走る悪党、蜂起する土民』 小学館 二〇〇八年
安田次郎『寺社と芸能の中世』（日本史リブレット） 山川出版社 二〇〇九年

安田次郎「『大乗院寺社雑事記』—門跡繁昌のための克明な記録—」
（元木泰雄・松薗斉編『日記で読む日本中世史』）ミネルヴァ書房　二〇一一年
安田次郎『祭礼で読み解く歴史と社会』山川出版社　二〇一六年

## 著者略歴

一九四七年　大阪市に生まれる
一九七六年　大阪市立大学大学院文学研究科博士課程単位修得退学
元　茨城大学教育学部教授


主要著書

『日本中世の在地社会』（吉川弘文館、一九九九年）
『応仁の乱と在地社会』（同成社、二〇一一年）
『戦乱の中の情報伝達』（吉川弘文館、二〇一四年）
『夢の日本史』（勉誠出版、二〇一七年）


人物叢書　新装版

# 経覚

二〇二〇年（令和二）一月一日　第一版第一刷発行

著　者　酒《さか》井《い》紀《き》美《み》
編集者　日本歴史学会
代表者　藤田　覚
発行者　吉川道郎
発行所　株式会社　吉川弘文館
東京都文京区本郷七丁目二番八号
郵便番号一一三―〇〇三三
電話〇三―三八一三―九一五一〈代表〉
振替口座〇〇一〇〇―五―二四四
http://www.yoshikawa-k.co.jp/
印刷＝株式会社　平文社
製本＝ナショナル製本協同組合





ISBN978-4-642-05292-4

# 『人物叢書』（新装版）刊行のことば

人物叢書は、個人が埋没された歴史書が盛行した時代に、「歴史を動かすものは人間である。個人の伝記が明らかにされないで、歴史の叙述は完全であり得ない」という信念のもとに、専門学者に執筆を依頼し、日本歴史学会が編集し、吉川弘文館が刊行した一大伝記集である。

幸いに読書界の支持を得て、百冊刊行の折には菊池寛賞を授けられる栄誉に浴した。

しかし発行以来すでに四半世紀を経過し、長期品切れ本が増加し、読書界の要望にそい得ない状態にもなったので、この際既刊本の体裁を一新して再編成し、定期的に配本できるような方策をとることにした。既刊本は一八四冊であるが、まだ未刊である重要人物の伝記についても鋭意刊行を進める方針であり、その体裁も新形式をとることとした。

こうして刊行当初の精神に思いを致し、人物叢書を蘇らせようとするのが、今回の企図である。大方のご支援を得ることができれば幸せである。

昭和六十年五月

日本歴史学会

代表者　坂本太郎

北条政子　渡辺　保著
慈　　円　多賀宗隼著
明　　恵　田中久夫著
藤原定家　村山修一著
北条泰時　上横手雅敬著
道　　元　竹内道雄著
北条重時　森　幸夫著
親　　鸞　赤松俊秀著
北条時頼　高橋慎一朗著
日　　蓮　大野達之助著
阿 仏 尼　田渕句美子著
北条時宗　川添昭二著
一　　遍　大橋俊雄著
叡尊・忍性　和島芳男著
京極為兼　井上宗雄著
金沢貞顕　永井　晋著
菊池氏三代　杉本尚雄著
新田義貞　峰岸純夫著
花園天皇　岩橋小弥太著
赤松円心・満祐　高坂　好著
卜部兼好　冨倉徳次郎著
覚　　如　重松明久著
足利直冬　瀬野精一郎著
佐々木導誉　森　茂暁著
細川頼之　小川　信著

足利義満　臼井信義著
今川了俊　川添昭二著
足利義持　伊藤喜良著
世 阿 弥　今泉淑夫著
上杉憲実　田辺久子著
山名宗全　川岡　勉著
経　　覚　酒井紀美著
一条兼良　永島福太郎著
亀泉集証　今泉淑夫著
蓮　　如　笠原一男著
宗　　祇　奥田　勲著
万里集九　中川徳之助著
三条西実隆　芳賀幸四郎著
大内義隆　福尾猛市郎著
ザヴィエル　吉田小五郎著
三好長慶　長江正一著
今川義元　有光友學著
武田信玄　奥野高広著
朝倉義景　水藤　真著
浅井氏三代　宮島敬一著
織田信長　池上裕子著
明智光秀　高柳光寿著
大友宗麟　外山幹夫著
千 利 休　芳賀幸四郎著
松井友閑　竹本千鶴著

豊臣秀次　藤田恒春著
足利義昭　奥野高広著
前田利家　岩沢愿彦著
長宗我部元親　山本　大著
安国寺恵瓊　河合正治著
石田三成　今井林太郎著
真田昌幸　柴辻俊六著
最上義光　伊藤清郎著
前田利長　見瀬和雄著
高山右近　海老沢有道著
島井宗室　田中健夫著
淀　　君　桑田忠親著
片桐且元　曽根勇二著
藤原惺窩　太田青丘著
支倉常長　五野井隆史著
伊達政宗　小林清治著
天草時貞　岡田章雄著
立花宗茂　中野　等著
宮本武蔵　大倉隆二著
小堀遠州　森　　蘊著
徳川家光　藤井讓治著
由比正雪　進士慶幹著
佐倉惣五郎　児玉幸多著
林　羅山　堀　勇雄著
松平信綱　大野瑞男著

国姓爺　石原道博著
野中兼山　横川末吉著
保科正之　小池　進著
隠元　平久保章著
徳川和子　久保貴子著
酒井忠清　福田千鶴著
朱舜水　石原道博著
池田光政　谷口澄夫著
山鹿素行　堀　勇雄著
井原西鶴　森　銑三著
松尾芭蕉　阿部喜三男著
三井高利　中田易直著
河村瑞賢　古田良一著
徳川光圀　鈴木暎一著
契沖　久松潜一著
市川団十郎　西山松之助著
伊藤仁斎　石田一良著
徳川綱吉　塚本　学著
貝原益軒　井上　忠著
前田綱紀　若林喜三郎著
近松門左衛門　河竹繁俊著
新井白石　宮崎道生著
鴻池善右衛門　宮本又次著
石田梅岩　柴田　実著
太宰春台　武部善人著

徳川吉宗　辻　達也著
大岡忠相　大石　学著
賀茂真淵　三枝康高著
平賀源内　城福　勇著
与謝蕪村　田中善信著
三浦梅園　田口正治著
毛利重就　小川國治著
本居宣長　城福　勇著
山村才助　鮎沢信太郎著
木内石亭　斎藤　忠著
小石元俊　山本四郎著
山東京伝　小池藤五郎著
杉田玄白　片桐一男著
塙保己一　太田善麿著
上杉鷹山　横山昭男著
大田南畝　浜田義一郎著
只野真葛　関　民子著
小林一茶　小林計一郎著
大黒屋光太夫　亀井高孝著
松平定信　高澤憲治著
菅江真澄　菊池勇夫著
島津重豪　芳　即正著
狩谷棭斎　梅谷文夫著
最上徳内　島谷良吉著
渡辺崋山　佐藤昌介著

柳亭種彦　伊狩　章著
香川景樹　兼清正徳著
平田篤胤　田原嗣郎著
間宮林蔵　洞　富雄著
滝沢馬琴　麻生磯次著
調所広郷　芳　即正著
橘守部　鈴木暎一著
黒住宗忠　原　敬吾著
水野忠邦　北島正元著
帆足万里　帆足図南次著
江川坦庵　仲田正之著
藤田東湖　鈴木暎一著
二宮尊徳　大藤　修著
広瀬淡窓　井上義巳著
大原幽学　中井信彦著
島津斉彬　芳　即正著
月照　友松圓諦著
橋本左内　山口宗之著
井伊直弼　吉田常吉著
吉田東洋　平尾道雄著
緒方洪庵　梅溪　昇著
佐久間象山　大平喜間多著
真木和泉　山口宗之著
高島秋帆　有馬成甫著
シーボルト　板沢武雄著

高杉晋作　梅溪　昇著
川路聖謨　川田貞夫著
横井小楠　圭室諦成著
小松帯刀　高村直助著
山内容堂　平尾道雄著
江藤新平　杉谷　昭著
和宮　武部敏夫著
西郷隆盛　田中惣五郎著
ハリス　坂田精一著
森有礼　犬塚孝明著
松平春嶽　川端太平著
中村敬宇　高橋昌郎著
河竹黙阿弥　河竹繁俊著
寺島宗則　犬塚孝明著
樋口一葉　塩田良平著
ジョセフ＝ヒコ　近盛晴嘉著
勝海舟　石井　孝著
臥雲辰致　村瀬正章著
黒田清隆　井黒弥太郎著
伊藤圭介　杉本　勲著
福沢諭吉　会田倉吉著
星亨　中村菊男著
中江兆民　飛鳥井雅道著
西村茂樹　高橋昌郎著
正岡子規　久保田正文著

清沢満之　吉田久一著
滝廉太郎　小長久子著
副島種臣　安岡昭男著
田口卯吉　田口　親著
福地桜痴　柳田　泉著
陸羯南　有山輝雄著
児島惟謙　田畑　忍著
荒井郁之助　原田　朗著
幸徳秋水　西尾陽太郎著
ヘボン　高谷道男著
石川啄木　岩城之徳著
乃木希典　松下芳男著
岡倉天心　斎藤隆三著
桂太郎　宇野俊一著
徳川慶喜　家近良樹著
加藤弘之　田畑　忍著
山路愛山　坂本多加雄著
伊沢修二　上沼八郎著
秋山真之　田中宏巳著
前島密　山口　修著
成瀬仁蔵　中嶌　邦著
前田正名　祖田　修著
大隈重信　中村尚美著
山県有朋　藤村道生著
大井憲太郎　平野義太郎著

河野広中　長井純市著
富岡鉄斎　小高根太郎著
大正天皇　古川隆久著
津田梅子　山崎孝子著
豊田佐吉　楫西光速著
渋沢栄一　土屋喬雄著
有馬四郎助　三吉　明著
武藤山治　入交好脩著
坪内逍遙　大村弘毅著
山室軍平　三吉　明著
阪谷芳郎　西尾林太郎著
南方熊楠　笠井　清著
山本五十六　田中宏巳著
中野正剛　猪俣敬太郎著
三宅雪嶺　中野目　徹著
近衛文麿　古川隆久著
河上肇　住谷悦治著
牧野伸顕　茶谷誠一著
御木本幸吉　大林日出雄著
緒方竹虎　栗田直樹著
尾崎行雄　伊佐秀雄著
石橋湛山　姜　克實著
八木秀次　沢井　実著

▽以下続刊